자유인을 키워내는 사랑의 교실

# 질문이 있는 교실

| 유동걸 지음 |

한결하늘

 *여는 시*

## 질문이 답이 되는 질문

최선순(범계중)

질문엔 질문으로 답하라.
질문을 던진 자가
스스로 답을 찾을 수 있도록

질문의 답은 꼬리가 길어야 한다.
또 다른 질문에 꼬리가 밟힐 수 있도록

꼬리가 밟혀서 잘려나가면
도마뱀처럼 꼬리를 키우고,
카멜레온처럼 옷을 갈아입고,
빨갛게 노랗게 답할 수 있도록 질문해야 한다.

모든 질문에는 답이 있다.
아인슈타인이 우주에게 던진 질문의 답은
$E=MC^2$이다.
스마트폰, 드론항공기, 3D프린터…….
무수한 질문의 답들

'삶과 죽음?', '나?'에 이르기까지
어떤 질문에는 답이 없기에
삶은 삶이고, 죽음은 죽음이며
나는 나, 그냥 그대로
질문이 답이 된다.

질문은 내 사고의 거울이다.
내가 던진 질문은
사고의 성장판이 되어
나를 키우고, 질문을 키운다.

이야기는 질문을 안고 있다.
할머니의 옛이야기 한 자락에
손자의 질문이 하나씩 더해지듯.

무릇 책을 읽는다는 것은
이야기 한 자락에 안겨있는 질문에게
살짝 말을 건네는 것이다.
"왜?"

〈질문이 있는 교실〉 출간을 축하하며

　숨가쁜 격동의 한국 현대사 속에서 시민들이 자발적으로 나서서 이룬 민주항쟁을 거쳐서 민주주의의 대의를 이룬 지도 어언 삼십 년이 되어갑니다. 국민의 정부와 참여정부를 거치면서 민주주의의 기반은 더욱 굳건하게 다져졌지만 그 뒤로 민주주의가 후퇴했다는 우려 섞인 목소리를 자주 들어왔습니다.

　2014년 한국 교육의 미래를 알 수 없는 상황 속에서 온 국민을 충격과 슬픔으로 몰아넣은 세월호 사건이 발생했고 저를 비롯한 12명의 진보교육감이 국민의 뜻을 받들어 당선되었습니다. 서울 교육의 수장으로서 저는 2015년 서울시 교육청의 첫째 화두로 '질문이 있는 교실'을 내세웠습니다. 혁신학교와 인성교육, 자사고 등 중요한 교육적 의제가 한둘이 아닌데도 불구하고 왜 '질문이 있는 교실'을 제일 앞에 내세웠는지 궁금해 하는 사람은 많았지만 그 취지를 이해하고 현장에서 실천하는 교사들은 많지 않았습니다.

　어떤 사람들은 학생들이 잠든 교실을 깨우고 학생이 주체가 되어 살아 숨쉬는 교육을 상징하는 의제로 '질문이 있는 교실'을 내세운 거라고 말합니다. 맞는 말입니다. 하지만 그것만으로는 부족합니다. '질문이 있는 교실'은 무엇보다도 세월호가 우리에게 준 상처와 교훈을 잊지 않고 실천적으로 극복하기 위한 철학이고 방법입니다. '가만히 있으라'는 노예 교육을 깨고 학생들이 자기 인생과 배움의 주체가 되는 교육을 상징합니다. 바로 자유인을 길러내는 교육입니다. 노예로 길들여진 사람들은 묻지 못하기 때문입니다. 세월호, 아니 우리 사회 곳곳에서 울리는 '가만히 있으라'는 선내 방송 속에서도 자신과 공동체의 생명과 미래를, 끝없이 밀려오는 위험으로부터 지켜나가려는 용기와 지혜, 바로 이것이 질문의 정신입니다. 그런 점에서 질문은 어려운 시대를 함께 헤쳐나가려는 헌신적인 사랑을 의미하기도 합니다.

서울시 교육청이 '질문이 있는 교실'을 정책적으로 추진하는 가운데 오랜 세월 토론 교육 운동을 해오신 유동걸 선생님께서 저의 이런 철학과 의지를 미리 읽어내고 〈질문이 있는 교실〉을 책으로 엮어냈다는 소식을 듣고 반가움을 금할 수 없었습니다. 질문이 진정한 자유와 냉철한 지혜와 따뜻한 사랑이라는 저의 철학을 이 책은 원론에서부터 구체적인 방법까지 폭넓게 보여주고 있기 때문입니다. 마치 부처님께서 연꽃 한 송이를 들어보이니 빙긋 웃음을 지어보인 가섭이란 제자처럼 저의 교육적 화두를 한 순간에 읽어내고 글로써 마음을 보여준 책이라는 느낌입니다. 서로 말을 하지 않았어도 죽어가는 한국 교육을 살리고 잠든 교실을 깨우려는 의지는 이심전심으로 통한 것이지요.

모쪼록 현장에서 질문이 있는 교실을 고민하고 실천하려는 선생님들과 이 땅의 학생들에게 이 책이 어둔 밤길을 밝히는 등대가 되기를 바랍니다. 아울러 이 책의 뒤를 이어 다양한 질문의 수업 방법을 밝혀내는 실천적인 지침서가 뒤를 잇기를 바라며 이 책의 출간을 축하하고 진심으로 응원합니다.

서울특별시교육감 조희연

〈질문이 있는 교실〉과 〈나눔이 있는 교육〉을 꿈꾸며

질문이 세상을 바꿉니다. '토론의 전사'로 널리 이름이 알려진 유
동걸 선생님으로부터 민주주의를 위한 토론교과서『강자들은 토론
하지 않는다』를 받고 반가운 마음이 깊었습니다. 토론이 단순히 수
업 혁신을 위한 수단이나 기법 차원에 그치지 않고 민주주의와 정
의, 평등을 실현하는 약자들의 무기이며 연대의 철학을 지닌 귀한
가치임을 글 속에서 깊이 공감할 수 있었기 때문입니다.

광주광역시교육청의 슬로건은 '질문이 있는 교실, 행복한 학교'
입니다. 지금까지는 수업을 할 때 교사들이 가르치는 중심이었고,
정답만 강요하는 수업이 교실에서 질문을 사라지게 만들었습니다.
요즘 시대는 창의적인 인재를 요구합니다. 이제는 학생들이 적극적
으로 참여하는 배움 중심 수업으로 바꿔야 합니다. 학생들이 질문
하고 토론하고 협력하는 수업으로 바꿔 살아있는 교실을 만들 때,
행복한 학교가 열립니다. 현재 광주광역시교육청은 '질문이 있는
교실'을 이루기 위해 '300교원 수업나눔운동'을 진행하고 있으며, 올
해 2월에는『배움의 시작, 질문』이란 책자를 발간해 선생님들의 수
업 변화를 돕고 있습니다.

우리의 현대사에서 연대와 평화의 가치가 살아 있는 광주 정신 역시 질문의 정신에서 비롯됐습니다. 과거 독재 권력의 부정과 불의에 맞서 끊임없이 "왜?"라는 질문을 품고, 문제를 제기했기에 광주에서 민주주의의 새싹을 틔워 올릴 수 있었습니다. 그런 의미에서 질문이 있는 교실은 절대 공동체를 꿈꾸었던 오월 광주의 역사적 의미가 그대로 살아 있는 교육을 뜻하기도 합니다.

때마침 토론 교육사의 새 길을 열어 오신 유동걸 선생님이 〈질문이 있는 교실〉을 제목 삼아 책을 내시게 되어 기대와 반가움이 무척 큽니다. 질문이 왜 중요한지, 질문의 본질과 철학은 무엇인지, 그리고 학교와 교실에서 질문이 어떻게 살아나야 하는지를 세심하게 담고 있어 전국의 선생님들과 학생들이 읽으면 교육의 혁신과 변화에 큰 도움이 되리라고 확신합니다.

프랑스의 부모들은 '오늘 학교에서 선생님 말씀 잘 들었니?' 대신 '오늘 학교에서 무엇을 질문했니?'라고 아이들에게 묻습니다. 21세기 대한민국을 살아가는 우리 아이들의 가슴 속에 새로운 세상에 대한 희망, 창의적인 미래에 대한 질문이 샘솟는 아름다운 교육을 꿈꾸어 봅니다. 〈질문이 있는 교실〉이 그 길을 찾아가는 나침반이 되어 줄 것을 믿습니다.

감사합니다.

광주광역시교육감 장휘국

## 국어교육의 창의적 디자인을 위하여

유동걸 선생님은 하수의 마음을 아는 고수다. 천만 관객 영화 〈도둑들〉과 〈암살〉 등으로 유명한 최동훈 감독의 영화 〈타짜〉에서 고수 중의 고수이자 위대한 스승이었던 '평경장'과 같다. 그가 화투를 예술로, 인생으로, 철학으로 승화시켰다면, 유동걸 선생님은 국어교육을 토론, 독서, 공부, 글쓰기, 강의, 사람에 대한 배려까지 삶의 다양한 면으로 확대, 적용시킨 국어교육의 디자이너다.

나는 지금은 국어교사지만 거슬러 올라가면 한 때 미술학도, 정확히 말해 디자인학도였다. 어릴 적부터 그림그리기를 무척 좋아했고 상상력이 풍부하다는 말을 들었다. 실력은 모자라지만 미술에 대한 사랑은 순수했고 강렬했다. 그래서 고교 시절 내내 입시미술에 매진했다. 석고상들과 온갖 입시 출제 정물을 안 보고도 그릴 만큼 암기했고 마침내 미대생이 되었다.

대학 1학년, 어느 노교수님의 말씀,
"하늘을 나는 자전거를 그려보게."

커다란 종이 위에, 나는 앞에 있지도 않은 자전거를 입시미술방식의 연필소묘로 그리고 있었다. 정확한 구도와 형태, 명암과 밀도. 입시미술로 치면 A급이었겠지만, 그 이상은 도무지 할 수가 없었다. 나뿐만 아니라 많은 동기들이 그러했고, 교수님은 무척 안타까워하셨다.

이 경험을 계기로 난 차츰 미술을 관두게 되었다. 과연 하늘을 나는 자전거는 어떻게 그려야 할까? 나는 이 물음에 그림으로 답할 수 없었다. 대신 이 물음은 자연히 그림을 그려온 내 삶에 대한 물음으로 번져가고 있었다. 순수하게 미술을 좋아하고 아무런 부담없이 그림을 마음껏 그리던 게 언제였는지, 암기로 점철된 입시미술은 내게 무엇이었는지.

국어 교사가 되면 그 어려운 '질문'은 필요하지 않을 줄 알았다. 그러나 한두 해 보내며 국어 수업에도 '하늘을 나는 자전거'가 필요했다. 아니 절실했다. 교사는 매일 예측할 수 없는 수업의 현장에서 지혜로워야 하고, 매일 공감각적인 수업과 '학생'의 사고를 붙잡는 창의적 '질문'을 디자인해야 하기 때문이다.

이런 고민 속에서 유동걸 선생님을 만났다. 선생님은 내게 교사로서의 초심을 잃지 않으시고 끊임없이 노력하시는 훌륭한 롤모델이며, 국어교사라는 이름의 창조적 디자이너였다.

이 책의 말미에 선생님은 이렇게 쓰고 있다.

"좋은 질문법이 따로 있을까? 어느 공부나 그러하듯 발문법에 왕도는 없다. 끝없이 묻고 또 묻는 길만이 좋은 질문을 만들어내는 능력을 키워준다. 지금 이 시대를 살아가는 가장 절실한 나의 고민이 좋은 질문을 만들어간다."

나는 '하늘을 나는 자전거'를 통해 답보다 질문의 소중함을 깨달았다. 그 대학시절 노교수님의 질문이 내 자신에 대한 질문으로 번져갔듯이. 유동걸 선생님께서 말씀하신 '우문현답(愚問現答, 愚問賢答)'이 그것이다. 이제 나는 '하늘을 나는 자전거'를 그림이 아닌 교육으로 그리고 있다. 우리 아이들과 함께 저마다 꿈꾸는 '하늘을 나는 자전거'를 수업 시간에 만나고 있다.

이 책을 접하는 우리 교사들이 억지와 강요, 주입을 넘어 '왜?'라고 의문을 던지는 창의적 지식인이 되기 위해 노력한다면, 우리 교육은 뿌리가 깊은 나무, 샘이 깊은 물이 될 것이다. 그 안에서 우리의 아이들이 진정 자신의 삶을 디자인하는 행복한 주체로 자라날 것을 믿는다.

이 책이 살아있는 수업과 질문의 나침반이 되어 모든 교사와 학생들에게 널리 읽히기를 기원하며, 유동걸 선생님께 존경과 감사의 말씀을 전하고 싶다.

부산 기장중학교 교사 오한비

# 〈질문이 있는 교실〉을 열며

일찍이 백범 김구 선생은 〈나의 소원〉이라는 글에서 자신의 소원은 '조선의 완전한 자주독립'이라는 말을 세 번이나 반복하며 강조하셨다. 나 또한 하느님이 있어, 내게 소원이 뭐냐고 묻는다면 '남과 북이 자주적인 독립국가가 되어 평화적으로 공존하는 세상이 오는 것'이라고 말하겠다.

'질문이 있는 교실'이라는 책의 서문에 갑자기 왜 자주적인 독립 국가와 남북의 평화 공존을 이야기 하느냐고? '질문이 있는 교실'이 지향하는 궁극적인 목표가 이와 같기 때문이다. 너무 거창하다고 여길지 모르겠지만 한번 생각해보자. '질문이 있는 교실'의 뿌리는 세월호에서 시작되었다. '입 다물어, 조용히 해, 질문하지 마, 시키는 대로 해, 가르치는 대로 외워'로 가득 채워진 우리의 교실. 이 모두를 합친 '가만히 있으라'는 말. 이러한 교육이 길러낸 노예 같은 인간이 세월호라는 비극적인 사건을 만들었다. 질문이 사라진 세상이 얼마나 참담한지 알고 있기에 나는 자주적인 인간, 주체적인 세계 시민 양성을 '질문이 있는 교실'의 교육 목표로 삼았다.

우리는 왜 질문을 잃어버렸는가? 언제부터 우리는 질문을 꺼려하고 어려워하기 시작했는가? 나라가 자주성을 잃으니 학교도, 교육도, 선생도 자주성을 잃어버렸고, 교사가 자주적이지 못하니 학생들도 질문과 자기 목소리를 잃어버렸다. 학생들이 질문을 찾으면 자주적인 인간이 되고, 학생이 자기 삶과 현실의 주인이 된다면 학교도, 나라도 바뀐다. 정치가 달라지고 국제 정세도 바꾸어 나갈 수 있다. 하루 아침에 이루어질 수 있는 일은 아니지만 영 불가능한 꿈도 아니다. 문제는 언제, 어떻게 학생들이 스스로 묻고 답을 찾는 교육이 가능한가이다.

세상을 바꾼 위대한 역사와 사상은 질문에서 시작되었다. 한 인간의 변화도 그러하다. 질문은 삶의 태도이고 세계관이다. 한 인간의 운명이나 역사의 전기를 나누는 기준은 사람마다 다르겠지만 질문을 할 수 있느냐와 없느냐로 나눌 수 있다. 질문 없이 수동적으로 살아가는 노예의 삶과 '왜?'라는 질문을 던지며 주인으로 살아가는 삶이 바로 그것이다. 전자를 '예(yes)' 씨라 하고, 후자를 '왜(why)' 씨라 한다. 그 동안의 한국 교육은 수동적인 인간인 '예(yes)' 씨만을 길러왔다. 가만히 있으라는 부당한 명령 앞에 복종하는 인간이다. 그러나 세월호를 겪은 우리는 이제부터라도 '왜?'라고 묻고 자주적으로 자신의 의견을 말하는 '왜(why)' 씨인 인간을 길러야 한다.

토론의 전사로서 지난 십여 년 간 토론을 공부하면서 내가 잡아온 화두는 두 가지였다. 하나는 '소통'이고 하나는 '질문'이다.

2008년 이명박이 산성을 쌓는 순간부터 세상은 소통의 소중함을 깨닫기 시작했다. 그리고 2014년 세월호 사건이 터지면서 사람들은 새삼, 질문을 던지기 시작했다. 이것이 국가인가? 나는 누구인가? 우리는 어떤 세상에서 살고 있는가?

그 질문의 씨앗이 학교에서 먼저 뿌려지고 열매를 맺어야 함은 시대의 사명이다. 지난 3개월 동안 나는 남도 북도, 정치도 자본도, 나도 너도 흔들리는 세상 속에서 질문의 가치와 의미가 담긴 책 한 권을 쓰기 위해 씨름했다. 이 책은 왜, 교실에서 질문이 꽃피어야 하는지를 묻는 책이다. 질문이 있는 교실이 미래를 변화시키리라는 믿음을 담은 책이다.

'지금 우리에게 구원과 희망을 줄 수 있는 질문은 무엇입니까?'라는 물음에 맞닥뜨린 모든 분들께 이 책을 바친다.

2015년 8월 미완의 세계에서 유동걸

# 질문이 있는 교실 차례

**여 는 시** : 질문이 답이 되는 질문 (최선순, 범계중학교 교사) ·········· 2

**추 천 사** : 〈질문이 있는 교실〉 출간을 축하하며 (조희연, 서울특별시 교육감) ········· 4

**추 천 사** : 〈질문이 있는 교실〉과 〈나눔이 있는 교육〉을 꿈꾸며 (장휘국, 광주광역시 교육감) ··· 7

**추 천 글** : 국어교육의 창의적 디자인을 위하여 (오한비, 부산 기장중학교 교사) ·········· 9

**저자 서문** : 〈질문이 있는 교실〉을 열며 ·········· 12

## 1장 질문의 힘과 본질 ·········· 19

### 1. 질문은 사랑이다 ·········· 20
사랑을 아는 사람과 모르는 사람 / 선불교와 질문 /
장금이의 질문공부 / 한상궁이 물을 떠오라고 한 진짜 이유

### 2. 질문은 치유다 ·········· 32
말더듬이의 위대한 연설 / 왕자는 왜 말더듬이가 되었는가 /
고치느냐 못 고치느냐 그것이 문제로다 / 질문은 힘이 세다

### 3. 질문은 자유다 ·········· 48
〈미생〉과 고3수업 / 나는 자유인인가? / 자유로부터의 도피 /
자유인의 초상 / 질문, 죽음과 자유의 갈림길

### 4. 질문은 합리적 의심이다 ·········· 66
이 사람을 아십니까? / 〈12인의 성난 사람들〉 /
합리적 의심의 시작 / 기억과 편견에 맞서는 질문의 힘

## 2장 질문이 있는 학교 ·········· 81

### 1. 침묵으로 가르쳐라 ·········· 82
교사도 한우처럼 등급을 매길 수 있나요? / F등급 : 아무도 묻지 않는 교실 /
D등급 : 교사가 묻고 교사가 답한다 / C등급 : 교사가 묻고 학생이 답한다 /
B등급 : 학생이 묻고 교사가 답한다 / A등급 : 학생이 묻고 학생이 답한다 /
S등급 : 교사와 학생의 구별이 사라지는 수업

## 질문이 있는 교실 차 례 ?

2. 진리는 답이 아니라 질문에 있다 ················· 115
질문하지 않는 아이들 / 교사, 스승과 꼰대 사이에서 / 스승은 있다? /
중요한 것은 '무지'가 아니라 '무시'다 / 질문, '무지한 스승'의 힘

3. 잠시 교과서를 덮어라 ························· 134
교실에서 질문이 사라진 이유 / 교과서를 찢을 용기 /
문제집과 드라마의 경계를 지우자 / 새로운 평가 철학을 찾아서

4. 학생이 주인 되는 자치회의 ··················· 151
조희연 교육감이 보내온 편지 / 소통과 협력을 위한 토론과 회의 진행법 /
민주자치, 비법은 있다

5. 노란 테이블, 질문에서 실천으로 ·············· 169
시인, 질문을 사랑하는 사람들 / 질문을 가장 사랑한 시인, 네루다 /
아픔의 시대를 건너는 질문과 소통의 노란 테이블 / 시와 은유의 질문

### 3장 질문이 있는 교실 ························· 191

1. 질문놀이 수업 ····························· 192
우리 시대 질문의 현주소 / 질문 수업을 향한 몸부림 /
사이토 다카시의 질문게임 실천기

2. 질문과 독서 ······························ 210
책읽기는 질문과 어떻게 만날까? / 『허생전』과 『허생전을 배우는 시간』 /
비판적 읽기의 힘 / 해석의 탄생 / 몸으로 질문하기

3. 내가 경험한 최고의 질문 수업 - 인터뷰 수업 ········ 229
질문은 관심이다 / 질문과 인터뷰의 만남 /
인터뷰 - 질문을 통해 우주와 만나다 / 좋은 질문과 나쁜 질문

4. 철학적 탐구 공동체의 질문 놀이들 ·················· 252
철학과 질문을 고민하는 선생님들 / 가벼운 질문 던지기 / 다양한 질문 놀이들

**4장 질문의 달인으로 거듭나기** ·················· **271**

1. 질문을 잘 하는 방법 ·················· 272
왜 발문인가? / 단계적 질문 - 프리덤 라이터스 / 신호등 카드를 활용한 발문

2. 질문에 질문으로 답하기 ·················· 285
토론의 현장과 질문하기 / 질문을 주제로 한 책들 /
토론의 고수는 질문으로 토론한다

3. 손석희의 질문법 ·················· 297
수포자(수학 포기자)에서 종편 사장으로 / 부드럽게 리딩한다, 기운을 북돋아 /
군더더기 없이, 핵심을 놓치지 않고 / 두 얼굴과 두 마음을 지녔다 /
소통? 그는 까칠하게 통한다 / 잘못을 인정하라, 부드럽게

4. 질문은 고차원의 앎이다 ·················· 325
대학 시절에 겪은 사고의 한계 / 상상력의 고수들과 메타인지 /
메타인지의 대가 소크라테스

**5장 질문 고사성어** ·················· **337**
불치하문 / 경당문노 직당문비 / 도산덕해 /
박학독지와 절문근사 / 우문현답

**저자 후기** ·················· 364

# 1장 질문의 힘과 본질

1. 질문은 사랑이다

2. 질문은 치유다

3. 질문은 자유다

4. 질문은 합리적 의심이다

**❝ 진리는 답이 아니라 질문에 있다 ❞**

- 〈성균관 스캔들〉 中

# 1

## 질문은 사랑이다

### 사랑을 아는 사람과 모르는 사람

내 인생의 첫 영화는 무엇이었을까? 돌이켜보니, 어린 시절 학교에서 단체로 관람한 〈유관순〉과 〈안중근〉 같은 애국 계몽 영화를 제외하면, 나스타샤 킨스키가 주연으로 나오는 〈테스〉였다. 고등학생 시절에는 영화를 골라서 본 적이 없었고, 대학에 올라와서야 국문과 동기와 함께 이 영화를 관람했다. 생애 최초로 내가 직접 골라서 본 영화이기에 지금까지도 기억에 남는다. 먼 훗날 어느 술자리에서 대학 동기들과 그 영화의 주인공을 맡았던 여자가 누구였는지 입씨름을 한 적이 있다. 나는 나스타샤 킨스키를 정확히 기억했지만 그때 그 친구는 무슨 착각을 했는지, 올리비아 핫세라고 우기는 것이었다. 스마트폰이 없던 시절이라 그 자리에서 확인을 못한 우리는 다음 술자리에서 틀린 사람이 술값을 내기로 하고 헤어졌다. 아마도 그 친구는 〈테스〉의 주연 배우 나스타샤 킨스키와 〈로미오와 줄리엣〉의 주인공인 올리비아 핫세를 착각한 것은 아닌지 모르겠다. 내게 〈테스〉의 추억이 있듯이 그 친구에게는 〈로미오와 줄리엣〉의 추억이 있는지 알 수 없는 일이니까.

올리비아 핫세를 아시는가. 청순한 미모로 한 시대를 풍미한 여배우다. 아르헨티나에서 1951년 4월 17일 태어났는데 17세에 출연한 〈로미오와 줄리엣〉 한 편만으로도 세계인의 사랑을 받았다. 상대의 마음을 단숨에 사로잡을 듯한 크고 매력적인 눈과 청순한 외모, 육감적인 몸매로 한 시대를 주름잡았던 세기의 미녀다.

그녀는 세 번의 결혼과 두 번의 이혼을 했다. 19세에 결혼할 당시 첫 남편은 영화 〈로미오와 줄리엣〉에서 로미오 역을 맡은 레너드 와이팅이었다. 둘은 서로 사랑하는 연인 상태에서 영화에 같이 출연했다. 그녀의 아름다움에 매료된 수많은 사람들이 그녀에게 청혼을 했지만 그녀는 매번 거절했다고 한다. 그녀는 결혼 뒤 첫 인터뷰에서 이런 말을 한다.

"당신같이 매력적인 몸매와 아름다운 얼굴을 지닌 여성을 얻게 된 남자의 비결이 뭔가요? 수없이 많은 남자들이 프러포즈를 했을 텐데 이 남자와 결혼을 해야겠다는 확신을 어떻게 하게 되었나요?"

질문을 받은 올리비아 핫세는 질문에 대한 대답 없이 사회자의 눈을 가린 뒤 사회자에게 되물었다.

"제 눈이 무슨 색인지 기억하시나요?"

당황한 사회자는 어쩔 줄 몰라 하며 그 말에 아무런 대답도 하지 못했다.

"제 눈은 초록색이에요. 모든 남자가 제 가슴을 쳐다볼 때 그이는 제 질문에 대답한 유일한 사람이었어요."

아마 대표적인 우문현답이 아닐까 싶다. 나는 질문에 질문으로 답할 줄 아는 사람을 사랑한다. 질문하는 사람보다 더 멋진 사람은 질문에 대한 답을 질문으로 던질 줄 아는 사람이기 때문이다. 왜? 질문은 단순한 호기심의 차원이 아니라 깊고 그윽한 사랑의 한 표현이니까.

## 선불교와 질문

한때 불교철학을 좋아했는데 그 이유 중 하나가 스님들의 공부법이 짧은 질문으로 이루어진 까닭이다. 교종과 선종이 어떻게 나뉘는가? 나는 우리 나라 불교의 계파나 종파 등등은 잘 모른다. 막연히 짐작하건대 교종은 진리를 강의하고 선종은 질문을 통해 진리를 깨우치는 차이가 아닌가 싶다. 스님 가운데도 강의를 좋아하는 분이 있고 강의를 잘하지 않지만 수수께끼 같은 질문으로 상대방이 집착하는 대상을 깨뜨려 마음의 해방을 얻도록 하는 분들도 있다.

그래서 선불교를 보여주는 만화는 거의 질문으로 이루어져 있다. 파블로 네루다의 『질문의 책』에 나오는 짤막한 질문시들도 수많은 질문으로 황홀히 아름다운 삶의 신비를 보여주는데, 『선 만화』(zen comics)야말로 질문의 정수들을 모아놓은 훌륭한 인생 지침서다. 김용옥의 책에 나오는 다음과 같은 대목은 그래서 여전히 매력적이고 기억에서 사라지지 않는다.

숭산 스님은 '사랑이 뭡니까?'라는 상대의 질문에 오히려 상대에게 되묻는다.

"사랑이 뭡니까?"

"네?"

상대가 당황해하는 그때 자기가 생각하는 답을 말한다.

"그게 사랑입니다!"

"네?"

"당신이 묻고 내가 다시 묻고 서로 대화를 나누는 것 그게 사랑입니다."

공부와 토론의 고수들은 그냥 답하지 않고 되물을 줄 안다. 그런 점에서 올리비아 핫세는 나이에 비해 상당한 내공을 지닌 사람이다. 가히 세기의 여인답지 않은가.

## 장금이의 질문 공부

질문은 그 자체로 사랑의 본성을 안고 있다.

이 글의 주제, '질문이 사랑'이라는 말에 대해서 이의를 달 사람이 많을 줄 안다. 질문이 호기심에서 비롯된다면 그거야 인정해줄 만 하지만 사랑까지 연결하기에는 무리라고 생각할 수도 있기 때문이다. 하지만 질문은 인간이 지닌 관심과 사랑의 아주 높은 차원의 표현이란 걸 다음의 일화가 말해 준다. 한류 열풍을 일으킨 드라마 〈대장금〉의 주인공 장금과 한상궁이 주고 받은 대화이다.

"어린 것이 서너 식경이나 물동이를 들고 서 있기가 쉽지 않았을 텐데 그렇게까지 하면서 궁에 있고 싶은 이유가 무엇이냐? (쭈뼛거리는 장금이 말을 못하자) 괜찮다 말해 보거라."

"수랏간 최고 상궁이 되고 싶습니다. (한상궁 눈을 크게 뜨고 입이 쩍 벌어지면서 깜짝 놀란다.) 마마님 어찌하면 빨리 수랏간 최고 상궁이 될 수 있습니까?"

(차가운 얼굴과 목소리로) "마실 물을 떠오너라." (네? 하는 표정으로 의아스러운 장금) "마실 물을 떠와!" (장금, 머리를 숙이고 답하며 물을 뜨러 나간다)

이 대화의 배경은 이랬다. 궁에 들어온 장금이 훈육상궁에게 벌을 받아 궁에 남을 수 있는지 시험을 볼 기회조차 박탈당할 지경에 이르렀는데, 마침 최고상궁이 기회를 주었다. 당상관 명칭을 다 말해보라는 질문에 장금은 막힘없이 답을 말하였다. 두 번째 질문은 『삼국지』의 조조와 제갈량 싸움에서 나온 계륵에 대한 질문인데 역시 장금은 답을 거뜬히 마쳤다. 그러자 최고상궁은 장금이에 대한 개인지도를 한상궁에게 맡겼다. 장금의 지도를 맡은 한상궁은 장금의 근기가 남다른 지라 장금에게 궁에 있으려는 동기를 물었다. 장금이가 뜻밖에도 최고상궁에 대한 집념을 보이자 깜짝 놀라 마실 물을 떠오라고 한 것이다. 오히려 놀란 쪽은 장금이었다. 황급히 나가 물을 공손히 떠왔지만 물을 가져다 바치기도 전에 한상궁이 다시 차갑게 말한다.

"다시 떠오너라."

네? 장금이 놀라 물으려는데, '말을 꼭 두 번씩 해야 하느냐'며 한상궁은 장금이를 몰아붙인다. 도대체 왜 한상궁은 장금이에게 자꾸 물을 떠오라고 할까? 다시 급하게 물을 떠와보지만 이미 한상궁은 이부자리를 편 채로 누우면서 내일 아침 다시 떠오라고 한다. 이게 도대체 무슨 영문인가? 이유도 모르겠는데 물을 계속 다시 떠오라니. 그때부터 장금의 고민은 깊어간다. 해가 돋은 다음 날 아침의 대화 결과도 마찬가지였기 때문이다.

물 한 사발을 떠놓고 수심에 가득 찬 얼굴로 물끄러미 사발만 바라보던 장금이는 상궁마님께 인사를 드리러 오라는 전달사항을 말해주러 온 창이에게 '너희 상궁마님은 물을 떠오라고 안 하시더냐?' 물어보지만 다른 상궁들이 생각시에게 물을 떠오라는 과제를 내주었을 리는 만무하다. 특별히 장금이에게 무언가를 가르쳐주려는 한상궁만의 명령이기 때문이다. 생각 끝에 장금이는 뜨거운 물을 떠가지만 찬바람 도는 한상궁의 반응에는 변함이 없다. "저녁에 물을 다시 떠오너라." 이 한 마디에 어린 장금이의 얼굴은 더욱더 알 수 없다는 의혹의 표정만 짙어간다.

황사가 덮쳐 나라에 흉한 일이 생기지 않을지 걱정하는 수랏간 상궁들이 모인 가슴 무거운 회의 시간. 장금은 창이의 거짓말에 속아 인사를 드리러 갔다가 한상궁 손에 이끌려 수랏간 주전에서 나와 조방에게 인계된다. 조방은 장금이에게 건방지다며 혼을 내고 설거지를 시키는데, 장금이 친구인 연생이가 다가오자 장금은 연생에게 '너희 마마님은 물 떠오라는 심부름을 안 시키더냐'며 물어본다. 대답은 오히려 '우리 마마님은 물을 떠다주시는데.'였다. 그럼 도대체 한상궁은 무슨 목적으로 자꾸 물을 떠오라고 하는 걸까?

뿌연 황사처럼 답답한 마음으로 답은 찾지 못하고 비가 오나 바람이 부나 설거지에 시달리는 나날이 계속되는 가운데 장금이의 물 떠오기는 계속된다. 급기야 우물물에 버들잎을 띄웠다는 말이 생각나, 그릇에 든 물 위에 버들잎을 띄워가나 한상궁의 물 떠오기 명령에는 변함이 없다. 힘이 빠질 대로 빠진 장금이. 밤새 잠 못 자고 뒤척거리는데 과연 장금은 무슨 물을 떠가야 하는 걸까?

수수께끼 같은 물떠오기 과제에도 지치지 않고 장금이는 설거지 심부름에 새벽별을 보고 밤늦게서야 돌아오는 일상이 계속된다. 그러던 어느 날, 대비전 소줏방이 발칵 뒤집혔다. 대비마마께 진상할

음식들이 밤새 모두 상한 것이다. 지난 밤 사옹원에서 받아놓은 식재료에는 이상이 없어서 다들 고개를 갸웃하는데 급기야 동궁전에서도 음식이 상했다는 기별이 온다. 수랏간으로서는 청천벽력 같은 소식들이 아닐 수 없다. 그나마 다행이고 신기한 일은 왕의 음식을 준비하는 대전 음식은 하나도 상하지 않았다는 점인데, 이때 밖에서 대전 상궁이 생각시들을 모아놓고 그릇과 채소가 오지 않았다고 혼을 내는 소리가 들려 온다. 대전 음식을 담을 그릇이 오지 않아서인데 이는 장금이가 설거지를 다 마치지 못한 까닭이다. 우루루 설거지 장소로 달려간 상궁들. 혼자 설거지를 하는 장금이를 세워놓고 한상궁이 뭘 하는지 묻는다.

장금이는 '물을 끓여가며 설거지를 하고 있다.' 답하고, 한상궁은 '굳이 물을 끓여서 설거지를 하는 까닭'을 다시 묻는다. 이유인 즉 토우(土雨) 때문이었다. '토우로 인해 우물물도 흙탕물이 되어, 우물물을 끓여서 설거지를 하고 식힌 물로 식재료를 씻어야 음식이 상하지 않는다.'는 답이 돌아왔다.

어린 장금이의 뜻깊은 행동에 한상궁과 최상궁은 놀라지 않을 수 없었다. 이런 걸 누가 가르쳐주었는지 추궁하니 장금이는 어머니께서 가르쳐주셨다고 말한다.

'어머니께서 토우가 올 때면 물이 흙탕물이 되어 음식에서 흙이 씹히고 냄새가 나고 금세 쉰다, 사람들이 이 간단한 이치를 몰라 장마가 지고 흙비가 성할 때면 역병이 돈다.'라고 말씀하셨습니다. 이 말을 들은 사람들은 다들 놀라 입을 다물지 못한다. 저런 꼬마가 이런 이치를 다 알다니 하는 표정으로.

## 한상궁이 물을 떠오라고 한 진짜 이유

소줏방마다 물을 끓여 설거지를 하고 장금이가 혼자 하던 일도 같이 힘을 합쳐 해낸 일은 잘 마무리 되었다. 장금이의 본심에 대해서 의심을 거두지 못하던 한상궁은 흐뭇한 마음으로 장금을 바라보며 고개를 끄덕인다. 그날 밤, 방안에서 다시 마주 앉은 두 사람. 한상궁은 여지 없이 '마실 물을 떠오라'고 직격탄을 날린다.

또 다시 물을 떠오라는 한상궁은 장금이 아무런 말과 행동도 못하자 다시 전보다 부드러운 어조로 물을 떠오라 한다. 장금도 더 이상 물러날 곳이 없다는 표정으로 항변한다.

"어찌하여 자꾸 물을 떠오라고 하십니까?"

그동안 고분고분 순종만 하던 장금이 드디어 거꾸로 질문을 던지기 시작한다. '따뜻한 물도 안 되고, 찬물도 안 되고, 나뭇잎을 띄워 와도 안되고. 도대체 무슨 물을 떠오라시는 말씀인가요' 하는 원망이 표정 가득하다. 한데, 이러한 장금의 질문에 맞서는 한상궁의 대답이 이채롭다.

"너는 이미 답을 알고 있느니라."

어리둥절한 표정으로 고개를 갸웃하는 장금.

"어찌하여 흙비를 끓였더냐?"

"어머니께서 그리하는 것을 보았기에…"

"어머니께서는 왜 그리 하셨느냐?"

"혹 제가 어디 아플까 염려하시어… 아!"

마악, 대답을 하던 장금이, 무언가를 크게 깨달은 듯 표정을 짓자 한상궁 자애로운 얼굴로 다시 장금에게,

"물을 떠오겠느냐?"

그러자 이번에는 장금이가 한상궁에게 질문을 시작한다.

"혹 아랫배가 아프지는 않으신지요?"

"아니다."

"혹 오늘 변을 보셨는지요?"

"보았다."

"혹 목이 아프시지는 않으신가요?"

"원래 목은 자주 아프구나."

그러자 장금은 벌떡 일어나서 물을 뜨러 나간다. 목이 아픈 한상궁을 위해 따뜻한 물에 소금을 아주 조금 넣은 물을 떠오기 위해서다.

"어머니께서 물 한 사발 주시면서도 그리 많은 것을 물어보시더냐?"

"예, 아랫배는 차지 않은지, 목은 아프지 않은지 꼬치꼬치 물으시고는 찬물을 주기도 하시고, 따뜻한 물을 주기도 하시고, 단물을 주기도 하셨습니다."

"그래 꼬치꼬치 묻는 것, 그게 내가 너에게 물을 떠오라 한 뜻이다. 음식을 하기 전 먹을 사람의 몸 상태와 좋아하는 것, 싫어하는 것, 받는 것과 받지 않는 것. 그 모든 것을 생각하는 것, 그게 음식을 짓는 마음임을 이야기하고 싶었다. 허나, 너는 어머니를 통해 이미 알고 있었구나. 너의 어머니는 참으로 훌륭한 분이시다."

돌아가신 어머니 생각에 울먹이는 장금이를 앞에 두고

"어머니께서는 물도 그릇에 담기면 음식인 것을 알고 계시는 분이시다. 또 그것이 음식이 되는 순간은, 먹는 사람에 대한 배려가 제일임을, 음식은 사람에 대한 마음임을 알고 계신 분이었구나. 네가 그런 훌륭한 분의 딸인 것도 모르고 나도 다른 사람들처럼 어미아비도 없는 아이라 마음만 앞서 윗사람들 눈에만 들려는 아이로 오해를 하였구나. 버르장머리를 고친다는 것이 오히려 내가 한 수 배웠어."

교학상장(教學相長)이란 이런 것일까. 이렇게 사제 간에 질문과 사랑이 하나가 되는, 아름다운 공부가 이어지는 경우도 흔치 않다.

자세히 보면 여기에는 세 겹의 사랑이야기가 걸쳐 있다.

어린 장금을 사랑하는 엄마의 사랑이 장금에게 지혜로 전수된 이야기. 어린 장금을 받아들인 한상궁이 제자를 사랑하는 마음으로 질문의 중요성을 깨우쳐 주는 이야기. 그리고 사랑의 본질을 담고 있는 질문 그 자체의 중요성에 대한 이야기. 드라마는 어린 장금이 한상궁의 가르침을 받고 무수한 질문을 던지기 시작하면서 더불어 사랑의 중요성을 배워나가는 이야기로 채워진다.

'질문이 곧 사랑'이라는 것을 한상궁은 물 떠오기로 가르쳐주려 했으나 장금은 이미 알고 있었다. 물을 끓여 설거지를 하는 마음이 곧 사랑임을 이미 어머니가 깨우쳐주었기 때문이다. 어린 장금은 사랑의 의미가 무엇인지도 모르면서 몸에 익힌 대로 설거지만 했지만 그 사건을 겪으면서 한상궁을 통해 질문의 중요성을 깨달았다. 한상궁 또한 이 과정에서 장금이를 통해 질문하는 마음, 사랑하는 마음을 새로이 한 수 배웠다. 이 모두가 질문 자체가 곧 사랑이라는 질문의 본성 때문이다. 다시 올리비아 핫세를 떠올려 본다.

"이제 당신은 사랑하는 사람의 눈동자가 무슨 색인지 아시나요?"

# 2
## 질문은 치유다

**말더듬이의 위대한 연설**

장면1

1925년 영국의 조지 5세는 전 세계의 25%를 통치하고 있었다. 그는 둘째 아들 요크 공작에게 런던 웸블리에서 열린 대영제국박람회의 폐막 연설문 낭독을 맡겼다.

연설은 BBC 대영제국 방송을 통해 전 세계로 방송이 된다.

사회자 : 대영제국박람회 웸블리 스타디움입니다. 영국 왕자 요크 공작 전하께서 국왕폐하를 대신하여 폐막 연설을 낭독합니다. 전 세계에 걸친 58개의 영연방은 이번 박람회를 역대 최대 규모로 개최했습니다.

왕자가 천천히 단상으로 걸어나온다. 수만의 눈과 귀가 왕자를 주목한다. 깜빡 깜빡 깜빡. 빨간 불이 세 번 깜빡이고, 사람들은 이제 세계적인 연설을 숨죽여 기다리고 있다. 웸블리 스타디움은 물론 이 방송을 기다리는 세계의 청중들 앞에서 왕자는 긴장감을 감추지 못한다. 연설 알림 신호가 나온 지 몇 초, 마치 몇 년처럼 긴 침묵의 시간이 흘러가지만 왕자는 입술만 달싹거릴 뿐 차마 입을 열어 연설을 시작하지 못한다. 한참을 끌고서야 드디어 입을 연 왕자.

"저는 오늘… (여운) 친애하는 국왕 폐, 폐, 폐, 하, 하…. (긴 침묵)"

왕자의 거친 숨소리만 반복될 뿐 좀처럼 연설을 이어가지 못한다.

요크 왕자의 아내 엘리자베스는 답답한 가슴으로 발만 동동 구를 뿐 어찌 해볼 도리가 없다. 듣는 사람조차 괴로울 정도이니 말하는 사람의 심정은 오죽할까?

장면2

1941년 히틀러가 일으킨 전쟁으로 전 유럽이 공포에 빠졌다. 누군가의 힘 있는 연설이 더욱 그리울 때, 다시 요크 경이 나섰다. 세계가 위기에 빠졌을 때, 지도자의 연설은 사람들로부터 공포와 불안을 몰아내고 희망과 용기를 주기 때문이다. 지금이 바로 그러한 시점이다. 세월이 흘러 지금은 왕자의 신분이 아니라 국왕이다. 아버지 조지 5세가 타계하고 형이 왕위를 물려받았지만 형은 자기가 사랑하는 여인을 찾아 과감히 국왕의 자리를 동생에게 물려주고 떠났다. 다시 영국의 온 국민과 유럽의 시민들에게 메시지를 전해야 하는 상황. 왕의 연설은 사람들에게 감동을 주며 잘 마무리될까? 많은 사람들이 긴장과 안타까움 속에서 방송에 귀를 기울이는 가운데 드디어 국왕의 연설이 시작된다.

역시 쉽게 입을 열지 못하는 국왕. 이번에는 그의 앞에 한 남자가 서 있다. 드디어 왕은 힘겹게 입을 연다.

우리 앞에 놓인 암울한 시간이… (짧은 침묵이 흐른다) 어쩌면 우리 역사에서 가장 중요한 시기가 될지도 모릅니다. 저는 오늘, 이 땅과 해외에 있는, 국민들에게, 저의 메시지를 전하기 위해, 이 자리에 섰습니다. (약간 더듬기는 하지만 그래도 무리 없이 말을 이어나가자 모든 사람들이 안도의 한숨을 쉰다. 하지만 아직 안심하기는 이른 상황)

여러분의 가정을, 모두 방문하여, 한 명 한 명에게 직접, 이야기하고 싶은 심정입니다. 국민 여러분 중 많은 분들이 두 번째 전쟁의 시련을 겪, 겪고 계십니다. (간간이 밭은 숨을 토해가면서 말을 잇는 국왕) 우리 정부는 끊임없이 적국과의 갈등을 평화적으로 해결하기 위해 노력해… 왔습니다. 그러나 그러한 노력에도 불구하고 우리는 전쟁 상황에 왔습니다. 지금 우리에게 주어진 소명은 전 세계의 문명을 위협하는 세력에 맞서는 것입니다. 그들은 자신들의 정치를 그럴듯하게 선전하고 있으나 그 실체는 한낱 미개하고 야만적인 정치논리에 불과합니다. 우리는 사랑하는 모든 것들을 지키기 위해 힘을 모아 지금의 시련을 극복해야… 합니다. (입이 잘 떨어지지 않고 연설을 멈추는 고비가 닥칠 때마다 앞에 있는 남자가 마음을 안정시키고 힘을 보탠다.) 오늘의 연설은 바로 그 점을 강조하기 위한 것입니다. 이 땅의 모든 국민 여러분, 멀리 해외에서 듣고 계신 동포 여러분, 마음을 모아주십시오. 침착하면서도 결연한 자세로 다 함께 고난을 헤쳐 나갑시다. 힘든 시간이 될 것입니다. 어두운 날들은 오래 지속될 수도 있습니다. 전쟁은 이제 더 이상 최전선의 전투에 국한된 문제가 아닙니다. 우리 모두 옳고 그름을 인식하고 옳은 길로 나아가야 합니다. 또한 우리의 바람이 이루어질 수 있도록 기도해야 합니다. 우리 모두가 굳은 결의를 가지고 신념을 잃지 않는다면 신의 은총으로 이 전쟁에서 승리할 것입니다.

비로소 진짜 안도의 한숨과 함께 여기저기서 뜨거운 박수소리가 울려퍼진다. 앞에 놓인 암울한 시간을 견디고 승리를 이룬 것은 누구보다도 영국의 왕 자신이었다.

### 왕자는 왜 말더듬이가 되었는가

위에서 소개한 두 장면은 콜린 퍼스 주연 영화, 〈킹스 스피치〉의 첫 장면과 후반부 장면이다.

영화의 시작과 끝은 이렇게 다른 두 모습을 보여준다. 어버버한 모습으로 말도 제대로 꺼내지 못하던 왕자가 어떻게 저렇게 멋진 연설을 훌륭하게 해낼 수 있었을까? 그 사이 영국의 왕자에게 무슨 일이 벌어진 것일까? 무엇이 왕을 이렇게 바꿔놓았을까? 왕의 변화와 성장에는 어떤 힘이 작용을 했을까? 다름 아닌 라이널 로그라는 탁월한 언어 치료사가 있었기에 가능한 일이었다.

그는 어떻게 하여 내로라하는 왕립 주치의들이나 의사들이 고치지 못한 말더듬이 증상을 고칠 수 있었을까. 인간적인 면모와 개성, 풍부한 치료 경험 덕분이지만 그 구체적인 치료 과정과 방법은 애정이 담긴 질문이었다. 왕이 말을 그렇게 더듬을 수밖에 없는 이유에 대한 집요한 탐색과 질문이 있었기에 왕은 자기만의 언어 즉 왕으로서의 말, 진정한 '킹스 스피치(King's speech)'를 찾을 수 있었다.

물론 그 과정은 험난했다. 말더듬이가 말을 잘 하게 되는 건 혀의 놀림을 기능적으로 숙련해서만 되는 일은 아니었기 때문이다.

처음 연설에 실패한 왕자는 치료를 받기 시작한다. 하지만 당시의 의학과 기술 치료로는 말더듬이를 고치기가 어려웠다. 왕자의 혀와 말은 단순히 의료기술적인 문제가 아니었다. 요크 경의 부인 엘리자베스가 백방으로 수소문한 끝에 찾아간 사람은 이 영화의 다른 주인공 라이널 로그였다.

언어치료사협회장의 추천을 받아 찾아간 것인데 그의 치료법은 남다른 데가 있었다. 일단 왕궁에서 치료하지 않고 본인의 집에서 치료한다. 남들은 긴장을 풀기 위해 담배를 권장하지만 로그는 담배를 허용하지 않았다. 호칭의 형식은 박사였지만 그는 공식 학위를 받은 사람은 아니었으며 제1차 세계대전의 상처(트라우마)가 심한 사람들의 언어장애를 치료한 바 있었다. 그 과정에서 그는 인간의 언어 발달 장애의 문제는 심리와 무관하지 않다는 것을 임상적으로 파악하고 있었다. 상대는 쉽지 않은 사람이었다. 대영제국, 왕가의 후계를 이을 수도 있는 자리에 있기 때문에 내면의 심리 상태가 어느 정도인지 가늠하기 어렵다. 게다가 그동안 숱한 실패로 외부 세계에 대해 일종의 공포감을 갖고 있는 사람이다. 어떻게 치료가 가능할 것인가? 라이널 로그는 깊은 관심과 애정 어린 질문으로 이 문제를 돌파했다. 질문의 힘이다.

"남편 분이 본인의 사적 이야기를 해주시면 그것을 분석해서 치료를 하도록 하죠."

전에 없던 방식을 제안하자 엘리자베스는 고민한다. 하지만 달리 방도가 없으니 믿고 맡겨볼 수밖에. 그가 호주식 전통 방식 치료로 논란의 중심에 있다는 걸 알지만 별다른 뾰족한 수가 없다. 그리하여 같이 찾아간 로그의 집. 로그는 둘의 평등이 보장되어야 한다는 전제를 내세웠다.

질문은 사랑이라고 했다. 사랑은 평등이 전제되어야한다. 그렇기에 평등이 보장되지 않는 질문은 진정한 의미의 질문이라 할 수 없다. 비트겐슈타인에 따르면 언어는 용법이고 실은 모든 언어는 명령의 기능을 가진다.(어떤 차원에서는 사랑도 명령이다.) 질문 가운데 어떤 말은 형식은 질문일지 모르지만 언어로서의 기능은 상대에게 복종을 요구하는 명령인 경우가 있다. 두 사람의 대화가 명령과 복종이 아니라 존중과 사랑에 근거한 질문이 오고가려면 양자가 평등해야 한다. 〈킹스 스피치〉에서 질문자는 평민이고 질문을 받는 사람은 왕족이다. 왕족이 계급을 앞세워서는 진실한 대화, 문답이 오갈 수 없다. 이를 간파한 로그는 먼저 둘의 관계의 수평성을 요구한다. 발성법을 고치려면 서로 동등하게 이름을 친하게 부를 수 있어야 한다고 제안한다. 무엄하게도!

늘 존칭의 대접을 받던 요크는 불편하다. 상대에게도 '로그 박사'라는 경칭을 쓰고 싶지만 로그는 자기 이름인 라이널을 고집한다. 심지어 로그는 왕자에게 '버티'라는 애칭을 사용할 것을 고집한다. 이는 양보할 수 없는 선이다. 요크는 버티라는 이름에 콤플렉스를 가지고 있다. 버티라는 애칭은 가족만이 부를 수 있는 이름이라며 거부하지만 아랑곳 않는 로그. 의사와 환자 간에 평등성(상호 존중)이 보장되지 않고서는 치유가 불가능하다는 입장이다. 그리고 바로 질문에 돌입한다.

"기억나는 가장 어린 시절이 언제인가요?"
"무슨 말이요?"
"가장 오래된 기억이 무엇인가요?"
"나는 상담받으러 온 게 아니다."
"왜 오셨지요?"

"빌어먹을, 말을 더듬으니까!"

"흥분을 잘 하는 타입이군요."

"내 결점이 한두 가지가 아니라."

"언제부터 말을 더듬기 시작했습니까?"

"원래 그렇소."

"아닐 걸요. 왜냐하면 아기들은 말을 더듬지 않기 때문입니다."

언제인지 기억이 안난다는 요크. 겨우겨우 기억을 더듬어 대답을 한다.

"기억하는 한은 4, 5세 정도였을 것 같소."

"대부분 그렇다고 들었습니다. 생각할 때도 더듬거리나요?"

"그런 사람이 어디 있소?"

"혼자 있을 때도, 혼자 중얼거릴 때요. 버티."

요크 경은 '버티'라는 호칭이 못내 괴롭고, 급기야 다혈질 성격을 드러내면서 대화를 중단한다. 질문은 아픔과 상처를 드러내는 도구이기 때문에 아픈 것이다. 그걸 극복하지 못하면 자신의 한계를 넘어설 수 없다는 걸 알지만 상처가 가져오는 아픔이 너무 크기 때문에 쉽게 수용하지 못한다.

"혼자 중얼거릴 때? 당연히 안 더듬소."

"그건 말더듬이 문제가 영구적인 문제가 아니라는 뜻입니다. 원인이 뭐라고 생각하세요?"

"모르겠소. 이유는 상관없고, 누구도 날 못 고쳤소."

오랜 세월 무수히 많은 전문가들로부터 숱하게 치료를 받아보았으나 더 나아지지 않은 요크 경은 자포자기의 심정에 스스로 갇혀버린 상태라 더 어렵다. 현명한 로그는 내기로 요크를 자극하면서 그의 감정을 북돋운다. 신체의 운동, 언어 감각 훈련 등을 병행하면서 마음 속 상처를 가급적 큰 고통 없이 열기 위해 질문을 시도한다. 사실 버티의 고통은 아버지의 영향이 크다. 대개 권위적인 남성의 집안이 그렇듯 버티 역시 아버지로부터 억압을 당했다. 아버지는 아들에게 연설을 가르칠 때도 자상한 듯 아들에게 권유하지만 버티가 말을 잘 이어가지 못하면 윽박지르기 일쑤였다.

"똑바로 앉아라. 허리 펴고 연설문을 똑바로 쳐다보거라. 교양 있는 영국인답게 네가 누구인지 보아줘야지. 예전에는 왕이 말을 타고 위엄만 보여줘도 되었지만 이제는 각 가정에다 대고 비위도 맞추고 홍보도 해야돼. 왕족 위상은 어떤 피조물보다도 낮고 비천하게 축소됐다. 우리는 이제 배우야."

이게 아버지 조지 5세의 역사 인식이다. 그는 대영제국의 몰락에 따른 가문의 황혼을 어렴풋이 느낀다. 그래서 이제 권력은 없어도 명예롭게 연설이라도 잘 해야한다고 생각하니 아들의 현실이 더욱 답답하고 괴롭다. '목소리를 내봐, 마음을 가라앉히고 정성들여 단어를 읽어봐.' 이렇게 시작하던 아들 교육이 '긴장하지 말고! 내뱉으라니까! 읽으라고! 등의 사나운 명령과 훈계조로 바뀌면서 버티의 입은 점점 오그라들었다. '방법만 터득하면 쉬운 일'이라고 조지 5세는 아들을 가르치려 했지만 본인도, 아들도 그 방법을 터득하기는 쉽지 않았다. 마치 자기 운명을 스스로 만들어놓고 몰랐던 오이디푸스처럼 조지 5세 역시 자기가 억압의 원인이고 주체라는 것을 모른 상태에서 문제를 풀기 위해 노력을 했고 그 노력이 아들을 더욱 주눅 들게 만들었다.

## 고치느냐 못 고치느냐 그것이 문제로다

질문이 가진 치유력과 소통력을 검증받는 순간이 왔다.

고치느냐, 못 고치느냐. 운명의 순간은 『햄릿』으로부터 찾아왔다. 셰익스피어 희곡을 즐겨 읽고 그의 여러 작품을 통해 연극 연습하기를 좋아하는 로그는 요크 경에게 『햄릿』을 읽어보라 권유한다. '사느냐 죽느냐 그것이 문제로다.'로 시작하는 유명한 대목이다. 햄릿의 대사는 사실 고스란히 요크 경 자신의 몫이기도 했다. 자신이 없는 요크는 조금 읽다가 이내 책을 집어던진다. 자신감을 잃은 채 창피한 모습을 보이고 싶지 않은 까닭이리라. 방법을 찾던 로그는 머리에 헤드폰을 씌워주고 자기 목소리가 들리지 않는 상태에서 책을 읽게 한다. 권유를 이기지 못하고 책을 읽는 요크. 자기 자신이 무엇을 하는지 알지 못한 채 읽어나간다.

사느냐 죽느냐 그것이 문제로다. 가혹한 운명의 화살이 꽂힌 고통을 죽은 듯 참는 것이 과연 장한 일인가? 아니면 두 손으로 거친 파도처럼 밀려드는 재앙과 싸워서 물리치는 것이 옳은 일인가. 죽는 것은 그저 잠드는 것일 뿐, 그뿐이 아니던가. 잠들면 우리 마음의 고통과 육체에 끊임없이 따라붙는 무수한 고통이 끝난다. 죽음이야말로 우리가 열렬히 바라는 삶의 결말이 아닌가.

- 셰익스피어,『햄릿』


장엄한 햄릿의 대사를 술술술 읽어 내려간다. 물론 자기 귀에 들리지 않으므로 자기가 어떻게 읽는지 알지 못한다. 심장에 꽂혀 오는 가혹한 운명의 화살과 파도처럼 밀려드는 인생의 재앙 속에서 차라리 밤도 잠들고 싶은 왕자의 심정, 바로 햄릿의 마음이다. 오바마나 스티브 잡스처럼 달변의 연설은 못할지언정 말하거나 책을 읽을 때 더듬지는 말아야 할텐데, 그에게는 그것이 그리도 힘들었다. 여기까지 읽고는 도저히 더 못 읽겠다고 포기한 요크. 도망치듯 가려는 그에게 로그는 녹음된 음반을 손에 들려준다.

포기하고 집으로 돌아갔던 요크, 자신이 읽은 책의 내용을 아내와 같이 들어보고 소스라치게 놀란다. 또박또박 생생하게 들리는 발음. 주눅들지 않고 긴장감 없는 상태에서 어쩌면 이렇게 목소리가 유창한가. 자기 목소리를 듣는 요크의 표정은 '오, 신이여 정녕 이것이 제 목소리와 톤이란 말씀입니까!' 하는 표정이다.


로그의 교육과 치료는 계속된다. 몸의 움직임을 통한 운동도 병행했다. 혀의 놀림, 어깨와 가슴을 펴고 횡격막의 움직임도 유연하게 훈련시켰다. 자신감과 여유를 키우기 위해 깊은 숨을 들이쉬고 내쉬면서 훈련한다. 심지어 리듬감을 갖추게 하기 위해 노래 가락을 응용하기도 한다. 그 사이 아버지 조지 5세가 죽고 형이 자리를 이어야 하지만 이혼녀와 사랑에 빠진 형 웨일즈 경은 아예 왕의 자리를 동생 요크 경에게 물려주고 궁을 떠난다. 이제 대관식과 연설의 현장은 더 구체적으로 다가오고 시간과 운명은 누구 편인지 알 수 없다.

요크 경과 로그 박사, 버티와 라이널 사이에 갈등도 많았다. 왜 없었겠는가. 한 인간의 내면을 후비는 고통이 계속되는 동안 그 고통을 꺼내려는 사람이나 드러내야 하는 사람이나 아프고 힘들기는 마찬가지다. 요크의 어린 시절, 심리적인 상처 등이 주요 원인임을 아는 로그는 마침내 유아 시절에 대해서 묻기 시작한다. 형을 비롯한 주변 사람들이 모두가 버티를 버버버버버티, 즉 말더듬이라고 수없이 놀려댔다는 걸 알게된다. 아버지도 그걸 부추기면서 버티를 더욱 힘들게 만들었다.


"원래 오른손잡이였소?"
"아니 왼손잡이였는데 고쳤소."
"말더듬이들 가운데 오른손잡이가 많지요."
"안짱다리 교정했나요?"
"금속판을 대고 살았소. 굉장히 힘들게 지금은 교정했소."

마치 이적의 노래 〈왼손잡이〉 가사처럼 사람들은 왼손잡이를 가만히 두지 않았다. 버티도 그랬다. 그보다 더 심한 억압은 유모로부터 왔다는 사실도 질문을 통해 알아냈다.


"가장 친한 사람은 누구였나요?"

"유모였소. 지금의 유모 말고 첫 번째 유모는 형과 친하고, 나를 부모님께 보이면서 날 몰래 꼬집었소. 그러면 내가 우니까 금방 나를 안고 가는 거지. 그리고 나서 젖도 안 주고 멀리 멀리 내팽겨쳤다네."

(잠시 침묵)

"3년이 지나서야 부모님이 알았지만 나는 위염이 생기고 지금도 좋지 않네."

"막내 동생 조니는 어땠어요? 친했나요?"

"조니는 착한 아이였소. 간질병이 있었지만. 날 다르게 대했소."

"13세에 죽었는데 아무도 못 보게 했소. 전염병도 아닌데."


이런 문답 과정을 통해 버티는 스스로 자기 내면의 상처와 고통이 어디서 오는지 느끼게 된다. 이런 대화를 통해 두 사람은 친구라는 감정을 처음 느끼는 순간을 맞는다. 아무도 친구가 돼 주지 않는 현실, 답답한 왕가의 법도와 예절만이 요크를 옥죄어왔는데 비로소 말을 터놓고 이야기할 친구가 생기면서 요크는 심리적 자유와 해방감을 맛본다.

그리고 시시각각 다가오는 대관식과 전쟁 상황이 벌어지면서 본인이 해야만 하는 연설 앞에서 요크는 스스로의 벽을 넘을 준비를 차곡차곡 해나간다. 로그의 역할과 지위, 과거 전력을 둘러싼 작은 갈등도 있었지만 이제 두 사람에게 그것은 더 이상 문제가 되지 않았다. 주변의 시선보다 인간적으로 느끼는 감정과 관계가 더 중요하다는 걸 요크 경, 아니 조지 6세도 너무 잘 알기 때문이다.

그리고 전쟁의 포화 속에서 치러진 연설의 내용은 이 글의 서두에서 소개한 대로다. 말더듬이 왕자 요크는 이렇게 라이널 로그의 우정어린 질문과 교육 덕분에 전 세계에 희망을 주는 메신저로 거듭났다. 만약 로그가 질문을 던지지 않고 왕자에게 특정 행동을 강요하고 명령했다면 상처가 치유될 수 있었을까? 아마 불가능했을 것이다. 상처와 고통 그 자체가 명령과 놀림의 언어로부터 왔기 때문이다.

## 질문은 힘이 세다

질문의 매력에 빠진 한 선생님이 밴드에 이런 글을 남겼다.

요즘 수업 시간에 내가 쓰는 말에 변화된 지점이 있다.
전체를 집중시키거나 조용히 시켜야 할 때 이전에는
- 앞에 봐라.
- 앞에 보자.
- 조용~~
- 집중~~
이렇게 명령문이나 청유형을 주로 썼다.

그런데 이 말은 별로 힘이 없다.

귓등으로 듣는 아이들이 많다.

그러다 요즘에는

- 애들아, 앞에 좀 봐 줄래~?

- 내 말 좀 들어 줄래~?

- 내 말 들리니?

- 내 말 듣고 있니?


이런 식의 의문형 문장을 주로 쓰는데

이 말들이 힘이 세다는 걸 몸으로 느낀다.


게다가 내가 "내 말 좀 들어줄래?"라고 이야기 하고 있으면 누군가가 꼭 "야, 조용히 해!"류의 말을 한다. 그 말에 아이들이 영향을 받아 약간 더 집중을 하는 게 느껴지는데 그때 나는 조용히 하라는 말을 한 아이에게, "응, 고마워!" 라고 꼭 말해준다. 그러면 아이들이 더 조용하게 집중을 하고, 금세 전체가 나에게 집중을 한다.

작은 변화인데, 물론 아이들과 나의 관계 맺음 수준도 관여를 하는 것이겠지만, 이 작은 변화가 이끌어내는 전체적인 변화는 상당히 의미가 깊다. '앞에 봐라, 앞에 보자'가 상대를 내 말에 '따르게' 하는 말이라면, '들어 줄래?, 봐 줄래?'는 아이들 입장에서는 스스로 마음을 내어주게 만드는 말이다.

'상대의 말에 따르는 사람'에서 '상대를 위해 자신의 마음을 기꺼이 내어주는 사람'으로 변화시키는 말 한 마디의 힘! 그저 놀라울 뿐!!

음.. 작은 변화가 가져오는 큰 변화!
또 어떤 게 있을까? 연구해봐야겠다!! ㅎㅎ
- 한창호, 〈물꼬방〉 밴드에서

질문이 가진 치유력과 소통력. 이 놀라운 힘의 원천은 무엇일까?
이 책의 후반부 '발문법' 부분에서 자세히 설명하겠지만, 영화
〈프리덤 라이터스〉의 에린 그루웰 선생은 무기력과 폭력 때문에
상처받은 아이들을 '라인 게임'을 통해서 치유한다. 게임의 과정이
라고는 했지만 '라인 게임'은 사실 일종의 '질문 게임'이다. 학교 폭
력에 일상적으로 노출된 아이들. 마약은 삶의 가까이에 있고 갱단
의 영향을 받아서 친구들을 서로 쏘아 죽이는 생활 속에 자기도 모
르게 상처와 증오가 내면화된 아이들. 이런 아이들에게 도저히 글
을 가르칠 수 없었던 선생님은 라인게임, 질문게임을 통해서 아이
들 상처를 드러내고 스스로 닫힌 마음을 열 수 있는 교육의 기회를
제공한다.

질문이 가져오는 치유의 힘은 어느 정도일까. 아마도 모를 것이
다. 질문을 던지는 사람도, 질문을 받는 사람도. 하지만 우리는 안
다. 질문 그 자체만이 스스로 질문의 위력을 알고 있으리라는 것을.
그게 질문에 대한 질문을 던지는 사람만이 얻을 수 있는 유일한 통
찰은 아닐까?

# 3

## 질문은 자유다

### 〈미생〉과 고3 수업

2015년 고3 수업을 맡았다. 해마다 학년 초가 되면 무엇을 가르칠까와 어떻게 가르칠까를 고민한다. 아무런 텍스트도 없이 누구에게나 어떠한 가르침이라도 줄 수 있는 즉문즉설의 법륜 스님 같은 경지의 고수가 아닌 이상 이 땅의 교사들은 해마다 새로운 고민에 부딪친다. 교육과정을 어떻게 구성하고 수업 방식과 재료는 무엇을 할까 하고 말이다.

토론을 10년 공부해온 내게 2015 최대의 화두는 '질문'이다. 그동안 토론의 철학, 방식, 수업, 대회 등 토론의 다양한 영역을 다루며 실천하고 공부를 해왔는데, 어느 날 '질문'이 최대의 화두로 떠올랐다. 나의 첫 책 『토론의 전사』 1권에서도 한 꼭지 다루었듯이 질문은 내게 오래된 친구이자 고민이었다. 그러다가 세월호 사건을 겪고 그 뒤에 등장한 많은 교육감들이 질문과 토론이 있는 수업을 이야기하면서 질문에 대한 관심이 급상승 중이었다. 마침『질문의 힘』이라는 제목의 책도 두 권이나 만났다. 급기야 조희연 서울 교육감은 2015년 10대 교육 정책 과제로 '질문이 있는 교실, 우정이 있는 학교'를 내세우고 나왔다. 시대의 흐름이 그렇다면 이번에는 본격적으로 질문에 대한 공부를 하고 질문 수업을 실천해보자 하는 마음이 들었다. 그래서 내 나름의 수업 재구성을 하면서 드라마 〈미생〉을 소재로 20회에 걸친 공부를 해보기로 했다. 이번 기회에 전국의 고3 담당 교사들과 수험생들을 노예처럼 부리는 교육방송의 문제집에 문제를 제기하고 질문을 던져보자는 마음이 들었다.

수업에 들어가는 반은 총 9개반. 반당 1주 2시간으로 총 18시간 수업인데 같은 반 수업을 두 시간 연강하는, 이른바 블록 수업으로 묶었다. 그렇게 하면 일주일에 준비하는 수업량이 줄어든다. 비록 9번의 반복 수업이긴 하지만 일주일에 2시간 수업 분량만 준비하면 일주일을 보내고 다음 주 수업 준비와 새로운 공부에 전념할 수 있다. 또 9번의 반복된 수업을 통해 수업 피드백과 성찰, 교정과 재구성, 수업 후기 등을 적을 여유가 생긴다. 토론 수업의 경우도 사전 준비 시간으로 한 시간, 토론을 시행하는 본 수업 시간으로 한 시간 이렇게 구성하는 경우가 많은데, 올해의 경우 구체적인 형식을 띤 토론 수업을 본격적으로 진행하지는 않지만 그에 준하는 과정으로 수업을 진행했다.

두 시간 가운데 왜 한시간은 〈미생〉을 지속적으로 공부하는가?

〈미생〉 공부는 토론이나 질문과는 약간 거리가 있는 수업이라고 볼 수도 있다. 하지만 〈미생〉이라는 텍스트가 우리 사회에 던지는 질문과 토론의 여지를 생각하면 꼭 그렇지만도 않다. 매 시간마다 매 회에 맞는 학습지를 준비했는데 학기 초 첫 시간에 나누어준 학습지에 적은 '미생' 공부의 취지를 소개하면 이렇다.

2015년이 시작되었다. 삼 월, 새 학기가 열린다. 교직 28년차의 국어교사. 아직도 마음은 장그래와 같은 새내기다. 왜? 대학에 다니면서 국어와 문학에 대한 공부를 체계적으로 하지 못했다. (민주주의를 열망하는 시위가 일상적으로 벌어지던 시대의 탓도 조금 있다.) 90년대 국어교사는 교과서 진도 대신에 역사와 인생을 논해도 불편함 없이 먹고 살던 시대였다. 21세기, 세계화와 신자유주의라는 경쟁 체제는 교육의 패러다임을 바꾸어놓았다. 학교도 변하고 학생도 학부모도 달라졌다. 어느덧 학생들은 제자가 아니라 고객이 되었다.

교사들도 자신과 지식을 상품화해서 '신상'을 개발하지 않으면 먹고 살기 힘든, 아니 살아남기 힘든 시대가 되었다. 사범대를 나오지 못했고 학교 현장에서도 시대와 제도와 대학과 수요자들이 요구하는 지식과 수업을 만들어오지 못한 까닭에 새 학기만 되면 울렁거린다. 어떻게 자본과 권력과 경쟁구도의 요구를 배반할까 하고 고심한다. 나는 올해도 고3 전담이다. 그동안 문제집을 풀지 않으며 버텨온 게 무려 십 년(아니 거의 평생)인데 올해는 문제집과 정면으로 맞서야 하는 상황이다. 그렇다고 문제집에 얽매이고 사로잡히기는 죽기보다도 싫다. 나는 내 길을 가고 싶고 가야하고 갈 수밖에 없기 때문이다. 그래서 〈미생〉을 공부하기로 했다. 그런데 하필 〈미생〉인가? 〈미생〉에는

1. 무수한 질문들이 나온다. 답도 나오지만 답보다는 문제를 풀어가는 과정이 잘 나타나 있다. 그러니 문제의 배경, 상황, 유형, 풀이를 위한 노력, 해답을 찾아가는 과정, 오답의 문제점, 문제 해결의 기쁨과 한계 등을 공부하는 데 적합하다.

2. 〈미생〉에 나오는 문제가 수능에 나오지는 않는다. 그러나 수능 문제보다 더 깊고 어렵다. 삶의 문제는 수능보다 복잡하고 어렵다. 수능에 나오는 문제들은 인생의 함정이다. 가짜 지식이다. 대학 입시를 위해 자유를 포기하고 노예의 삶을 선택한 사람들이 벌이는 지식의 시궁창, 보다 나을 게 없다고 나는 생각한다. 그렇다고 그들의 땀과 고뇌가 무의미한 건 아니다. 세상에 무의미한 건 없으므로. 〈미생〉에도 나오듯이 오류는 그 자체로 존재할 가치는 있되, 생산적으로 버려져야 한다. 과연 〈미생〉 공부가 학교 현장에서 그 경지까지 나아가게 할지는 모르지만 일단 도전이다. 〈미생〉은 수능 공부뿐만 아니라 인생 공부를, 수능의 한계를 자각하고 성찰하는 공부를 겸할 수 있다. 그게 두 번째 이유라면 이유이다.

3. 인생 공부, 뭐 거창한 것은 아니다. 〈미생〉을 통해서 간단히 살펴보면, 바둑 공부를 통해 오랜 세월 갈고 닦은 인생 철학, 자본

주의 첨병이라 할 수 있는 상사맨들의 현실과 애환, 사업 그 자체의 성격과 문제 해결 과정, 우리 시대 화두인 갑을관계와 비정규직에 대한 고찰 등등이 흥미로운 스토리 요소와 섞여서 씨줄과 날줄로 잘 짜여져 있다. 이러하니 어찌 〈미생〉을 공부하지 않으랴. 게다가 대기업 안에서는 비정규직의 한계를 돌파하지 못했지만, 대기업에 정규직 사원으로 입사하는 것과 별개로 자기 고유의 자존감을 갖고 자기 인생을 찾아가는 장그래의 삶은 대학입시라는 인생 최대의 관문을 앞둔 수험생들에게 그 자체로 더할 나위 없이 좋은 멘토이니까.

이게 시간마다 〈미생〉을 공부하는 이유이다. 그리고 나아가 〈미생〉을 교육방송 문제집에 나오는 지문들과 연계하면서 공부를 해나갔다. 예를 들면 〈미생〉 2화의 주제는 '홀로'와 '우리'의 문제를 다룬다. 우리 역사에서도 '함께 가자 우리 이 길을'을 외치며 공동체와 단결, 연대, 투쟁을 강조하던 시대가 있었고, '혁명은 왜 고독하고, 고독해야만 하는지' 문제제기하며 독자성을 강조하던 김수영 같은 시인도 있었다. 그리고 21세기 탈근대는 '홀로와 우리' 사이에서 미세한 균열이 일어나면서 다양한 입장들이 백가쟁명 하는 시대. 교육방송 문제집에 나온 수능 기출문제에는 신채호의 〈아(我)와 비아(非我)와의 투쟁〉을 논하면서 연대와 투쟁을 강조한 글도 나오고, 추사 김정희가 말년에 고독 속에서 힘겹지만 쓸쓸하고 기품 있게 예술 작품을 탄생시킨 이야기도 나온다. 그렇다면 나는 〈미생〉 2화에서 다룬 '홀로와 우리'라는 주제를 신채호와 김정희의 비교 평가와 연계하면서 학습지를 만드는 식이다. 이렇게 하면 〈미생〉 곳곳에 스며든 다양한 주제를 수능 모의고사 지문들과 연계하면서 공부할 수 있다.

그럼 문제집 수업은 어떻게 하는가? 우선 문제집에 대한 비판적 성찰이 필요하다. 앞서 〈미생〉을 공부하는 이유에서도 말했지만 나는 문제집을 싫어한다. 싫어한다는 말은 한편으로는 두려워한다는 말이다. 솔직히 그렇다. 나는 우리 교육의 가장 암적인 요소가 문제집이라고 생각한다. 다른 꼭지에서 상술하겠지만 문제집은 아이들의 상상력과 창의성을 갉아먹는다. 삶과 지혜의 주체가 아닌 죽은 지식의 노예로 만든다. 버려야 한다. 혹은 버리면서 창조적으로 살리거나.

## 나는 자유인인가?

서론이 길었다. 질문이 왜 자유이고, 질문은 왜 자유로워야 하는가? 그건 우리가 질문 공부를 왜 해야하는가 하는 본질적인 물음과 맞닿아 있다. 질문을 던지는 우리는 누구인가? 이 질문을 빼고 질문 수업을 할 수 없다. 말하자면 질문의 되돌림, 질문의 되먹임이다.

질문 공부 첫 시간에 세월호 사건을 다룬 지식 채널 〈가만히 있으라〉를 보여주었다. 여기저기 눈물을 흘리는 학생이 있어 가슴이 뭉클하고 심장이 쿵쾅거리지만 이를 악물고 가슴을 모으며 함께 본다.

만약 세월호 안에서 학생들이 질문하고 토론했다면 혹시 다른 결과가 나오지 않았을까 하는 물음이 가슴 속을 지나간다. 그러고도 세월호 이후 여전히 '가만히 있으라'는 어른들에게 자신들은 지금 어른들이 보이는 부끄러운 모습대로 따르지 않겠다는 결연한 다짐을 하는 학생들의 목소리가 구슬픈 음악을 배경으로 먹먹하게 울려퍼진다.

이 영상을 보여주는 이유는 왜 세월호 안의 학생들은 배 안에서 서로 소통하고 토론하고 질문을 하지 못했는가에 대한 물음 때문이다. 굳이 세월호 안의 학생들이 아니라 하더라도 이 땅의 학생들은 주인 아닌 노예의 삶으로, 자유 없는 복종의 생활로 길들여져왔다. 어디서나 당당하게 자신의 주장과 의견을 말하고, 상대방의 주장과 의견을 존중하는 훈련을 받지 못했다. 이는 학생들을 길들이고 훈육시킨 사회와 교사들의 탓이다. 무수한 영화나 현실에서 보듯이 주인공인 자유인은 위기의 상황에서 절대 침묵과 복종으로 고개를 숙이지 않는다. 그런 점에서 질문 공부는 '나는 자유인인가 아닌가?'에 대한 질문에서 시작되어야 한다.

## 자유로부터의 도피

진정한 자유인의 삶을 깨닫게 해주는 영화 〈쇼생크 탈출〉에는 감옥에서 밖으로 나가고도 자유를 감당못해 자살한 브룩스와 몸은 감옥에 갇혀 있지만 늘 자유로운 앤디 이야기가 나온다. 둘은 같은 감옥 안 도서실에서 일하지만 한 사람은 자기 삶의 노예이고 한 사람은 자유인이다.

어느 날, 감옥에서만 50년 이상 갇혀 생활하던 노인 브룩스는 헤이우드라는 젊은이의 목에 칼을 들이대며 흥분한다. 이유는 놀랍게도 가석방 통보를 받았기 때문이다. 감옥에서 나가라는데 왜 갑자기 흥분하며 범죄를 저지르려 하는가? 감옥에서 나가기가 두렵기 때문이다. 감옥에서 나가라는 소리를 듣고 청천벽력이라도 맞은 듯이 괴로운데 마침 헤이우드가 그 사실을 축하라도 하듯 놀린다는 생각에 흥분을 이기지 못하고 사건을 벌였다.

감옥이 익숙한 브룩스에게 자유는 두려운 일이다. 감옥 생활에 길들여져서 굳이 자유가 필요 없는데 자유를 주니 부담스럽고 무섭다고 버텼다. 그러나 법은 법인지라 브룩스는 결국 쇼생크 감옥을 떠나게 된다. 애지중지 키우던 제이크라는 까마귀에게 '자유를 주겠노라'고 읊조리며 날려보내고는 말이다.

수십 년 만에 나온 감옥 밖은 눈이 핑핑 돌아갈 듯이 어지럽다. 감옥에 들어올 당시 한적했던 거리는 자동차로 가득 메워졌고 길도 집도 복잡하기 그지없다. 보호관찰 대상자라 특정 지역을 벗어나지 못한 상태인데다 일하는 마트에서는 일을 잘 하지 못해 지배인에게 자주 꾸중을 들으니 사는 게 재미없다.

지배인에게 꾸중만 듣던 브룩스가 삶에 던지는 질문은 지극히 회의적이고 노예적인 것들이다. 아니 질문이라 할 수 없을 만큼 수동적이고 자조적이다. 주체적으로 자유롭게 자기가 걸어가는 길에 대한 질문이 아니라 주어진 환경에 순응하고 복종을 확인하는 질문이다. 마치 수업 시간에 아이들이 창조적인 질문은 던지지 못하고 매일 '화장실 다녀와도 되나요?' 라고 묻는 질문과 유사하다. 나는 학생들이 화장실 다녀오는 질문을 할 때마다 내 수업시간에는 나에게 묻지 말고 자유롭게 다녀오라고 말한다. 그건 질문이 아니다. 그것은 저는 노예입니다, 하는 노예 고백, 복종 확인이다. 그런 삶이 학생들을 가만히 있는 사람으로 자라게 만든다.

브룩스도 그랬다. 그는 어떻게 남은 삶을 보냈을까? 결국 삶의 의미와 보람을 찾지 못한 브룩스는 왜 나는 자유롭고 행복하지 못한가에 대한 근본적인 질문을 던지지 못한 채 자살한다. 여기서 그가 품은 회의와 질문은 자유인의 질문이 아니다. 그는 자기를 가두고 감시하는 집 서까래에다 '브룩스 여기 있었다'는 초라한 글귀 하나를 남기고 생을 마감한다. 자유로부터 도피한다. 안타깝지만 길들여진 사람들이 밟게 되는 일반적인 전철이다.

나는 그 장면을 볼 때마다 교실 안의 책상이나 사물함에 남겨진 학생들의 이름을 떠올린다. 우정이, 영은이, 현자, 정혜, 상훈이, 강석, 태영, 승필 등등. 하나같이 멋지고 아름다운 이름들이지만 그들은 자기 이름의 주인이 되지 못한 채 쓸쓸하게 엎드려 악몽을 꾸다가 노예인의 신분으로 학교를 떠났다. 브룩스의 21세기 한국판 학생 버전이다.

앤디의 친구이자 이 영화의 서술자인 레드는 브룩스가 떠나기 전에 이렇게 말한다.


레드 : 브룩스는 안 미쳤어. 단지 길들여졌을 뿐이야.
헤이우드 : 길들여져?
레드 : 50년을 있어봐. 바깥 세상을 몰라.(중략) 너도 기억해 둬.

이 철책이 웃기지. 처음엔 싫지만 차츰 길들여지지. 그리고 세월이 지나면 벗어날 수 없어. 그게 길들여지는 거야.

그렇다. 보이지 않는 창살에 길들여진 아이들. 십이 년의 세월은 학생들에게 침묵을 강요할 뿐 질문을 가르치지 않는다. 졸업장을 받아서 자랑스럽게 학교를 벗어나는 자유로운 친구들도 있지만 얼마나 많은 친구들이 학교의 체제와 교사의 명령과 가르침에 길들여진 채 죽어 있다가 노예로 학교를 떠나는가. 간혹 졸업식 때 나를 찾아오는 아이들의 커다란 눈동자를 보면 마치 감옥을 벗어나 세상으로 나가는 브룩스의 슬프고 커다란 눈망울을 마주 대하는 것 같아서 나는 차마 졸업을 축하한다는 말을 떳떳하게 하지 못한다.

## 자유인의 초상

앤디는 달랐다. 은행 부지점장 출신으로 회계에 밝아 간수들의 세금 문제를 능동적으로 도와주고 소장의 불법 장부 작성을 도와주던 앤디는 도서관에서도 주어진 일만 하지 않았다. 새 책을 구입할 예산이 부족해 정부에 보조금을 요청하는 편지를 일주일에 한 번씩 보냈다. 그것도 무려 6년 동안이나. 어느 날 간수들이 앤디를 사무실로 불렀다. 책이 몇 박스 왔는데 치우라는 것이다. 편지가 책과 함께 왔다. 내용은 다음과 같았다.

듀프레인 씨, 당신의 요청으로 주정부는 동봉한 자금을 보냅니다.

(200불이다.) 도서관 관리부서는 헌 책과 그 외의 것을 수집해서 보냅니다. 이것으로 만족하시길 빌며 더 이상 편지 보내지 마십시오.

앤디는 웃으면서 말한다. '6년이 걸렸어. 이제부터는 일주일에 두 통씩 보내겠다'고. 현실에 길들여지지 않고 자유롭게 현실을 개척하는 사람의 자세다.

아마도 중고등학교를 다니는 학생들이 자기가 추구하는 바를 6년 동안 일주일에 한 번씩 꾸준히 실천하면 이런 성과를 거둘 수 있지 않을까? 하지만 그건 마음 속에 자유로움과 희망이 있을 때 가능하다. 앤디를 보면 그렇다. 소장이 보기 전에 빨리 치우라는 간수장의 명령에 따라 책을 정돈하는 앤디의 눈에 책이 아닌 음반들이 눈에 띈다. 감옥에 들어온 지 어언 십 년에 가까운 생활. 음악다운 음악을 들어본 적 없는 앤디가 그냥 지나칠 리 없다. 눈매 반짝이며 음반을 축음기 위에 올려놓는다. 모차르트 음악인 〈피가로의 결혼〉이다. 간수 하나가 화장실에 간 사이 음반을 돌려 음악을 듣는다. 놀란 간수가 무슨 소리냐고 묻자 앤디는 화장실문을 밖에서 잠그고 간수 사무실 문도 잠근 채 음악을 교도소 전체에 들려준다. 순간, 십 년, 이십 년 아니 그보다 더 오랜 세월, 음악다운 음악을 듣지 못하고 살던 교도소 내 죄수들은 온몸에 번개라도 맞은 듯 굳어버렸다. 앤디의 동료인 레드는 그 순간을 이렇게 회상한다.

난 이태리 여자들이 노래하는데 아무 생각이 없었다. 사실 난 몰랐는데 나중에야 느꼈다. 노래가 말로 표현할 수 없이 아름다웠다. 그래서 가슴이 아팠는데, 꿈에서도 생각할 수 없는 높고 먼 곳에서 아름다운 새가 날아가는 것 같았다.

그 대가를 앤디는 어떻게 치렀을까? 당장 독방 2주다. 하지만 독방 따위가 앤디의 자유로운 의지와 정신을 가둘 수 있을까? 음악도 음악이지만 간수실에서 의자에 앉아 흐뭇한 미소를 짓는 앤디의 웃음 가득한 표정을 보라! 바로 자유인의 초상이고 표상이다. 그리고 2주 뒤.

죄수1 : 오 마에스트로
죄수2 : 다른 곡도 좀 들려주지
앤디 : 음, 시간이 없어서 말이야.
죄수1 : 독방 지겹지? 하루가 일주일 같고.
앤디 : (가볍다는 듯이) 아니, 견딜 만했지
죄수2 : 왜?
앤디 : 모차르트를 들었지.
죄수3 : 축음기 가지고 들어갔어?
앤디 : 아니, 여기 있잖아, (가슴을 가리키며) 여기, 그리고 (머리를 가리키며) 여기, 이게 음악이고 예술의 힘이잖아. 당신들은 그런 거 없나?

그리고 마지막으로 앤디는 자유를 망각하지 말고 희망을 품으라고 강조한다. 놀란 레드가 '희망은 위험하고 이성을 잃은 광기'라고 말하자 앤디는 반문한다.

"그럼 브룩스처럼 살자고?"

시인 김수영의 시 가운데, '욕망이여 입을 열어라 그 속에서 사랑을 발견하겠다.'로 시작하는 〈사랑의 변주곡〉에 이런 유명한 구절이 나온다.

"아들아 너에게 광신을 가르치기 위한 것이 아니다.
사랑을 알 때까지 자라라."

김수영 시인이 프랑스 혁명과 4.19혁명의 정신을 강조할 때, 그게 행여나 광기가 아니냐는 주변의 시선에 대한 김수영 자신의 해답이다. 억압에 길들여진 사람들은 자유와 희망의 행동이 위험하고 광기에 휩싸인 비이성적인 행동인 양 치부하며 마녀로 몰아 사냥하려고 한다. 김수영은 말한다. 광신을 가르치기 위함이 아니라 진정한 사랑을 가르치기 위해서라고. 진정한 사랑은 바로 자유에서 비롯됨을 온몸으로 주장했다. 레드가 말하는 '이성을 잃은 광기'가 앤디에게는 곧 자유였고 그것은 김수영적인 의미에서 자기 인생에 대한 사랑과 다르지 않았다.

그 뒤에도 감옥에서 나가기 위해 최선을 다해 싸우는 앤디. 그에게는 자유를 향한 끝없는 도전과 노력, 그 자체가 질문이었다. '나는 왜 여기에 있는가? 내가 여기에서 살아가는 것이 타당한가? 여기에 사는 것이 부당하다면 어떻게 살아가야 하는가?'에 대한 질문을 평생 던지며 살아왔다. 그게 자유인의 삶의 자세이고 태도이다.

억압에 길들여져 자유로부터 도피한 브룩스의 질문과 억압에 맞서 자유를 찾기 위해 온몸으로 싸워온 앤디의 질문은 차원부터가 달랐다. 화장실이 어디냐며 관습적으로 묻는 브룩스와 달리 앤디는 나는 누구인데, 왜 이 곳에 있으며 어디로 가야하는지를 끊임없이 물었다. 그 결과 브룩스는 죽음을, 앤디는 진정한 자유를 얻었다.

## 질문, 죽음과 자유의 갈림길

"신은 죽었다! 신은 죽은 채로 있다! 우리가 그를 죽였다! 살해자 중에서도 가장 극악무도한 우리는 도대체 어떻게 스스로를 위로할 것인가?"
- 니체, 『즐거운 학문』

이성이 지배해온 서양 철학사에 망치같은 질문을 던지며 신을 죽이고 인간의지의 정신을 회복한 니체는 자유에 대해서 이렇게 말했다.

"알맞은 정도라면 소유는 인간을 자유롭게 한다. 도를 넘어서면 소유가 주인이 되고 소유하는 자가 노예가 된다."
자기를 둘러싼 세계에 대해서 주인이 되지 못하면 노예가 된다는 걸 강조한 말이다.

현재를 살아가는 우리들 대부분의 삶은 브룩스와 앤디 가운데 누구의 삶에 더 가까운가? 아마도 자신 있게 나는 앤디와 같다고 말할 사람이 얼마나 될까. 평생을 자유를 찾아 싸운 김수영 자신도 비겁하게 살아온 삶에 대해서 통렬하게 반성하고 있듯이, 자유로운 삶을 당당하게 살았노라고 말할 사람이 많지 않다. 지금은 질문 덩어리인 듯 살아가는 나도 질문의 힘을 깨달은 지 그렇게 오래 되지 않았다. 그리고 자유롭게 질문을 하는 힘도 세지 못하다. 어린 시절 집안이나 학교로부터 워낙 억압에 '길들여져' 살아온 까닭이다.

지금은 점점 약화되는 추세지만 오랜 세월 가부장제를 유지해 온 우리나라 대부분의 가정에서는 질문을 찾아보기 어렵다. 아버지의 말씀이 절대적인 권위와 권력으로 자리잡은 까닭이다. 물론 현실은 달라져가고 있다. 지난 30여 년의 세월 동안 시인, 소설가, 작곡가 등의 예술인들이 먼저 아버지의 심장을 쏘아가며 풍토를 바꿔 왔다.

그는 아버지의 다리를 잡고 개새끼 건방진 자식 하며
비틀거리며 아버지의 샤츠를 찢어발기고 아버지는 주먹을
휘둘러 그의 얼굴을 내리쳤지만 나는 보고만 있었다
그는 또 눈알을 부라리며 이 씨발놈아 비겁한 놈아 하며
아버지의 팔을 꺾었고 아버지는 겨우 그의 모가지를
문 밖으로 밀쳐냈다 나는 보고만 있었다
- 이성복, 어떤 싸움의 기록

아버지, 아버지…… 씹새끼, 너는 입이 열이라도 말 못해

그해 가을. 가면 뒤의 얼굴은 가면이었다

- 이성복, 그해 가을

물론 이 시에서 욕의 주체는 아버지다. 하지만 아버지와 씹새끼라는 욕을 교차하며 시를 써서, 시에 대한 오독을 통해서 마치 아들이 욕을 한 듯 만들며, 아버지의 존재를 거부하게 만든 이성복. 그 뒤 한국문학사는 장정일의 반(反) 아버지를 거쳐 '모든 아비는 의붓 아비'라는 시인 김언희의 고백을 지나왔다. 그 후 국제통화기금(IMF) 지배 하에서 김진명의 〈아버지〉와 신해철의 〈아버지와 나〉에 이르면서 비로소 아버지들은 권력의 자리에서 서서히 물러나기 시작했다. 그것도 아주 서서히. 이승만은 쫓겨났고 박정희는 총에 맞아죽었으며 전두환과 노태우는 겨우 사형을 면하고 김영삼조차 늙어빠진 존재로 전락했다. 정치적 아버지들의 몰락이다.

박정희와 전두환의 그늘 아래서 초중고 생활을 한 까닭에 질문이란 구경도 상상도 할 수 없었다. '무조건 까라면 까' 식의 군대적 명령과 복종, 규율과 구타가 있었을 뿐이다. 숨도 쉬지 말고 가만히, 진짜 가만히 있으라는 그 시대에 어디 질문이 있었겠는가!

명령과 절대복종을 강요하는 자들에게 질문은 곧 반항이고 죽음이었다. 살고 싶으면 입을 닫아야 하는 시대에는 어처구니 없게도 침묵과 복종과 길들여짐과 망각이 그 시대의 정신이었다. 가짜 정신이었다.

그래서 다시 묻는다. 질문이란 왜 자유인가? 질문하는 이는 왜

자유인인가? 앤디와 김수영은 복종이 당연시 되는 사회에 억압의 굴레를 깨기 위해 자유의 돌을 던진 자유인들이다. 모차르트가 작곡한 〈피가로의 결혼〉을 들으며 저 높고 먼 곳에 새가 날아가는 아름다움과 황홀함을 느낀 레드를 상기하자. 1960년대 병영국가 대한민국이라는 감옥 안에서 진정한 자유를 노래한 시인 김수영의 〈푸른 하늘을〉이란 시가 귓전에 맴돈다.

    푸른 하늘을 제압(制壓)하는
    노고지리가 자유로웠다고
    부러워 하던
    어느 시인의 말은 수정되어야 한다

    자유를 위해서
    비상(飛翔)하여 본 일이 있는
    사람이면 알지

    노고지리가
    무엇을 보고
    노래하는가를
    어째서 자유에는
    피의 냄새가 섞여 있는가를

    혁명은

왜 고독한 것인가를

혁명은
왜 고독해야 하는 것인가를

# 4

# 질문은 합리적 의심이다

## 이 사람을 아십니까?

우리는 왜 질문을 해야 할까? 질문이 지극한 사랑이자 자유이고 치유의 힘을 지녔다는 것을 앞서 이야기했다. 하나 더, 우리가 꼭 질문을 던져야 하는 이유를 찾는다면 고정관념을 깨기 위해서라고 말하고 싶다.

이 세상은 왜곡된 편견과 그릇된 시각으로 진실을 감추고 거짓을 참으로 덮어버리려는 일들이 너무나 많다. 헬렌 켈러를 우리는 장애를 극복한 여인으로만 알고 있을 뿐, 그녀가 노동운동가이자 사회주의자로서 이 사회를 위해서 얼마나 헌신하고 투쟁했는지에 대해서는 거의 모르거나 굳이 알려고 하지 않는다. 우리 자신도 모르는 편견의 벽에 둘러싸인 까닭이다. 다음에 소개된 사람을 보라.

- 특근 하느라 지난 십수 년간 투표한 기억이 없다는 사람
- 세상 소식은 TV뉴스 보는 게 전부고 어쩌다 신문을 보게 되면 주변에 널린 조중동만 봤다는 사람
- 십 년 전 이혼하고도 명절과 휴가는 두 딸과 보내고 간혹 전처까지 동행하여 짧은 나들이 갔다오는 것이 최고의 즐거움이었던 사람
- 아빠 고생하는 것이 안쓰러워 대학을 안 가고 취직하겠다는 맏딸을 설득해서, 딸아이가 대학생이 되는 게 삶의 목표였던 사람
- 안주 없는, 깡소주를 마셔야 잠을 자는 습관 때문에 건강이 나빠져 회사 앞 국궁장에 입회비 없이 월 3만원 내고 가입하여 활쏘기를 취미로 했던 사람
- 전원 구출됐다는 소식에 안도하고 야근 후 취침에 들어간 걸 가슴치며 후회하는 사람
- 건져 올린 시신이 취재차량과 고위인사들 차량에 막혀 2시간 넘게 꼼짝 못하자 남경필 지사의 마이크를 빼앗아 차량부터 빼줄 것을 호소했다는 사람
- 박근혜 대통령이 진도체육관에 들렀을 때 구조가 전혀 이루어지지 않고 있음을 알리려 손들고 일어서자 곁에 있던 정보과 형사들로부터 완력으로 제지당해 분통을 터트렸던 사람
- 청와대에서 대통령 면담 때 그 누구보다도 대통령의 진상규명 약속을 믿었던 사람

이 글의 주인공은 과연 누구일까? 주인공을 밝히기 전에 같은 사

람을 두고 언급한 어느 언론사의 기사나 트위터의 글들을 모아보면 이렇게 다르게 표현된다.

- 민노총 극렬 노조원이고, 이혼 후 가족을 돌보지 않아 자식들로부터도 외면 받는 냉혹한 아빠이며, 그럼에도 보상금에 눈이 멀어 극렬투쟁을 일삼는 인격파탄자. 감히 남경필 지사의 마이크를 뺏고 대통령에게 욕지거리를 하는 무뢰배! 국궁은 부자들이나 할 수 있는 사치성 취미이고 투쟁으로 호화로운 생활을 즐기는 귀족 노동자. 그가 단행한 죽음의 단식은 뒤로 호박씨 까는 대국민 사기극!

어느 네티즌은 한 인간을 두고 이렇게 다르게 왜곡해서 조중동과 일베충들이 그려 낸 모습에 분개를 감추지 않았다. 과연 이 무수한 말들, 지독한 편견과 소문의 말들은 누구를 향해 쏘아대는 것일까? 짐작하듯이 이 글의 주인공은 세월호 참사로 사랑스런 딸을 잃고 진실을 밝히기 위한 세월호 특별법 제정을 위해 사십 일 이상 단식을 마다하지 않은 유민 아빠 김영오 씨다.

조중동과 TV뉴스가 세상의 전부인 줄 알았던 이 가난한 노동자를 더욱 분노케 한 것은 차디찬 바다에 맏딸 유민이를 잃었다는 사실이 아닐지도 모른다. 사고 직후부터 철저히 외면당하는 진실, 그리고 자녀들이 죽어가는 상황 속에서도 아무것도 할 수 없었다는 무력감. 이후 그 죽음의 원인을 밝히려는 유족들의 노력이 권력과 그 권력에 아첨하는 모리배들에 의해 처참하게 세월호 속 아이들처럼 짓밟히고 내팽겨쳐지고 있는 현실. 그래서 또다시 죽임을 당하는 것과 같은 고통.

아~! 내 딸이 이렇게 죽었겠구나. 밖에 떠 있는 헬기를 보고 구조되는 것으로 믿고 있다가 그렇게 허망하게 힘 한번 못 써보고 원망 한번 제대로 해 보지도 못하고 죽어 갔겠구나. 정말 외롭게 죽음과 싸우다 이렇게 맥없이 나처럼 죽어갔겠구나.

무지와 편견으로 둘러싸인 대한민국의 현실 그 자체가 유민 아빠를 더욱 힘들게 만들었으리라는 사실을 짐작하기 그리 어렵지 않다. 새누리당의 어느 국회의원이 세월호 유족들에게 목소리를 높이자 그가 던진 한마디는 '부끄러운 줄 알아야지.'였다. 모두가 거꾸로인 세상에서 세상을 바로 살아가려는 몸부림은 이렇게 처절하다.

2014년 가을. 세월호 사건이 있고 나서 넉 달이 지났지만 진실을 밝히려는 특별법 제정은 멀기만 했다. 500만에 가까운 국민들이 서명을 해서 특별법 제정에 힘을 실어주었다. 희생자 가족들은 물론 시민사회 단체가 특별법 제정 촉구에 나섰지만 대통령은 아무런 응답을 하지 않았다. 간교한 여당과 무능한 야당의 줄다리기는 아무런 힘이 되지 못했다. 급기야 유족 가운데 김영오 씨가 광화문 광장에서 단식을 시작했다. 하루, 이틀, 사흘로 시작한 단식이 사십 일을 넘겼다. 여야 간의 협상이 이 와중에 이루어졌으나 유족들의 요구를 담은 수사권, 기소권 등이 빠지면서 반발을 샀고 두 번이나 협상을 이끌었던 박영선 새정치국민연합 원내대표가 궁지로 몰렸다. 김영오 씨의 단식은 사십삼 일이 지나서야 병원으로 실려가면서 그쳤다.

가수 김장훈 씨를 비롯, 영화계와 연극인 그리고 많은 무명의 시민들이 동조단식에 나서 힘을 실어주었지만 대통령과 새누리당은 요지부동이다. 단식의 파장이 커지자 예의 마녀사냥이 시작되었다. 김영오 씨를 둘러싼 음해성 기사들이 난무하는 가운데 김영오 씨와 주치의에 대한 신상털기가 진행되었다. 단식에 대한 진정성을 불신하고 단식을 방해하기 위한 공작들도 나타났다. 이른바 폭식투쟁이다. 단식하는 사람들을 조롱하고 비난하기 위한 일종의 퍼포먼스다. 어버이연합 회원들은 단식의 진정성을 몸소 체험하겠다면서 광장에 나와서 몰래 치킨을 먹는 추태를 보였다. 추석을 즈음해서는 일베가 나섰다. 단식하는 곳 옆에서 피자 100판을 시켜놓고는 단식자를 괴롭히는 악행을 저지른다. 보다 못해 SBS 김성준 아나운서가 '천박하고 비인륜적'이라며 일침을 날렸다. 세월호 진실을 밝히려는 목소리는 점점 고립되고 특별법을 요구하는 김영오 씨가 오히려 무지와 편견에 둘러싸여 생존조차 위협받는 상황에 이른다. 광기와 무지와 편견과 무관심에 둘러싸인 현실에서 진실은 그렇게 다시 침몰해간다.

이런 문제들을 공개적인 토론으로 풀어나가기가 그렇게 어려운가. 새삼 한 사람의 날카로운 질문으로 나머지 사람들의 인식을 바꾸면서 진실을 밝혀나가는 영화 〈12인의 성난 사람들〉이 떠오른다.

## 〈12인의 성난 사람들〉

토론 영화의 고전은 역시 〈12인의 성난 사람들 (12 Angry Men)〉이다. 제목의 의미도 생소한 '12인의 성난 사람들'. 이들은 왜 화가 났을까? 우선 이 영화의 줄거리와 주인공 및 등장인물들의 삶의 태도를 살펴볼 필요가 있다.

〈12인의 성난 사람들 (12 Angry Men)〉은 1957년 미국의 배심원 제도를 다룬 법정 영화이다. 아버지를 죽였다는 이유로 한 소년이 기소되었다. 판사는 법정 심문을 마친 뒤에 12명의 배심원에게 소년의 죄의 유무를 밝혀달라 요청한다. 사건에 별로 관심이 없거나 소년에 대한 편견에 사로잡힌 배심원들은 별 고민 없이 유죄로 판단하나 단 한 사람, 합리적 의심의 자세를 잃지 않은 주인공으로 인해 판단에 변화를 가져온다. 그 과정에서 벌어지는 토론이 자못 흥미롭다. 상황 판단에 대한 사실적 추론, 내면에 잠복한 편견에 대한 성찰, 삶은 무엇인가, 삶의 자세는 어떠해야 하는가를 돌아보게 하는 냉정한 태도 등이 돋보인다.

우선 12명의 배심원들은 어떤 사람들인가? 주인공인 건축가는 합리적 의심의 소유자이다. 그는 처음부터 무죄에 대한 확신, 아니 유죄에 대한 합리적 의심으로 사람들에게 새로운 판단의 여지를 제공한다. 이름은 데이비드다.

영화에 등장하는 은퇴자 노인은 12명 가운데 가장 연장자로 11:1에서 10:2로 넘어갈 때 유일하게 무죄를 선택한다. 이름은 맥카들인데 지혜롭고 현명함을 지닌 노인이다. 수세에 몰린 주인공을 지지한 첫 배심원이다. 원래 새로운 감각과 관점을 가진 주인공도 대단하지만, 남들이 다 부정하는 상황에서 과감하게 자기 입장을 바꿀 수 있는 용기를 보여준 노인의 태도도 멋지다. 그밖에 빈민가에서 자란 경험이 있으며, 볼티모어 오리온즈 팬인 무직의 사나이와 유럽식 시계공도 있다. 유럽식 시계공은 토론에 적극적이며 민주주의 지지자의 모습을 보여준다. 성격이 온순한 은행원이며 소심한 사람도 있고, 페인트칠을 직업으로 하는 강직하고 웃어른에 대한 예의가 바른 사내도 있다. 직업은 세일즈맨으로 머리속에 야구 생각만 가득한 양키스 팬으로 토론하기를 귀찮아하는 사람이 있는가 하면 광고계 중역이며 우유부단하여 남의 의견에 잘 휩쓸리는 사람도 있다. 모두 우리 주변에서 쉽게 만날 수 있는 평범한 사람들이다. 또 고등학교 미식축구 코치, 차고 주인, 주식중개인, 통신회사 사장 등이 있는데 이 가운데는 편견에 치우쳐 있거나 토론에 흥미가 없는 사람들도 있다. 특히 통신회사 사장은 이 영화에서 악역으로 등장하는데 성질이 급하며 완고하고, 융통성이 없는 성격으로 마지막까지 가서야 무죄를 인정한다. 그의 아들이 20살 때 가출해서 그로 인해 청소년들에 대한 편견을 갖고 있다.

영화 속 사건의 흐름을 좀 더 자세히 살펴보자.

영화가 시작되면 재판장의 말이 배경을 알려준다. 재판장은 길고 복잡한 일급 살인죄에 대한 청문이 끝났음을 알리고 '계획된 살인은 벌이 중하다. 증언과 법해석을 들었으니 배심원의 임무는 사실을 판단하는 것이다. 한 사람이 죽었고 한 사람의 목숨이 달린 일이다. 피고의 유죄를 의심할만한 근거가 있으면 무죄 평결이고 아니라면 유죄 평결을 내려야 한다. 어떤 결정이든 만장일치가 되어야 한다. 유죄 평결이 나면 사형을 면하지 못한다. 배심원들 스스로가 서로를 설득하지 못하면 일이 끝나지 않는다.'며 영화의 상황을 설명한다.

배심원들이 사라지고 남은 자리에 외로이 남은 소년의 눈빛은 진실에 대한 애처러운 갈망을 느끼게 한다. 과연 소년은 무죄 평결을 받을 수 있을까?

사전 분위기는 소년에게 좋지 않았다. 잡담 수준이지만 배심원들은 소년의 유죄를 확신하며 그는 나쁜 놈이라느니, 시간을 절약하자느니, 혹은 검사가 날카롭게 잘 했느니 등의 이야기로 시간을 보낸다.


배심원들 가운데 사회자가 정해지고 토론에 앞서 표결을 실시한다. 예상대로 압도적인 유죄 평결인 11대 1. 유일하게 무죄를 주장한 한 사람이 '대화를 해봅시다.'라며 제안을 한다. 잘 모르지만 사람 목숨이 걸린 일이니 신중하자는 취지로.

왜? 피고인 소년은 학대받은 경험이 있고 가난하며 9살 때 어머니가 사망하고 아버지는 감옥에 가서, 고아원 생활을 해야만 한 순탄하지 않은 삶을 살았기 때문이다. 18세의 나이에 이르기까지 거칠고 반항적일 수밖에 없는 이유는 늘 맞고 자라서다.


(가) 아랫집 노인이 12시 1분 싸우는 소릴 들었고 '죽여버릴 거야' 하는 소리를 들었다. 그리고 마루에 넘어지는 소리가 나서 뛰어

가보니 아이가 계단을 내려와 도망가고 있었다. 경찰신고. 가슴에 칼 맞은 남자 발견. 사망 추정 시간은 바로 자정쯤이다.

(나) 아이는 범행 시각 영화를 보고 있었다고 했는데 영화 제목이나 배우의 이름을 기억하지 못했다.

(다) 길 건너에 사는 여자의 목격 증언. 침대에 누웠으나 잠이 안 와서 창 밖을 보다가 그 애가 아버지를 찌르는 장면을 목격했고 그때가 12시 10분. 모든 게 일치한다. 여자는 전철길 옆에 창이 있어서 살인 장면을 보았다. 전철은 움직이고 있었다고 하지만 승객이 없었고 시내로 가는 중이라 전철 불이 꺼져 있었고 그러면 바깥을 볼 수 있다.

(라) 범행은 동기가 중요한데 증언에 따르면 8시, 부자가 서로 싸웠다. 아버지가 애를 두 번 때렸고, 아이가 화가 나서 나갔다.

(마) 아이는 전과 5범이다. 선생님에게 돌 던지고 차 훔치고 강도짓에 칼싸움까지 연루된 적이 있다. 그러므로 충분히 살인을 저지를 수 있는 아이다. 심지어 어떤 배심원은 '내가 어릴 적에는 아버지한테 극존칭을 썼지만 요즘 아이들은 안 그런다.', '내 자식이 9살 때 싸우다 도망치는 걸 보고 속상했다. 창피해 속이 뒤집혀 사내답게 키우려 했는데 16세 때 내 턱을 날리더라. 2년간 못 보았고, 애들은 기껏 키워놓으면 그렇다.'면서 푸념까지 더한다.

## 합리적 의심의 시작

과연 이런 사실들이 소년의 유죄를 증명하는 근거가 될 수 있을까? 이제 차분하게 반박이 이어질 차례다.

"일견 증언만 들으면 유죄 같다. 6일간 법정에서 들은 내용이니까. 하지만 어떻게 쉽게 확신할 수 있는가? 변호인은 반대심문도 제대로 안 하고 사소한 것도 묻지 않았다. 목격자는 단 한 사람 뿐이며 그것도 뛰쳐나가는 것만 본 정황 증거 뿐이다. 증인은 단지 둘인데, 그들이 틀리다면? 어쩔 것인가?"

고정관념을 뒤흔드는 합리적 의심, 차분한 질문 하나가 사람들의 마음을 흔들기 시작한다. 아주 조금씩, 천천히. 주인공의 문제제기로 가슴에 꽂힌 칼은 주변에서 보기 드문 칼로 유일하다 했으나 근처에서 누구나 쉽게 구할 수 있는 칼임이 드러난다. 그래도 여기저기서 유죄라는 목소리가 높자 주인공은 2차 투표를 제안한다. 비밀투표로 하되 11명이 모두 유죄를 주장하면 본인도 인정하겠다는 것이다. 과연 소년의 목숨은 어떻게 될까?

투표 결과 한 사람의 배심원이 입장을 바꾸었다. 논쟁은 계속되어야 한다. 가장 연장자인 노인이었는데 주장의 근거는 이랬다.

"그 애가 무죄라고 하는 게 아니라 유죄를 확신하기 어렵다는 점이다. 또 혼자 의견 내기가 쉽지 않다. 그래서 소수 의견을 존중하여 지원을 하는 거다. 소년은 유죄일지 모르지만 이야기를 더 해보자."

영화 〈소수 의견〉에서도 진실을 찾아가는 변호사와 부당하게 감추고 억압하려는 검사 사이의 치열한 싸움이 벌어진다. 우리 사회에서 소수 의견은 왜 늘 무시를 당해야 하는 걸까! 그래서 이 영화는 질문을 던지는 소수의 목소리가 얼마나 소중한가를 일깨운다.

남들은 당연하다고 받아들이는 언론플레이, 청와대의 부당한 간섭, 검사의 회유와 협박, 거짓 증언 등이 난무하는 가운데 진실을 향한 질문만이 오롯이 눈을 뜨고 현실을 직시한다. 누가 진실을 왜곡하고 현실을 감추려 하는가!

여러 가지 이야기를 나누어보니 증언 사이의 모순 관계가 발생한다. 사건 당시 기차가 지나갔는데 엄청난 굉음 속에서 노인이 소리를 들었다는 말이 모순되고, 노인이 '죽여버릴거야'라는 소리를 듣고 15초만에 달려나가 소년을 보았다고 했지만 절름발이 노인이 긴 동선을 따라 나가는 데 15초는 불가능하다는 걸 실험으로 보여준다. 이는 조용하고 소심하고 보잘 것 없는 노인이 무관심의 대상에서 벗어나 주목을 끌려고 한 거짓말로 진실이 아닌 자기 환상이라는 것으로 정리된다.

결국 다시 표결하니 결과는 유죄 대 무죄가 9대 3으로 바뀐다.

다음 논제는 '소년은 왜 돌아왔는가'에 대한 합리적 의심이다. 잡힐 줄 알았다면 오지 않았을 것이라는 것이 무죄 측의 주장이다.

"칼 치우러 왔다."
"그럼 왜 바로 없애지 않았을까?"

"공포 때문이다!"

"그런 사람이 지문을 다 지웠다고?"

결국 소년의 귀가에 대한 의심이 사라지자 3차 투표 결과는 다시 8대 4로. 4차 투표 결과는 6대 6으로 바뀐다.

## 기억과 편견에 맞서는 질문의 힘

'사실은 얼마든지 왜곡될 수 있다.'고 외치면서 유죄를 주장하지만 바로 그 이유 때문에 무죄가 될 수 있다는 말을 반박하지 못한다. 유죄에 대해 의심할만한 합리적 근거가 생긴다면 무죄 평결을 해야 한다는 생각이 사람들 마음 속에 자리잡기 시작했다.

소년은 영화를 보았다고 했다. 처음에는 영화 제목과 배우를 기억하지 못했다. 이제 기억력에 대한 토론이 벌어진다. 심문 장소가 아버지 시체 옆이고 법정에서는 변호사 노력으로 기억해냈다는 반증을 들었다. 배심원 가운데 한 사람에게 실제로 물어보며 사람들의 기억이 불완전함을 증명한다. 칼을 가지고 찌른 각도도 문제가 되었다. 키가 작은 사람이 칼을 쓸 때 위에서 아래로 사용하지 않는다는 사실을 보여준다. 이런 문제들이 하나씩 풀려나가자 입장은 역전이 되었다. 5차 투표 결과는 9대 3으로 유무죄가 뒤집힌다.

한 배심원은 '원래 천성이 그렇다, 위험하고 거칠다.'고 주장하지만 그 말이 신빙성이 없음은 본인이 더 잘 안다. 배심원들도 모두가 등을 돌려 그 말을 외면하고 무시한다. 그리고 이 때 누군가가 말한다.

"이럴 때 개인적인 편견이 드러나게 마련이죠. 언제나 편견이 진실을 가립니다. 나도 진실이 무엇인지 모릅니다. 아무도 모를 겁니다. 아홉 명은 피고가 무죄라고 느끼는데 이것도 확률의 도박이고 우리가 틀릴 수도 있죠. 어쩌면 죄인을 풀어주게 될지도 모르죠. 그렇지만 의심할만한 근거가 있다면, 그게 우리 법체계의 우수한 점인데 배심원들은 확실하지 않으면 유죄선고를 내릴 수 없죠."

그렇다. 의심할만한 근거가 있다면 설령 그가 죄인일지 몰라도 유죄의 낙인을 찍지 않는 것, 그게 민주적인 사법체계의 근간이다. 그게 형법이 보장하는 무죄추정의 원칙이고 행여나 불공정하게 벌을 받을지 모르는 피해자를 구제하기 위한 최소한의 안전 장치다.

그러함에도 사람들은 불완전한 자기의 경험과 인식을 바탕으로 한 편견에 사로잡힌다. 이는 보수나 진보의 이데올로기를 떠나 인간의 근원적 한계다. 앞서 세월호 사건의 진실을 밝히려는 김영오 씨를 비난하고 모독한 언론이나 일베의 구성원들도 마찬가지다. 과연 그들은 자신들의 말을 어떻게 확신하고 증명할까!

영화는 이제 절정으로 치닫는다. 마침내 살인을 목격했다는 여자의 증언마저 안경을 쓰지 않고 흐릿한 상태에서 보고 추측으로 말했을 거라는 정황이 포착되자 결과는 11대 1로 완전 역전이다. 마지막 남은 한 사람. 자식에게 턱을 맞아 아들에 대한 극한의 분노와 상처를 지녔던 사람만이 유죄를 주장하다 자신의 한계나 진실과 대면한다. 그마저 아들 사진을 찢으며 무죄를 인정한다. 합리적 의심, 차분한 논리, 진실을 향한 열정. 이런 것들이 모여서 한 사람의 생명을 구했다.

이 영화는 인간이 지닌 편견을 깨나가는 일이 얼마나 지난하고 힘겨운지를 잘 보여준다. 그리고 위대한 질문의 힘으로 억울하게 죽어가는 사람을 살릴 수 있음을 보여준다. 계속된 질문의 힘으로 하나의 사건을 둘러싼 이견을 조정하고 만장일치로 의견을 모아가는 과정을 치밀하게 그려낸다. 이 영화 속의 인물들은 평범한 일상을 살아가기에 자기가 가진 편견을 여과 없이 자연스레 드러낸다. 토론에 관심이 없거나 다수결 혹은 큰 목소리로 상대를 제압하려하고 자기 주관 없이 오락가락 하는 사람들이다. 이들이 가진 편견을 깨는 가장 강력한 무기는 합리적 의심의 자세다. 우리가 토론하는 이유도 이런 합리적 의심의 자세를 가지고 한 걸음이라도 진실에 다가가기 위함이다.

세월호가 가라앉는 그 시각 대통령은 7시간 동안 어디에서 무엇을 하고 있었을까? 그 시간에 무슨 일이 벌어졌을까를 놓고 벌이는 합리적 의심의 상상력이 우리에게는 필요하다. 조선일보와 산케이 신문의 선정적 문제제기가 아닌 진실에 대한 합리적 의심. 토론이 가로막히고 세월호 특별법이 무력화되는 현실 속에서 12인의 성난 사람, 아니 수천만의 성난 사람들이 진실의 눈을 부릅뜨고 역사의 현장을 지켜보고 있다. 진실에 대한 왜곡과 무지와 외면은 결코 진실이 아니다.

세월호 참사의 진실이 밝혀질까? 그건 잘 모르겠다. 밝혀질지도, 밝혀진다 하더라도 세상이 얼마나 좋아질지도 알 수 없다. 하지만 적어도 진실을 밝히려는 노력이 그릇된 편견과 왜곡된 논리로 재포장되어 물밑으로 가라앉는 일만은 막아야 한다. 우리가 〈12인의 성난 사람들〉을 통해 현실에 대해서 질문을 던지고 또 질문해야 하는 이유다.

# 2장 질문이 있는 학교

1. 침묵으로 가르쳐라
2. 진리는 답이 아니라 질문에 있다
3. 잠시 교과서를 덮어라
4. 학생이 주인 되는 자치회의
5. 노란 테이블, 질문에서 실천으로

**66** 스스로 묻는 자는
스스로 답을 얻는다 **99**

- 〈성균관 스캔들〉 中

# 1
## 침묵으로 가르쳐라

**교사도 한우처럼 등급을 매길 수 있나요?**

질문 교실과 관련해서 살펴볼 좋은 책 중에 데이비드 핀켈의 『침묵으로 가르치기』가 있다. 제목만으로도 짐작하겠지만 교사가 강의하지 말고 말없이 가르쳐야 한다는 뜻이다. 열강을 끝낸 뒤에 스스로 뿌듯해하는 교사상을 버리라는 주장부터 학생들이 스스로 고전을 읽고, 글을 쓰고, 토론하는 수업이 좋은 교육이라는 이야기까지를 설득력 있게 보여준다. 마치 영화 〈프리덤 라이터스〉의 주인공 그루웰이 아이들과 온몸으로 부대끼면서 삶을 교육하는 과정을 이론적으로 정리한 느낌까지 든다.

문제는 우리나라의 경우 학급당 학생 수가 많고, 입시로부터 자유롭지 못하기 때문에 실천의 엄두를 내기가 어렵다는 점이다. 그렇다고 핀켈의 이론이나 실천적 경험이 잘못된 것은 아니다. 한국적 상황에 맞추어 수위를 조절하면서 얼마든지 자기화할 수 있고 또 실제로 우리나라 교육 현장 곳곳에서도 비슷한 사례와 추구의 움직임이 일어나고 있다. 다음 글을 읽어보자.

토의, 토론 수업은 21세기 창의 교육을 위해서는 필수다. 교과 과정에도 들어있는 토의 토론을 교실에서 다루지 않는 것은 교사들의 직무 유기다. 문제는 '현실의 교실에서 그게 가능한가?'이다. 황연성, 유동걸, 김미향 교사 등 오랜 시간 동안 토론식 수업을 해온 교사들은 "그렇다!"고 말한다. 대부분의 학교 수업은, 예컨대 수학 문제 풀기, 물리, 화학 실험 등도 모두 '토론'의 대상이라는 것이다. "토의 토론식 수업을 하면 참여도도 높고 만족도도 높다."고 이들은 덧붙인다.

단, 40명을 넘나드는 한 반 정원은 부담이 된다. 캐나다 공립학교 커리큘럼을 운영하고 있는 성남시 금곡동의 'BIS캐나다'는 정원이 25명이고, 올해 문을 여는 '평촌 PIS캐나다'는 정원이 20명이다. BIS캐나다의 한 학부모는 "우리 아이가 다니고 있는 학년의 학생 수가 26명으로 늘자 즉시 13명 2개반으로 쪼개졌고, 그러니까 훨씬 수업이 알차졌다."고 말했다. 출산율 저하로 청소년의 수는 줄어들고 잠재적 교사는 많은 현실에서, 외국 학교처럼 학생 수를 줄이는 '교실의 다운사이징'을 단행하고 수업에 '디베이트'를 접목하는 것이 장기적인 교육 방향이 될 수 있다.
- 김왕근, 교육혁명 디베이트가 답이다

전직 조선일보 기자였다가 디베이트를 만나면서 토론 교육에 푹 빠진 김왕근 씨가 교사들의 토론 교육 현장을 찾아와 취재해간 뒤에 한겨레에 연재한 글의 일부다. 비슷한 고민과 대안 제시라 할 수 있다. 위 글의 말미에는 우리가 잘 아는 동국대 조벽 교수가 만든 교사의 등급 구별법이 나온다. 이미 아시는 분들이 많겠지만 이를 다시 정리해본다. 평소 아이들하고 하는 수업의 내용에 비추어 스스로를 판단해보자.

> D 교사가 묻고 교사가 답한다.
> C 교사가 묻고 학생이 답한다.
> B 학생이 묻고 교사가 답한다.
> A 학생이 묻고 학생이 답한다.

불경스럽게 교사를 한우처럼 등급을 매긴다고 불쾌해하실지 모르겠다. 인격과 능력에 대한 등급 매기기는 아니니 너무 흥분하지 말고 차분히 그 취지를 살펴보자. 만약 이 글을 읽는 독자 분이 가르치는 일에 종사하는 사람이라면 본인은 어디에 속하는가 생각해보라. 주로 중학교와 초등학교에 토론 강의를 나가는 나는 강의를 마칠 무렵 이 내용을 보여주면서 질문을 한다. (고등학교는 위에서 말한 이유로 아직 토론에 대해서 여건상 필요성과 실천성이 떨어진다.)

"저는 고등학교에 근무하는데 어느 등급에 속할까요?"

'학생이 참여하는 토론식 활동 수업에 대해서 열심히 가르치고 나서 무슨 소리람, 당연히 A, 못가도 B는 되겠지.' 하는 표정들이다.

나는 농담처럼 '저는 F 등급입니다'라고 말한다. 사람들이 얼굴에 미소를 짓는다. 아무리 고등학교라도 에이, 설마 하는 표정을 짓는 사람들에게 다음같이 말한다.

"왜냐하면 질문 없이 진도만 나가니까요."

여기저기서 커다란 웃음이 터져나온다. 농담 반 진담 반의 말인데, 저런 토론 교육 전문가도 저 정도구나 하면서 안도하는 표정이 보인다. 그리고 나서 4가지 등급을 보면서 자신은 어디에 속하는지 살펴보고, D에서 A로 바꾸기 위해 토론을 활용하시라고 권장한다.

아마도 우리나라 대부분의 교사들은 자신의 전문 지식을 바탕으로 강의에 열을 올리고 계실 거다. 아, 오해는 말자. 강의식 수업이 나쁘다거나 잘못이라는 말을 하려는 건 절대 아니다. 다른 수업 방식도 있으니 같이 고민하고 실천해보자는 의미다. 강의식 수업을 선호하는 분들은 이렇게 말한다.

"뭐 아는 게 있어야 토론도 하지. 머리 속에 든 게 없는데 무슨 토론을 하나?"

"질문을 하면 아는 게 없다. 이순신과 이완용을 구별 못하고, 5·16과 5·18의 차이를 모르는 아이들한테 토론을 기대하는 것 자체가 모순이다."

우선은 아는 게 있어야 토론도 하고 입을 열 거라는 말이다. 동감한다. 풍부한 배경 지식까지는 아니더라도 기초지식이라도 있어야 질문도 하고 대답을 할 테니 말이다. 토론이 만능이 아니며 강의가 꼭 나쁜 것만도 아니다. 하지만 잘 아는 바대로 강의를 듣고 자료를 읽는 것만으로는 기억력을 높일 수 없다. 지식을 자기화하기에 한계도 많다. 하지만 문답은 다르다. 내가 묻고 설명하다보면 지식이 체화되고 의미가 뚜렷해져 자기 지식이 된다. 그런 점에서 질문과 대답, 토론 교육의 필요성이 높아진다. 이번에는 문답을 중심으로 교사들의 등급을 나누어 그 장면들을 하나씩 살펴보고자 한다.

## F 등급 : 아무도 묻지 않는 교실

틀에 박힌 지식을 거부하고 살아있는 공부를 하고 싶어하는 학생들이 나온다. 하지만 학교도, 교사도 질문을 모른다. 아무런 질문이 없어 무덤 같은 학교. 학생들이 숨을 쉬고 살 수가 없다. 소위 명문학교일수록 그렇다. 경쟁은 심하고 학생들은 자유로부터 도피해 자살에까지 이르기도 한다. 재미난 인도 영화 〈세 얼간이〉에도 공부에 치여 죽은 학생 이야기가 나온다. 우리나라 카이스트에서도 학생들의 자살 소식이 심심찮게 들려오는데 인도의 명문 학교도 크게 다르지 않은가 보다.

학생들 : 조이!!!! (목 매달아 죽어있는 조이 로보 발견)
(먼저 떠날게.)

란초 : 이젠 속이 후련하세요? 경찰이나 조이 아버지는 아무 것도 모르니까요. 다들 자살이라고 생각하죠. 부검 결과 사인은 기관지의 심한 압박에 의한 질식사래요 다들 경정맥 압박으로 죽었다는데 지난 4년간의 정신적 스트레스는 어찌된 거죠? 그건 부검 결과에서 빠진 것 같네요. 그 잘난 공학자들이 아쉽게도 정신적 스트레스를 측정하는 기계는 못 만들었나 봐요. 그게 있었다면 다들 알텐데요. 이건 자살이 아니라 살인이었다는 걸….

바이러스 총장 : 조이가 자살한 게 왜 내 탓이지? 학생이 스트레스로 자살한 게 그게 내 잘못인가? 인생은 스트레스의 연속이야. 왜 남의 탓을 해?

란초 : 저는 교수님을 탓하는 게 아닙니다. '교육 시스템'을 탓하는 거죠. 통계를 보세요. 인도의 자살률은 세계 1위입니다. 90분에 한 명씩 자살을 시도한대요. 병으로 죽는 사람보다 훨씬 많죠. 뭔가 크게 잘못됐습니다.

바이러스 총장 : 다른 건 모르겠고, 우리 대학은 인도 최고 대학 중 하나야. 32년 동안 교수로 있으면서 이 학교를 28위에서 1위로 올려 놓았지.

란초 : 무슨 1위를 말하는 거죠? 참신한 아이디어나 발명에는 전혀 관심이 없잖아요. 관심 있는 거라곤 학점! 취업! 그리고 미국 내 취업에만 관심이 있죠. 저희는 공학을 배우기보다는, 학점 잘 받는 방법만 배우고 있습니다.

영화 속 현실은 마치 우리나라의 대학을 보는 듯하다. 학생이 죽어도 총장은 요지부동. 자살은 본인 탓이고 중요한 건 경쟁과 결과뿐이다. 죽은 교실, 침묵 가득한 교실에서 교사는 진도만 나간다. 전형적 강의식 수업 현장이다. 교사는 열심히 떠들고 학생들은 부지런히 받아 적거나 깊은 잠에 빠지거나. 특히 특목고와 자사고로 우수 학생들이 빠져나가고 난 뒤에 일반고에서 두드러지게 나타나는 현상이다. 교사는 지적 권위를 행사해서 그나마 가치가 있다고 여겨지는 지식을 학생들에게 전달하려고 몸부림치지만 학생들 사이에서 배움은 일어나지 않는다. 초등에서 이런 교사를 찾아보기 쉽지 않겠지만 고등학교에서는, 특히 입시에 묶인 인문계 고등학교에서는 절반 이상이 이런 교사가 아닐까? 대학이라고 다르지 않다. 교수와 학생이 서로를 불신하고 원망하면서 질문과 소통 없는 강의식 수업이 대부분이다.

그중에는 학생들의 눈을 초롱하게 만드는 명강사도 있고, 온갖 유머로 아이들의 배꼽을 빼며 웃긴다든지 개인기를 발휘해서 어떻게든 별짓으로 아이들을 깨워 수업으로 이끄는 선생님도 있다. 이런저런 능력이 부족하면 완력을 써서라도 아이들을 깨우고 일으켜 세우고 밖으로 내보내서라도 열심히 한다는 걸 온몸으로 증명하려는 교사들도 있다.

드라마 〈학교 2013〉을 보면 선생님은 열강하는데 자는 아이들이 있다. 아이들을 재운 책임이 누구에게 있는 걸까. '제발 잠 좀 그만 자고 옆에 잠든 학생을 좀 깨우라.'고 외치자 '선생님이 재웠으니 재운 사람이 깨우세요.'라고 반문하는 장면이 인상적이다.

우수한 학생은 없고 쭉정이만 남아서 어쩔 수 없다고 하소연하고 다른 한쪽에서는 교권이 추락해서 학생들이 교사들을 우습게 보기 때문이라고 자조한다. 그나마 깨어 있는 아이들이 아직은 절망할 때가 아니라고 몸으로 말하는 듯하지만 침묵의 교실에서 학생들은 점점 가만히 있는 기계가 된다. 숨소리조차 부담스럽다.

여기서 교사는 침묵을 모르는 전지전능한 신이다. 모든 것을 다 알고 모든 것을 다 가르친다. 물론 그 과정에서 학생들에게 배움이 일어나는가 하는 문제는 별개다. 이런 교사들은 마음이 어떨까? 어떻게 이들은 질문하지 않고 묵묵히 침묵을 견디며 진도만 나갈까? 여러 가지 마음이 있겠지 이해하려 노력해본다. 권위, 상처, 불안 등등. 아마 이런 마음들이 복합적으로 어울려 있기 때문이 아닐까 싶다. 『장자』에 이런 이야기가 있다.


한 사람이 있었다.
그는 자신의 그림자를 두려워하고
자신의 발자국 소리를 싫어한 나머지
그것들을 떨쳐 버리기로 결심했다.


그의 머릿속에 떠오른 방법은 그것들로부터 도망치는 것이었다.
그래서 그는 달리기 시작했다.
그러나 그가 발을 내디뎌 달리면 달릴수록
새로운 발자국 소리가 늘어만 가고
그의 그림자는 조금씩 어려움 없이
그를 따라왔다.

그는 이 모든 재난이

아직 자신의 달려가는 속도가 충분하지 않기 때문이라고 여겼다.

그래서는 그는 잠시도 멈추지 않고 더욱 빠르게 달렸다.

그리하여 마침내 힘이 다해 쓰러져 죽고 말았다.


그는 이것을 깨닫지 못했던 것이다.

만일 그가 단순히 그늘 속으로 걸어 들어만 갔어도

그의 그림자는 사라졌을 것이다.

그가 자리에 가만히 앉아만 있었어도

그의 발자국 소리는 더 이상 들리지 않았을 것이다.


이걸 진도만 나가는 수업을 하는 교사에 적용하면 이렇지 않을까?


한 교사가 있었다.

그는 자신의 실력을 두려워하고

자신을 탓하는 소리를 싫어한 나머지

그것들을 떨쳐 버리기로 결심했다.

그의 머릿속에 떠오른 방법은 그것들로부터 도망치는 것이었다.

그래서 그는 (진도를) 달리기 시작했다.


그러나 그가 진도를 나가면 나갈수록

자기를 탓하는 목소리는 늘어만 가고

알아듣지 못하는 아이들은 조금씩 고개를 숙이고
잠들기 시작했다.
자기 자신을 원망하는 내면의 목소리는 더욱 커져갔다.

그는 이 모든 재난이
아직 자신의 진도 속도가 충분하지 않기 때문이라고 여겼다.
그래서는 그는 잠시도 멈추지 않고 더욱 빠르게 달렸다.
그리하여 마침내 힘이 다해 쓰러져 죽고 말았다.

그는 이것을 깨닫지 못했던 것이다.
만일 그가 단순히 침묵 속으로 걸어 들어만 갔어도
그의 그림자는 사라졌을 것이다.
그가 자리에 가만히 앉아 학생들 활동을 보고만 있었어도
아이들 코고는 소리는 더 이상 들리지 않았을 것이다.

자기 안팎에서 자기를 바라보는 시선에 눌려 감히, 바꿀 생각을
못하고 그것만이 가장 효율적이라고 생각하는 교사다. 비교와 경쟁
사회 속에서 실력과 점수로 교사를 평가하는 외부의 벽, 그리고 아
이들의 시선과 무언의 압력에 길들여지지 않으려는 자기 안의 또
다른 벽이 소통을 가로막고 자존감 아닌 고독감 속에서 외로운 달
리기를 계속하게 만드는 것은 아닐까.
배운 게 도둑질이라고 가르치는 기술은 고수인지 몰라도 소통에
서는 글쎄, 배움과 질문 없는 수업을 과연 좋은 수업이라 할 수 있

을지, 약간의 질투와 조금 더 많은 의심과 갸우뚱 속에서 '등급 F' 교사들을 생각한다. 적어도 질문 있는 교실의 관점에서는 하수라는 미심쩍음을 지울 수 없이.

## D 등급 : 교사가 묻고 교사가 답한다

과연 질문을 하면 학생들이 대답을 잘 할까? 많은 교사들이 학생들로부터 대답을 이끌어내기는 어렵지만 일단 질문을 시도한다. 학습지도 만들고 교과서의 학습 활동도 최대한 활용해서 질문을 던져보지만 반응은 싸하다. 아직, 학생들의 질문은 언감생심이다. 그래도 못 먹는 감 찔러나 보자는 심정으로 질문을 던진다. 학생들은 왜 답이 없는 걸까?

일단 모른다. 알지만 틀릴지도 모른다는 불안감, 혹은 분위기 깨뜨릴까 봐, 튄다고 무언의 돌이 날아올까 봐 등등 이유도 다양하다. 아마도 대답하는 사람은 앎의 여부를 떠나 기질상 나서기 좋아하거나 남의 시선을 의식하지 않는 학생일 가능성이 크다. 하지만 질문이 잘못돼서인지 아무도 대답하지 못한다면, 아니 대답할 분위기 형성조차 안된다면?

물론 질문이 좋지 않아서 대답이 나오지 않는 경우도 종종 있다. 일차적인 문제다. 그 상황에서 그 제재를 가지고 어떤 질문을 던져야 반응이 있고 참여가 불같이 일어날지 전혀 예측하지 못한다면 대답이 나올 리 없다. 또 아무리 질문이 좋아도 기다림의 여유를 갖지 못한다면 질문 없이 진도를 달리는 교사와 다를 바 없다. 최대한 참여자 중심으로 활동 수업을 가르치고 강의하지만 그것이 불가능할 때가 있다, 바로 시간이 모자랄 때다. 교사에게는 두 가지가 필요하다. 기다림과 대답을 이끌어낼만한 좋은 질문. 이 두 가지를 갖추지 못한다면 교사 혼자서 묻고 대답하는 수업은 실은 F등급 교사의 수업과 다를 바 없다.

## C 등급 : 교사가 묻고 학생이 답한다

C 정도면 그래도 할만한 수업인가? 학생들이 답이라도 열심히 말해준다면. 이런 경우는 학생들이 예습을 해왔거나, 질문이 좀 쉬워서 답을 찾을 만한 질문인 경우다. 질문의 종류에 따라 다르겠지만 이런 경우도 몇 가지 문제가 있다.

우선 학생이 아는 걸 질문한다면 질문 자체가 무의미하다. 이미 아는 것을 질문해서 도움될 바가 없기 때문이다. 그렇다면 학생이 모르는 내용을 질문해야 하는데 그러면 답을 말하지 않아 교사가 답을 하다보면 다시 D 등급으로 내려간다. 결국 다양한 해석과 주체적인 해답이 가능한 질문인가 아닌가가 관건이 된다. 그렇지 않으면 결국 교사가 묻고 학생이 답한다 해도 별 소용이 없다.

다시 〈세 얼간이〉를 보자. 기계공학을 가르치는 교수와 란초의 대화다.

교수 : 너무 좋아할 건 없고 기계가 뭔지 말해 보게.
란초 : 인간의 수고를 덜어주는 것이죠.

교수 : 좀 더 자세히 말해 보겠나?

란초 : 노력과 시간을 덜어주는 게 기계라고 생각합니다. 더운 날, 버튼을 누르면 시원한 바람이 나오죠. 선풍기, 기계죠. 멀리 있는 친구와 이야기할 수 있는 전화기도 바로 기계죠. 수백만의 단위를 몇 초 안에 계산해 주는 계산기도 기계예요. 우리는 기계 속에 살아 있다고 해도 과언이 아니죠. 펜촉, 바지 지퍼 모두 기계예요. 순식간에 올리고 내리고 올리고 내리고.

교수 : 그래서 정의가 뭔데?

란초 : 방금 말씀 드렸는데요.

교수 : 시험지에 그렇게 쓸 건가? 올리고, 내리고, 올리고, 내리고. 멍청한 놈! 다른 사람 없나?

(이때 차투르라는 학생이 손을 든다)

교수 : 그래.

차투르 : 기계는 물체의 연결로 운동을 발생시키는 겁니다. 다시 말해서 상대적 운동이 발생합니다. 그 말은 즉 힘과 운동이 전달되고 변형됩니다. 지렛대 원리를 이용한 지레, 도르레의 회전등이 예라고 할 수 있습니다. 구조의 복잡성은 종류에 따라 다른데, 움직이는 부품의 결합으로 구성돼 있거나, 바퀴, 지레, 캠 같이 단독으로도 가능합니다.

교수 : 훌륭해. 완벽한 대답이야. 앉아라.

차투르 : 감사합니다.

란초 : 교수님, 제가 한 얘기가 저걸 쉽게 풀어서 말한 건데요.

교수 : 쉽게 풀어쓰길 좋아하면 예술대나 상대에 가.

란초 : 하지만 의미는 같잖아요. 책에 나온 정의를 달달 외우는 게 옳은 건가요?

교수 : 자네가 책보다 똑똑한가? 점수 잘 받고 싶으면 책에 있는 정의나 제대로 써.

란초 : 하지만 다른 책에는….

교수 : 나가!

란초 : 네?

교수 : 쉽게 말해서 '꺼져, 또라이 자식'. 기계에 대해서 이야기 했는데.

(란초, 나갈 듯하다 다시 돌아온다.)

교수 : 왜 다시 오나?

란초 : 뭘 놓고 가서요.

교수 : 뭔데?

란초 : 기록, 분석, 요약, 정리 하거나, 정보를 분석하고 설명하는데, 그림은 있기도 하고 없기도 하고. 종이로 묶여 있는데, 커버는 있기도 하고 없기도 합니다. 머리말, 개요, 목차 색인이 있고, 인간의 계몽, 교육, 이해를 위해 만들어졌으며, 시각 기관을 통해 전달되며 감동을 주는 것!

교수 : 그게 뭐야!

란초 : 책이요. 책을 가져가려고요.

기계 반 교수 : 좀 쉽게 말할 수 없나?

란초 : 아까 그렇게 말했는데요….

여기서 교수는 질문을 던지고 자세하게 말해보라며 추가 질문까지 나아갔으나 학생의 의견을 무시한다. 자기가 생각하는 교과서적인 정답에서 벗어났다는 게 이유다. 진리가 하나라고 생각하는 전형적인 오류다.

교사의 질문에 학생이 답을 한다는 것 자체는 좋은데, 그때 교사의 질문과 의도가 중요하다. 정답을 정해놓은 교사의 질문은, 질문 없는 교사와 마찬가지로 자기 권위와 지식을 강요하고 주입하기 위해서 던지는 거라 사실 의미가 없다. 정답이 있는 닫힌 질문은 학생의 창의력을 가두고 오히려 암기하는 기계로 만든다. 암기가 늘 나쁜 것은 아니지만 고전 암기가 아닌 정답 암기는 무의미한 지식이다. 교사가 물었을 때, 답을 정해놓고 함정 파듯이 던지는 질문은 실상 교사의 권위를 강화하려는 폭력이다. '나는 아는데, 자네도 좀 아나?' 하는 그런 질문들은 질문이 아니다. 차투르는 성적에 목숨을 거는 전형적인 범생이 스타일의 학생이다. 교사가 묻고 학생이 답하지만 그 답은 자기 답이 아니라 남들이 만들어놓은 답이다. 자기 생각의 좌표를 갖고 답을 하도록 이끌어내는 것이 중요하다. 란초가 오히려 교수에게 그걸 가르치고 있다.

## B 등급 : 학생이 묻고 교사가 답한다

학생들은 왜 질문을 하지 않는 걸까?

연구 결과에 따르면 조금씩은 다르지만 10세 이내에는 하루 50가지 질문을 하는데 50세가 되면 하루 5가지 질문도 채 하지 않

는다고 한다. 30대 정도면 평균 30개 정도의 질문을 할까? 초등학
교 시절에는 그 많은 질문을 던지던 아이들이 중학생이 되면 물음
자체가 안 생긴다고 한다. 파블로 네루다의 『질문의 책』은 시집 전
체가 질문들로만 이루어진 아름다운 책이다. 혁명과 사랑과 우정과
시, 그는 어떻게 질문만으로 시를 쓰고 시집까지 엮을 수 있었을
까? 아마 대부분의 시인들이 타고난 질문자들이기 때문이고, 특별
히 고통 받는 칠레 민중에 대한 애정이 더 뜨겁기 때문일 거다. 한
때 『오적』, 『타는 목마름으로』 등의 시집을 내서 대한민국 민주주의
의 상징처럼 여겨졌던 시인 김지하의 80년대 시집 『애린』에는 다음
과 같은 시가 있다.


그 소, 애린 24


김지하


새는 어떻게 만들지요?
나무는 언제 만들었지요?
흙은 무얼 먹고 살지요?
물은 어디서 왔지요?
고양이는 왜 노랗지요?
하늘은 왜 파랗지요?
바다는 왜 움직이지요?
나는 누가 만들었지요?

끝없는 막내놈 물음에
꽁무니 빼기 바쁜 나날
신이여
이것을 행복이라 합니까?
모든 당신의 일을?

막내 딸 세희의 끝없는 호기심과 질문에 행복을 느끼는 소박함이 인상적이다. 나도 이런 질문덩어리 딸이 있었으면, 그 속에서 행복을 느끼는 아버지였으면 하는 부러움으로 이 시를 떠올리곤 한다.

독재 정권부터 이어져온 '가만히 있으라.'는 교육은 학생들로부터 질문을 빼앗아 갔다. 조용히 해, 입 닥쳐, 그만 떠들어 등의 온갖 하지 마 교육이 길들인 아이들의 몸과 머리는 질문을 허용하지 않는다. 그저 꾸역꾸역 교사가 사료 먹이듯 던져주는 지식의 조각들로 허기진 두뇌를 채울 뿐이다.

질문 교실이 왜 필요하고 학생 스스로 묻는 공부가 왜 중요한지 더 나아가 보자. 드디어 학생들에게 물음이 생겼다. 이 단계서부터는 교사와 학생 사이에 긴장 관계가 형성된다. 교사의 지적 권위가 진짜인지 아닌지 진검 승부가 벌어지기 때문이다. 사실 제자의 질문에 대해서 열린 교사라면 그리 걱정할 필요는 없다. 선생이란 어차피 불완전한 존재이며 더불어 같이 배우는 존재라는 걸 인정하면 된다. 하지만 앞에서 설명한 바대로 학생에게 질문할 기회를 주지 않는 교사들, 질문을 생성시키지 못하는 교사들은 그렇게 열려 있지 못하다. 심지어 학생들이 몰라서 질문을 하는데, 질문을 할라치면 몽둥이가 날아오던 시절도 있었다. 요즘은 그 정도는 아니지만 여전히 학생들의 뜻하지 않은 질문들, 문제제기는 교사를 당혹스럽게 한다. 두 가지 사례만 보자. 〈세 얼간이〉의 학생 질문 부분이다. 절대적인 경쟁 체제를 강조하고, 그안에서 최고의 경쟁력을 주장하는 대학 총장에 대한 도전이다.

바이러스 총장 : 이게 뭔가?

차투르 : 새 둥지입니다.

바이러스 총장 : 어떤 새?

차투르 : 뻐꾸기 둥지입니다.

바이러스 총장 : 틀렸어. 뻐꾸기는 자기 둥지를 만들지 않는다. 다른 새의 둥지에 알을 낳지. 그럼 부화할 때가 되면 어떻게 할까? 다른 알들을 떨어뜨려 버리지. 경쟁은 이렇게 끝나 버리지! 뻐꾸기 삶은 살인으로 시작해. 자연의 이치지. 경쟁하거나, 죽거나. 너희들도 뻐꾸기와 같다. (그동안 들어온 수많은 불합격자 입시 원서를 바닥에 쏟으며) 이건 ICE에 입학하기 위해 제군들이 깨뜨린 알이다. 잊지 마라! ICE엔 매년 40만명의 지원자가 온다. 그 중 단 2백명만 선택된다. 바로 제군들이야! 나머진 끝이야. 깨진 알들이지. 내 아들도 3년 동안 지원했지만, 계속 떨어졌다. 기억해라! 인생은 레이스다. 빨리 달리지 않으면 짓밟힐 거다.

재미 있는 이야기 하나 해주지. 이건 우주 전용 펜이다. 만년필이나 볼펜은 지구 밖에선 쓸 수가 없다. 그래서 이것을 수백만 달러를 들여 개발한 펜이다. 이 펜은 각도, 온도, 중력 모두 상관없이 쓸 수 있다. 하루는 내가 학생일 때 교수님이 날 부르셨다. 나에게 이 펜을 보여 주시며 '이것은 능력의 상징이다. 이걸 자네에게 주겠네. 훗날 너처럼 뛰어난 학생을 만나면 이걸 전해주게.' 라고 말씀하셨지.

하지만 난 32년 동안 펜 임자를 찾지 못했다. 아쉽게도 말이다. 피나는 노력으로 이 펜을 거머쥘 사람! (많은 학생들이 손을 든다. 란초도 들었다. 내릴까 말까 고민한다.)

바이러스 총장 : 좋아. 손 내려. (란초를 보며) 게시판에 올릴까? 손 내리라니까.

란초 : 아뇨, 질문 있습니다. 지구 밖에서 펜을 못 쓰면, 연필을 쓰면 되잖아요? 그럼 연구비를 안 써도 됐을 텐데요.

비서 고빈드 : 쉿!

바이러스 총장 : (당황하며) 다, 다음에 알려주겠네.


질문을 모르는 교사들은 질문 앞에서 당황한다. 물론 자기가 아는 범위 내의 고정된 지식에 대한 질문에는 자신 있게 대답할지 모르지만 틀 밖을 벗어난 질문은 교사가 생각하는 고민과 인식의 범위를 벗어나므로 답하기 쉽지 않다. 늘 정답이 있다고 생각하기 때문이다.


미국의 대학을 보면 교수와 학생 사이에 토론이 벌어지고 학생들이 맹렬하게 질문을 해댄다. 교수의 일방적 강의에 기대지 않고 본인들이 느끼는 문제의식을 그대로 드러낸다. 이미 어린 시절부터 교사와 학생 간에 묻고 답하는 훈련이 오랜 세월 이루어져 온 까닭이다. 학생이 묻고 교사가 답하는 수업은 이정명 원작, 드라마 〈바람의 화원〉에서 극적으로 재미있게 그려진 바 있다.

선생 김홍도는 화공들에게 가로 세로 점 세 개씩을 찍어놓고 선을 4개만 사용해서 9개의 점을 다 지나는 직선을 그어보라고 한다. 밤새 모여 떠들고 같이 답을 찾아보자고 결의를 했지만 흥청망청 술판만 벌인 유생들은 답을 찾지 못했다. 신윤복도 예외는 아니었다. 다음 날 수업 시간. 아무도 문제를 풀어오지 못한 까닭에 화가 난 김홍도는 전체에게 벼루를 들고 앞으로 나란히를 하는 벌칙을 내린다. 그리고 김홍도 자신이 4개의 선을 그어 답을 보여주는데 그 답은 다음과 같다.

반장이 항의한다.

"선이 사각 틀 밖으로 나간 것 아닌가요?"
김홍도는 외친다. "사각의 틀이란 원래 없는 것이다. 그 틀을 깨는 데서 길이 있는 거다."

도화서 미술 선생인 김홍도가 화원들에게 마치 수학 과제 같은 질문을 던진 이유는 사고를 옥죄는 틀을 깨라는 것이다. 다른 각도, 새로운 관점에서 사물을 바라보아야 새로운 화풍의 그림을 그릴 수 있다는 뜻이다. 이미 김홍도는 학생들에게 그 전에 선배들이 그린 좋은 그림을 모사할 때도 똑바로 세워놓고 그리게 하지 않고 그림을 거꾸로 세워놓은 뒤에 그리도록 하는 훈련을 시킨 바 있다. 거꾸로 그리기는 기술적인 훈련만을 의미하지 않는다. 관점을 전복시키다 보면 단순히 기술만이 아니라 사상도 같이 건드리고 움직인다. 김홍도, 신윤복이 낡은 화풍, 중국의 관념적 산수를 모방하는 낡은 그림의 틀을 깨고 민중들의 살아있는 숨결과 생활 문화를 생생하게 그릴 수 있었던 능력도 새로운 사고를 시작하는 데서 비롯되었다. 이 역시도 질문의 힘이다. 왜, 우리는 남의 그림을 주체성 없이 모방하며 그리려 하는가에 대한 치열한 문제제기의 산물이다. 수업은 여기서 끝나지 않는다. 그때 신윤복이 무언가 달리 답할 말이 있다는 듯 묻는다.

"그렇다면 선을 세 개만 그어서도 가능합니다."

세 개라니! 선 네 개도 답을 쉽게 찾지 못했으면서 세 개로도 가능하다니! 김홍도는 불가능하다고 생각한다.

"그래, 그럼 어디 나와서 그려 보이거라."

신윤복은 세 개의, 수평인 듯 아닌 듯 애매한 선을 긋는다. 신윤복이 그은 선은 세 점을 가로로 지나는, 수평에 가까운 세 개의 직선인데 점의 가운데를 정확하게 관통하지는 않았다.

선을 본 김홍도는 가운데 선이 세 점을 정확히 관통하지 않았다는 이유를 들어 과제 수행이 이루어지지 못했다고 말한다.

"엄격하게 이야기해서 이 선은 세 점을 지난다고 할 수가 없다. 여긴 윗 부분, 여긴 중앙, 여긴 아랫 부분을 스칠 뿐이지 정확하게 세 점을 관통한다고 할 수 없지 않느냐? (화원들을 보며) 그렇지?"

벌받는 유생들, 스승과 제자의 한 판 승부를 흥미롭게 지켜보다 다들 웃으면서 김홍도의 말이 맞다고 고개를 주억거리는데, 신윤복의 설명이 이채롭다.

"이 그림만 보면 선생님의 말씀이 꼭 틀린 것만은 아닙니다."

갑자기 도는 긴장감. 다들 눈이 동그래진다.

"틀린 것만은 아니다. 그건 무슨 말이지?"

"필선의 기울기를 생각해 보십시오. 필선의 기울기는 각도가 커지면 커질수록 가파라집니다. 그리고 각도가 작아지면 작아질수록 이 기울기가 완만해집니다."

"그래서?"

"그래서 이 각도가 무한히 작아진다면 이 중간에 있는 선의 기울기는 점점 사라질 것입니다."

그러면서 윗선이 왼쪽으로 무한히 나갔다가 다시 돌아오면서 중간의 세 점을 지나면 수평선이 되어 세 점을 관통할 수 있다고 설명한다.

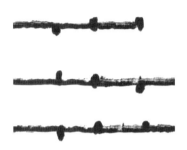

기울기가 0에 가까운 세 선의 모습이다.

아쭈, 제법인데. 하지만 그림을 머릿속에 그려보고 종이와 신윤복을 한참 바라보던 김홍도도 지지 않는다.

"이건 궤변이다."

"왜 궤변이라 하십니까?"

"해법이란 명징(明澄)해야 한다. 모든 사람들의 눈에 확실하게 보여줄 수 있어야 명징한 해답이라고 한다. 지금 너의 풀이법을 여기 있는 사람들의 눈에 확실하게 보여줄 수 있겠느냐?"

김홍도의 한판승이라는 생각이 들 무렵 신윤복이 다시 반박한다.

"예, 보여줄 수 있습니다." 어라 점입가경.

(김홍도, 그래 하는 표정으로) "해 보거라"

"단, 원하는 만큼의 종이를 이 종이 옆에 붙일 수 있게 해 주십시오. 그리고 수십 개의 벼루에 먹물을 가득 채워주십시오."

"원하는 만큼의 종이를 붙이고 수십 개의 벼루에 먹물을 가득 채워달라."

"그리 해주신다면 꼭, 반듯한 선을 그어 보이도록 하겠습니다."

"그렇다면 네 말은 그 수많은 종이와 수많은 먹물이 없으면 보여줄 수 없다는 말이 아니냐!"

"그 말은 또 다시, 수많은 종이와 수많은 먹물이 주어진다면, 언젠가 증명될 수 있다는 말과 같지 않습니까?"

용호상박, 그 스승에 그 제자다. 여기서 김홍도도 더 이상 반박하지 못한다. 학생의 독창적인 대답을 교사가 인정하면서 질문이 답으로 끝나지 않고 새로운 여운을 남기는 질문으로 탄생하는 순간이다.

학생이 질문하고 교사가 답을 하기 어려워하는 장면은 종종 나온다. 이때 중요한 것은 교사의 태도와 마음이다. 어차피 세상이란 알 수 없는 질문으로 차고 넘치는데, 교사가 모든 해답을 다 알 수는 없는 노릇 아닌가. 그때 겸손하게 자기를 내려놓고 부족함을 인정하는가 아니면 꼰대질로 상황을 무마하려 하는가의 차이가 있을 뿐이다. 요는 학생들이 질문할 수 있는 마음과 환경을 어떻게 만들어주는가가 관건이다.

교사가 던진 질문에 학생이 역으로 창의적인 생각을 가지고 질문을 던져서 수업이 진행되는 과정을 살펴 보았다. 이런 수업의 한계는 다수의 학생들이 자유롭게 적극적으로 참여하지 못하고 일부 우수한 학생들만 교사와 질문을 주고받는다는 점이다.

마이클 샌델 식의 수업에서는 교사가 의도적으로 여러 학생들이 골고루 발언을 할 수 있도록 답변과 질문 기회를 여러 학생들에게 열어둔다. 드라마처럼 한 사람만 주인공일 수는 없으므로. 어쨌든 이 정도면 B급 교사는 된다. 학생이 묻고 교사가 답하면서 토론으로까지 이어지는 훌륭한 사례다. 여기에 더 많은 학생들이 질문에 참여하면서 질문 교실이 열린다면 B에다가 플러스를 더할 수 있다.

### A 등급 : 학생이 묻고 학생이 답한다

그럼 학생이 묻고 학생이 답하는 수업은 어떻게 가능한가? 학생들 스스로 공부하면서 일어나는 물음에 대해서 학생들이 스스로 답을 찾아나서는 공부 말이다. 교사의 역할이 가르치는 사람에서 질문자, 기획자, 안내자 등등 다른 역할로 확대되면서 학생 스스로 묻고 대답하는 교실은 이미 우리 현실 속에 다양하게 들어와 있다. 구인광고와 참여형 토론, 원탁 토론의 공개 토론 시간, 하브루타(짝토론), 거꾸로 교실, 인터뷰 수업, 프로젝트 수업 등이 바로 그것이다. 언론에 공개된 두 가지만 소개한다.

김해 뉴스에 나온 거꾸로 교실 사례다.

지난 22일 대청동 대청중학교 3학년 교실. 도덕수업이 시작되기 직전에 40여 명의 학생들이 한 손에 쥐고 있던 포스트잇을 'Question Board(질문판)'에 적힌 자신의 번호 아래에 붙이기 시작했다. 순식간에 초록색 질문판은 노란 포스트잇들로 가득 찼다. '죽음 이후 영원에 대한 생각이 그 이전과는 다른 어떤 존재를 만들 수 있는 건가요?', '영원한 존재가 된다고 가정했을 때 영원히 사는 것이 행복할까? 그렇지 않을까?' 등 포스트잇에 적힌 학생들의 질문들은 심오했다. 쉬는 시간이 끝나고 수업이 시작되자 홍성일(41) 교사가 문을 열고 들어왔다. 인사와 함께 홍 교사는 질문판에 부착된 포스트잇을 확인하고 공통적인 질문에 대한 설명을 해줬다.

포스트잇의 질문에 대한 답을 홍 교사 혼자만 하지 않았다. 학생들은 서로 친구들의 질문에 대한 답을 해주며 생각을 확장했다. 수업이 진행되면서 교실이 학생들의 목소리로 더 소란스러워졌다. 홍 교사가 내주는 문제를 포스트잇에 받아 적은 학생들이 문제에 대한 답을 포스트잇에 적고는 옆에 있는 친구에게 자신의 포스트잇을 건넸다. "이건 무슨 뜻이야?" 홍 교사가 내준 문제의 답을 적어 내려가다 궁금증이 생기자 학생들은 서로에게 질문을 하며 답을 구했다. 학생들끼리 답을 하다 궁금증이 해소되지 않았을 때는 손을 들고 홍 교사를 찾았다.

홍 교사는 올해 초부터 대청중학교에서 '거꾸로 교실(Flipped Classroom)' 방식을 적용해 수업을 진행하고 있다. 일반적인 학교에서는 수업이 시작되면 출석을 부르고 교사는 교과서를 읽으며 설명을 한다. 학생들의 역할은 교사의 설명을 이해하고 외우는 것뿐이다. 하지만 홍 교사가 진행하는 수업방식에서 교사는 학생의 학습을 도와주는 보조역할만 할 뿐이다. 교실에서는 45분 수업시간 내내 홍 교사의 목소리보다 학생들의 목소리가 더 많이 오고간다.

- 김해뉴스 / 김예린 기자

'거꾸로 교실'은 이미 수차례 방송을 타고 언론에 소개되었으며 책도 나와 있다.

다음은 부산에서 경제교육을 학생 스스로 묻고 답하는 식으로 운영한 부산국제외국어고등학교 박세현 교사의 프로젝트 수업 사례다. 학생들이 금융경제에 대한 인식이 부족해 경제 교육에 접목해 그 결실을 청년이 묻고 청년이 답한다는 〈靑청問문靑청答답〉으로 엮어내기도 했다.

시사똑똑 이런 수업 어때요? "Click"이 간다 경제 + 참여공간
제목 : 청소년이 묻고 답하는 28가지 이야기, 靑청問문靑청答답

금융감독원의 금융이해력 테스트 결과를 보면 금융을 알고 실천하기에는 학교 금융경제교육이 부족하다고 응답한 학생이 21.8%, 그저 그렇다고 응답한 학생은 43.2%로 나타나는 등 학교에서의 금융경제교육은 부족한 실정이다. 아울러 수능에서의 사회탐구 과목 선택이 2과목으로 축소됨에 따라 학교 현장에서의 금융경제교육은 설 자리를 더욱 잃어가고 있다. 더욱이 본교는 교육과정에 경제교과를 편성하고 있지 않다. 이러한 여건 하에서 필자가 지도하는 경제탐험대 동아리는 특강과 자발적 동아리 활동을 통하여 모의주식투자 등 체험 중심의 금융경제교육을 실시하고 있다. 또한 청소년 사회·경제교육 매거진 'E·T' 발행, 학술지 '청소년 사회·경제연

구' 간행, 진로가이드북 '청진기' 발행 등 금융경제교육을 통해 청소년들의 창의성과 금융이해력 향상 등 금융경제 에너지를 채워가고 있다.

이러한 경제 관련 활동 가운데 지난해 12월, 겨울방학 특강으로 또래 친구들이 궁금해 하는 사회·경제 이슈를 찾아내어 이를 친구에게 설명해 주는 '오늘은 내가 선생님 : 사회·경제 이슈 해설 프로젝트'(이하 '오늘 해설 프로젝트')라는 다소 긴 제목의 강좌를 열었고 50여 명의 학생이 신청을 하여 방학 동안 특강을 진행하였다. '오늘 해설 프로젝트'는 또래 친구들이 궁금해 할 것 같은 사회·경제 관련 이슈를 멘토의 입장에서 쉽고 재미있게 설명해주는 콘셉트로 구성하였다. 이러한 프로젝트를 통해 멘토 학생은 자신의 진로와 관련된 분야를 공부해 볼 수 있고, 팀별 활동을 통해 팀원 간 협력과 소통의 자세를 배울 수 있으며, 자기주도적 학습 역량도 함양할 수 있다.

'오늘 해설 프로젝트'로 금융경제교육의 해법 제시

'오늘 해설 프로젝트' 수업의 진행 절차는 다음과 같다. 먼저 2명씩 28개의 팀으로 구성하여 빅데이터(big data), 기업의 사회적 책임 등 최신의 이슈뿐만 아니라, 기회비용, 최저임금 등의 익숙한 경제 개념에 대해 자료를 탐색해 나가도록 지도했다. 신문기사에서 자주 볼 수 있는 의료 민영화, 저출산과 고령화, 그리고 독일 교육제도 등에 대해서도 자료를 수집하도록 했다. 부산지방기상청, 영화진흥위원회, 국립해양조사원 등 기관의 이름을 보면 하는 일이 무엇인지 알 것 같지만 정확히 설명하기 어려운 여러 기관에 대해서도 책과 인터넷 등을 활용하여 조사하도록 했다. (중략)

정해진 날짜에 제출된 원고는 대면 첨삭을 통한 지도가 이루어졌다. 팀별로 자신들이 정리한 내용에 대해 발표를 하고 나는 이에 대한 질문을 통해 학생들이 멘토로서 관련 내용을 잘 이해하고 있는지를 확인하였다. 28개 팀과의 1차 대면첨삭 완료 후 멘토들은 지도받은 내용을 바탕으로 원고를 수정·보완하였다. 2차 지도는 이메일로 제출된 원고 내용을 지도교사가 읽고 첨삭하는 방식으로 진행되었다. 이후 3차 지도는 다시 대면 첨삭을 통해 멘토들의 주제에 대한 이해 여부 확인 및 서술 방식 등에 대한 지도가 이루어졌다. 이러한 자료 탐구와 토론, 글쓰기와 첨삭지도의 과정이 3개월 이상 지속되었으며 그 결과 '오늘 해설 프로젝트'가 완성되었고, 경제탐험대는 28가지의 다양한 주제, 다양한 관점, 다양한 수준의 글을 모아 '청문청답(청소년이 묻고 청소년이 답한다)'을 발행하게 되었다.(후략)

　　- 박세현, 부산국제외국어고등학교 교사. 발행호 2014년 05월호


조금 길지만 과정을 같이 공유할 가치가 있어 소개했다. 우수한 학생들만 모인 외고라서 수준이 더 높아졌기는 하겠지만 다른 학교라고 불가능한 것은 아니다. 학생 스스로 참여해서 묻고 대답하는 수업은 이제 여건 탓만 할 일이 아니다. 의지가 있고 길을 찾고 노력을 하면 누구나, 어디서나 다양한 방법으로 실천이 가능하다. 문제는 바로 교사들이다.

## S등급 : 교사와 학생의 구별이 사라지는 수업

'가르침은 두 배로 배우는 것'이란 말이 있다. 교사는 가르치기만 하는 것이 아니라 가르치는 과정에서 오히려 더 많은 것을 배운다는 말이다. 학생과 더불어 교사도 배우는 과정을 일러 흔히들 교학상장(教學相長)이라고 한다. 배움에 교사와 학생이 따로 없다는 말이다. '줄탁동시'는 또 어떠한가. 안에서 알을 깨기 위해 학생 스스로 쪼아대고 동시에 밖에서 교사가 쪼아주고. 하지만 그건 학생들에게만 해당하는 말들이 아니다. 교사가 먼저 스스로를 깨고 나와야 학생들을 깨울 수 있는 힘을 기른다. 모두가 평생 공부와 배움의 길을 걷는데 사실 교사와 학생이 어디 따로 있겠는가!

아예, 학생이 가르치고 교사가 배우는 수업은 어떤가? 불가능할까? 교사와 학생 간에 구별이 사라진다면. 강의식 수업을 하면 가장 공부를 많이 하고 공부가 많이 되는 사람은 교사 자신이다. 학생은 무엇을 배우는가? 학생이 공부하게 하려면 학생들로 하여금 스스로 묻고 답하고 앞에 나와서 설명하고 가르쳐보는 경험을 쌓게 하는 것도 한 방법이다. 학생이 교사의 자리에서 질문을 던지고 교사나 나머지 학생들이 답하는 경우 말이다.

다시, 〈세 얼간이〉다.

'자네가 그렇게 문제의식이 뛰어나면 교수 대신에 학생들을 가르쳐보라'는 총장의 요구에 란초는 엉뚱한 질문을 던진다.

바이러스 총장 : 여기 자칭 교수가 왔습니다. 자기가 능력있는 교수들보다 더 뛰어나다고 생각하죠. '란초 다시 찬차드' 교수가 여러분을 가르칠 겁니다. (옆의 란초를 보고) 계속 그러고 있을 건가?

란초는 칠판 앞으로 나가 다음과 같은 글을 적는다.

FARHANITRATE

PRERAJULISATION

란초 : 30초안에 이 용어를 정의해 보세요. 책을 참고하셔도 좋습니다. (여기저기서 책 펴는 상황) 정답을 찾으면 손을 드세요. 일등에서 꼴찌까지 체크하겠습니다. 준비하시고, 시작!(부산스럽게 답을 찾는 동안 30초가 흐른다.)

란초 : 그만! 교수님, 그만입니다. 아무도 못 찾았나요?

아무도 답을 찾지 못해 고요한 상황.

란초 : 시간을 1분 전으로 되돌려 보겠습니다. 제가 질문을 던졌을 때 설레었나요? 호기심이 생겼나요? 새로운 걸 배운다는 사실에 흥분 됐나요? 어때요? 교수님?

아뇨. 모두들 미친듯이 레이스만 펼쳤죠. 이런 방식이 무슨 소용 있나요? 그게 지식을 늘게 해주나요? 아뇨, 스트레스만 줄 뿐이죠. 여긴 대학이지, 스트레스 공장이 아니예요. 서커스 사자도 채찍의 두려움으로 의자에 앉는 걸 배우지만. 그런 사자는 훈련됐다고 하지 잘 교육됐다고는 안 합니다.

바이러스 총장 : 이봐! 이건 철학 수업이 아니네. 두 용어 정의를 설명하겠나?

란초 : 교수님 이건 단어가 아니에요. 제 친구들 이름이죠. '파르한'과 '라주' (여기저기서 학생들 웅성웅성한다)

바이러스 총장 : 조용! 집어치워! 이게 공학 교수법인가?

란초 : 저는 공학을 가르친 게 아닙니다. 교수님이 공학에 대해선 훨씬 전문가시죠. 저는 단지 '어떻게 가르쳐야 할지' 말씀드린 겁니다. 그리고 언젠가 교수님께서 깨달으실 거라 믿습니다. 전 교수님과 달리 뒤처지는 학생을 버리진 않겠습니다. 좋은 하루 되세요.


사실 학생 못지 않게 교사가 배우는 자리는 많다. 아니 매 순간 교사가 학생들의 말과 행동에 마음과 귀를 열어놓고 있으면 무수한 배움의 시간이 지나간다.

뒤에서 설명하겠지만, 학생들이 책을 읽고 서평을 쓴 뒤에 저자를 찾아가는 인터뷰 수업을 진행하고 그 과정과 수업 후 느낌을 글로 쓰게 한 뒤에 모둠 별로 발표를 시켰다. 힘겨운 시간을 겪으면서 읽고, 토론하고 글을 써나가는 시간 자체도 뭉클했지만 다른 모둠 친구들에게 자신들의 공부 과정을 소개하는 과정에서 더 많은 배움이 일어났다. 교사 혼자서 경험할 수 없었던 무수한 배움의 시간이었다. 굳이 인터뷰 수업이 아니더라도 학생들이 각자 자기가 공부한 내용을 발표하는 수업 과정이 그랬다. 문제집을 버린 고3 수업 시간, 교과서의 한 대목을 맡아서 학생들이 그 부분에 대해서 보조 자료를 찾아 읽고 발표 자료를 만들어 발표하고 질문 받고, 피드백해주는 시간이 또한 그러했다.

심지어 고3 문제집을 푸는 시간도 예외가 아니었다. 양자역학에 대한 지문이 나와서 내 딴에는 내가 조금 깊이 아는 부분이다 싶어서 영의 쌍슬릿 실험을 토대로 한 양자 역학의 핵심 내용과 그 사상이 갖는 현대적 의의에 대해서 읽기 자료와 동영상을 활용한 수업을 열심히 했지만, 아무리 중요하다고 강조해도 학생들은 계몽적 지식 이상으로 받아들이지 못했다. 학급마다 다르기는 했지만 어느 학급에서는 성적이 우수한 학생을 지명해 친구들에게 양자역학에 대해서 설명해보라 했더니 슈뢰딩거의 고양이 실험을 소개하면서 나도 잘 깨우치지 못한 부분까지 친구들에게 쉽게 설명을 하는 것이 아닌가. 당연히 듣는 친구들의 반응도 활발했다. 그게 어떻게 가능하고 이해가 되느냐며 질문과 이견이 쏟아지고 다양한 반박과 해석이 오갔다. 학생들이 스스로 연구하고 정리하고 발표할 시간을 준다면 교사 한 사람의 열강보다 더 깊고 의미 있는 내용의 공유가 이루어질 수 있다는 것을 지금도 깨닫는다.

각자 고유의 철학과 전문성을 지닌 교사들을 등급 매겨 나누는 것 자체가 어불성설일 것이나 이렇게 편의상 나누어보았다. 실은 이런 구분조차 초연할 때 교사는 자유로워진다. 그래도 나날이 새로워지기 위해 묻지 않을 수 없다. 나는 지금 어디에서 어디로 움직이는 교사인가, 움직이기는 하는, 움직일 가능성은 있는 교사인가? 그럼 더 이상 무엇이 고민이겠는가.

# 2

## 진리는 답이 아니라
## 질문에 있다

**질문하지 않는 아이들**

교육방송의 '대학은 왜 가는가', 〈말문을 터라〉 편에 질문에 관한 재미난 일화가 있다. 대학 교수가 나와서 학생들에게 질문 있냐고 묻는데 아무도 질문을 하지 않자 자신의 교직 강의 초창기의 경험을 들려준다. 자기가 선배에게 조언을 구했는데 선배가 들려주었다는 이야기다.

"제가 처음 강의를 시작할 때 매우 두려웠습니다. 학생들 앞에 서는 게 가장 많이 두려웠죠. 그래서 선배한테 자문을 구했습니다. 어떻게 학생들 앞에서 떨지 않을까요? 그때 그 선배가 저한테 큰 용기를 주는 말이 있었습니다."

'절대 두려워하지 마라. 학생들은 결코 질문하지 않는다.' 좋은 선배였습니다."

이 말을 듣던 청중들은 모두 웃음을 터뜨린다. 일종의 공감대가 형성된 까닭이다. 학생들은 질문하지 않는다는 말, 그래서 교사들도 학생들을 두려워하지 않는다는 말이 고개를 끄덕끄덕하게 만든다. 그럼 두려워하지 않으면 어떻게 생각하는가? 무식하다고 생각한다. 무식하기 때문에 질문도 하지 않는다고 생각한다. 내 강의가 훌륭해서, 강의 내용을 잘 알아듣고 소화를 잘 해서 질문이 없는 것이 아니라 제대로 못 알아듣네, 그거야 본인 책임이지 하는 생각을 무의식 중에 갖게 된다. 한 마디로 그들을 무시하는 것이다. '그렇게 수동적으로 앉아서 듣기만 하니 뭘 알겠어? 알아서 판단하셔.' 뭐 그런 심정 말이다.

교사들은 수업이 계획대로 잘 되고, 내가 가르치고자 하는 내용을 열심히 잘 설명했을 때, 아이들이 뭔가 많이 배웠다는 표정을 지을 때, 뿌듯한 마음으로 교실문을 열고 나오는 게 교직의 보람이라고 말한다. 맞는 이야기다. 하지만 어떻게 나날이, 매 시간마다 최고의 수업을 할 수 있는가? 수업에 관한 한 교사들에게는 그야말로 하루하루가 전쟁 같은 나날이고 고민과 고민의 연속이다. 그 수업이 멋지고 좋은 수업인가 아닌가를 가름하는 잣대는 여러 가지다. 일차적으로는 교사와 학생들 사이의 소통과 교감이다. 학생들 눈빛과 표정이 진지하고, 교사의 이야기를 경청하며, 교사의 질문에 힘차게 대답을 잘 한다면 좋은 수업임을 인정할 수 있다. 그러나 질문의 관점으로 보면, 학생들의 경청 못지않게 질문을 통한 참여와 문제제기 등이 얼마나 잘 되었는가도 매우 중요한 잣대가 아닌가 싶다.

오늘날 학생들은 왜, 언제부터 질문을 잊었는가는 이미 앞의 글에서 자세히 밝힌 바 있다. 초등학교 시절만 하더라도 '저요, 저요' 손을 들면서 말을 하고 싶어 안달하던 학생들이 중학교에 올라가면 하나 둘 궁금한 것이 사라지기 시작하고 고등학교에 들어가면 책상 앞에 엎드려 잠을 자고 싶어만 하는 이유. 교실에서 날마다 듣는 '조용히 해라, 정신 차려라, 입 다물어라' 등등의 온갖 '가만히 있으라'라는 말 속에서 주눅이 들면서 어느새 우리 아이들은 질문을 잊어버렸다. 왜 아이들은 이런 말들의 홍수 속에서 살았을까? 교사의 권위와 명령 때문이다. 자기도 모르는 사이에, 아니 어쩌면 그게 아닌데 하는 마음으로 잘 알면서도 전체를 위해서 어쩔 수 없다는 심정으로 침묵과 듣기와 필기만을 강요해온 까닭이다.

이런 마음을, 현장을 바꾸기 위해서 교사에게는 어떤 인식과 노력이 필요할까? '무시'와 '무지' 두 단어를 키워드로 이야기를 풀어나가볼까 한다.

우선 두 장면을 떠올리게 된다. 하나는 〈성균관 스캔들〉의 정약용 발언. 다른 하나는 〈쿵푸 팬더〉에서 작은 사부 시푸가 팬더를 바라보는 시선과 대사부의 충고이다. 하나는 교사 스스로를 돌아보는 말이고, 하나는 학생을 바라보는 관점이나 태도를 일깨우는 말이다.

먼저 〈성균관 스캔들〉.

논어 수업 첫 시간, 교재 대신 요강 단지를 들고 들어간 정약용. 학생들의 첫 질문은 '성적처리를 어떻게 할 것인가'였다. 정약용은 기다렸다는 듯이 요강단지를 내밀며 촌지를 주문한다. 많이 내면 성적 잘 주겠다는 취지다. 학생들에게 성적은 신이 아니던가. 울며 겨자먹기로 학생들은 돈이며 반지 따위를 항아리에 넣는다. 물론 이선준이란 유생은 차가운 표정으로 저게 뭔짓인가 노려보며 반박할 시기를 기다린다.

생각보다 많이 걷힌 촌지. 정약용은 학생들의 성적에 대한 열정에 감동하며 수업을 시작하는데 다름 아닌 마술 수업이다. 자기에게는 이 항아리가 화수분이라며, 항아리에 든 재화들을 가지고 마술 수업을 시작한다. 첫 번째는 항아리에서 붉은색, 파란색 등 형형색색 천을 끄집어낸다. 학생들의 탄성과 박수. 와 신기하네~ 어떻게 저런 일이 가능하지. 다음은 항아리를 덮은 책 위에서 불꽃이 일어난다. 역시 학생들의 반응은 뜨겁다. 마지막으로 주문을 살살 외우는 척하더니 항아리 속에서 사과를 꺼내 던지는 정약용. 아이들의 환호와 박수는 절정에 이른다.

그리고 일이 끝난 듯 주문을 적은 종이를 살피는 정약용에게 이선준 유생이 느닷없이 질문을 한다. '왜『논어』수업 시간인데 귀한 시간을 이런 마술로 보내느냐?'는 문제를 제기한다. 재미없었냐고 학생들에게 너스레를 떠는 정약용. 이선준의 공격이 이어진다. '실학을 중시하는 까닭에 경학과 고전은 필요없다는 건가요?' 하고. '그럴 리가' 하면서 기다렸다는 듯이 반격에 나서는 정약용. 요강 단지를 번쩍 들어올려 바닥에 떨어뜨려 깨뜨리고는 『논어』〈위정편〉의 '군자불기'(君子不器)를 외치며, '군자는 한정된 그릇이 아니라'는 한 바탕 연설을 한다. '학즉불고'(學卽不固), 즉 '배움은 고정된 것이 아닌데 자네야말로 너무 고루한 생각에 사로잡힌 것 아니냐'고 반박한다. 할 말을 잃은 이선준과 학생들. 성균관 유생으로서의 책임을 다하라는 말에 누워서 자고 있던 문재신까지 슬슬 잠에서 깨어나 한마디 던진다.

"꼰대, 제법인데~"

선생을 꼰대로 여겨온 오랜 습관. 정약용도 예외는 아니었나보다. 그러거나 말거나 아랑곳 않고 학생들이 중요시하는 성적을 불러주는 정약용. 처음 성적 이야기를 꺼낸 학생부터 그 짝, 주인공인 김윤식, 문재신 등등 줄줄이 '불통'인데 춘지는 내지 않고 대신 날카롭게 질문을 던지고 문제제기를 한 이선준 유생에게만 '통'을 준다. 모두 놀라 얼떨떨한 가운데 정약용의 말이 이어진다.

"진리는 답이 아니라 질문에 있다."
그리고 바닥에 떨어진 항아리의 사금파리 조각을 집어 들면서
"스승이란 이렇게 쓰잘데기 없는 존재들이다."

나는 굵은 글씨로 강조한 이 세 문장에 오늘날 선생들을 규정하는 교사론, 스승론의 핵심이 담겨있다고 생각한다.

## 교사, 스승과 꼰대 사이에서

우선 학생들은 교사들을 꼰대로 여긴다는 점이다. 뭐 새삼스런 이야기도 아니다. 아버지나 선생에 대해서 꼰대로 여기는 풍토는 어제 오늘의 일이 아니지만, 교사가 어떤 현란하고 멋진 말을 하더라도 학생들에게 무언가를 강요한다면 학생들은 결국 교사를 꼰대 그 이상으로 여기지 않는다. 겉으로는 아무리 존경하고, 순종하고, 말하는 대로 잘 따를지 모르지만 속마음은 아니다.

수업 시간에 〈미생〉을 가르치면서 장그래가 출근 첫날 걸려오는 전화를 제대로 받지 못해 쩔쩔매다가 인턴 선배인 안영이를 찾아가 대신 받아달라고 하고 문제를 해결하는 장면을 보여준 뒤에 학생들에게 이런 상황에서 문제해결 방법이 뭐였느냐 물었다. 답은 절문(切問)과 근사(近思)! 간절하게 생각하고 가까이에서 문제의 해결책을 찾는다. 즉 '가까이 있는 사람에게 찾아가서 묻는다'였다.

학생들이 어려운 문제를 안고 찾아와서 질문을 던진다고 하자. 아마도 대부분 선생님들 반응은 '질문을 왜 하는 거니.' 하는 심경이다. 문제집에, 인터넷 강의에 다 나와 있는 답들을 구태여 나한테까지 물을 필요가 있어? 하는 반응들. 그런 반응 속에서 학생들은 질문을 잃어간다. 그나마 멋있게, 친절하게 대답을 해주면 학생들은 속으로 이런 반응을 보이지 않을까? '꼰대 제법인데.' 하고 말이다.

교직 초창기 내가 고등학교에 첫 발을 내딛던 시절의 어느 학생이 떠오른다. 나는 1학년 전담 교사였는데, 그 학생은 2학년이었다. 교직에 발을 디딘지 2년 남짓, 사실 교육에 대해서도 국어나 문학에 대해서도 문외한이던 시절이었다. 그 학생이 들고온 책은 교과서나 참고서, 문제집은 아니었는데, 여러 가지의 생소한 단어들을 입에 올리면서 질문을 하는 것이 아닌가. 나는 적잖이 당황했다. 대학 시절, 책을 많이 읽지 못한 까닭에 학생이 던지는 질문이 영 생소했기 때문이다. 지금도 잊혀지지 않는 질문은 '로스트 제너레이션'이라는 단어였다.

뚝딱 찾아보니 '일반적으로 제1차 세계대전 후에 환멸을 느낀 미국의 지식계급 및 예술파 청년들을 가리키는 명칭이다. 상실세대(喪失世代), 길 잃은 세대라고도 한다.' 라고 나와 있다.

지금이야 인터넷 검색을 통해 몇 초 안에 찾을 수 있는 문제지만 당시에는 그런 상황이 아니었다. 로스트 제너레이션은 2차 세계대전 후에 마약과 히피와 락 음악으로 대표되는 비트 제너레이션의 선구가 된 세대이다. 하지만 나는 그 단어의 의미를 찾을 근거가 없었고, 쉽게 답을 찾아주지도, 어디가서 찾아야 할지도 알려주지 못했다. 당시 그 말을 처음 접한 나는 얼버무리면서 제대로 대답을 하지 못했다. 나도 찾아보고 말을 해주겠노라고 하고서는 돌려보냈는데, 한 눈에 내 실력을 간파했는지 그 뒤로 그 학생은 다시는 나를 찾지 않았다. 질문에 답을 제대로 하지 못한 교사로서의 부끄러움 때문이기도 하고, 자기 수업 교사도 아닌데 왜 왔는지 모르지만, 찾아와서 질문을 하던 학생의 모습과 자세가 지금도 영영 잊혀지지 않는다.

질문이란 이렇게 강력하다. 한 학생의 질문은 내가 무지 안에 있음을 깨우쳐 주었고 내 자신이 스승이기보다 꼰대에 가깝다는 것을, 아니 꼰대의 한 사람이라는 점을 일깨워주었다. 질문이 다가오는 순간 오히려 그 학생은 나의 평생 스승이었고 나는 평생 잊지 못할 배움을 얻는 제자였다. 그런 학생을 내가 어찌 가벼이 여기고 감히 무시할 수 있겠는가! 철학사를 비롯한 인류의 공부 역사에서 스승을 뛰어넘는 날카로운 질문으로 멋진 업적을 남긴 제자들이 많다. 이들은 아마 서로를 존중하면 했지 꼰대라고, 쪼다라고 서로를 무시하지는 않았을 것이다.

'진리는 답이 아니라 질문에 있다'는 말은 굳이 설명하지 않겠다. 이 책 전부가 그걸 웅변하고 증명하는 책이니까. 이번 주제는 스승에 관한 걸 다루는 중이니 그 다음 말의 의미를 생각해보자.

'스승이란 이렇게 쓰잘데기 없는 존재다.' 라는 말이다.

## 스승은 있다?

강의장에서 이 영상을 틀어주면 이 말이 나오는 순간 교사들의 표정은 둘로 나뉜다. 아니 어떻게 저런 말을! 하는 표정을 짓는 핫한 사람과, 그래 이 시대 교사들이란 게 그렇지 하는 표정을 짓는

쿨한 사람. 과연 이 말을 어떻게 받아들여야 할까.

전통적으로 교사(教師)는 가르치는 사람이었다. 교사의 뜻 자체가 가르침을 베푸는 스승이었다. 교사의 정의를 정확히 하려면 '가르친다는 것은 무엇인가'에 대한 깊은 고찰이 필요하다. 아마 관습적인 해석은 교사 자신이 먼저 배우고 깨달은 것을 후배, 학생들에게 전달하는 것을 말한다. 교사와 학생의 삶과 경험과 생각이 다른데 그게 의미 있을까? 교사가 가르치려는 내용이 그렇게 중요하고 학생들에게도 의미가 있는가? 이런 질문들 앞에서 가르침의 의미는 퇴색하고 교사의 역할을 다시 묻게 된다. 결국 무엇을, 어떻게 가르치는가 그리고 나아가 왜 가르치는가에 대한 질문들이 던져지면 오늘날의 교사들은 가르침에 대해서 성찰하지 않을 수 없다. 명퇴 전쟁, 명퇴 대란이라 할 만큼 많은 교사들이 하루 속히 교단을 떠나려 하는 현상은 이 시대 교사들이 가르침에 대한 회의가 얼마나 깊어졌는가를 웅변한다.

정약용이 말한 '쓰잘데기 없음'에 대해서 잠시 생각해본다. 이른바 장자나 노자의 무위(無爲), 무용(無用)을 연상케하는 이 말은 교사들이 자기 자신의 정체성을 정립하는데 하나의 화두가 된다. 그런 스승을 어디서 찾아볼 수 있을까?

## 중요한 것은 '무지'가 아니라 '무시'다

내가 대학을 다니던 1980년대에는 파울로 프레이리의 『페다고지』 즉, '억눌린 자들을 위한 교육학'이 유행이었다. 국가 권력이나 독재

자로부터 억압을 당하는 상황에서 교육의 역할은 민중의 해방이었다. 민중이야말로 이 땅의 주인이고 민중 스스로 자신의 자유를 찾기 위해 주체적인 자각을 하고, 교육은 민중의 자각에 복무하는 것이 사명이라고 여겨지던 시절이었다. 남미를 중심으로 해방신학, 민중신학 등이 우리나라에 들어오고 교육에서도 그와 비슷한 이론들이 음성적으로 지하 운동권을 중심으로 퍼져나가던 시절이었다. 프레이리 교육학의 핵심은 지식을 암기, 축적하는 은행저축식 교육이 아니라 문제제기식 교육이었지만 그마저도 자각적 실천보다는 계몽과 암기의 대상이 되던 시절이었다.

물론 주류 교육학자로 꼽히는 몇 사람이 있긴 했지만 사회 변혁과 해방이라는 대의 아래 프레이리의 문제제기식 교육론만큼 의미 있게 다가온 이론과 실천 교육학은 달리 존재하지 않았다. 그러나 민중의 자발성을 키우는 자각과 자유화 교육이라도 프레이리의 교육학에는 일정한 한계가 있었다. 대한민국의 현실에서 여전히 교육의 주체는 교사이고 자각을 하는 교육 대상은 여전히 수동적이었다.

21세기. 그럼 2015년에 우리나라에서 가장 주목할 교육학자는 누구인가? 현재의 열기로 봐서는 비고츠키가 선두에 서 있는 것으로 보인다. 구성주의, 비계 등의 교육학 용어를 유행시키며 새로운 교육의 길을 열어가는 중이다.

비고츠키와 별도로 질문과 토론 시대에 어울리는 사람으로 주목할 사람이 바로 정치철학자 랑시에르다. 그가 쓴 『무지한 스승』은 토론과 질문 시대의 새로운 교사상을 그려보게 한다. 랑시에르의 핵심 사상을 소개한다. 그가 말하는 무지란 무엇인가? 소크라테스가 말하는 '무지에의 자각'의 그 무지인가? 일단 '무지'를 뒤로 하고 '무시'를 먼저 다루어보자.

그는 말한다. 교육에서 중요한 것은 '무지'가 아니라 '무시'다! 학생들을 함부로 무시하지 말라는 말이다. 뒤집어 말하면 무시하지 말고 믿어야 한다는 말이다.

'무시'(無視)의 현장이 나타나는 영화로 〈400번의 구타〉와 〈위플래쉬〉, 〈파인딩 포레스터〉 등이 있다. 프랑스의 명화 〈400번의 구타〉나 숀코너리 주연 영화 〈파인딩 포레스터〉에는 직접적인 구타 장면이 나오지 않는다. 그러나 〈위플래쉬〉에서는 남들이 다 보는 앞에서 새롭게 밴드에 들어온 학생(니먼)의 뺨을 여러 차례 때리는 장면이 나온다.

무시에도 여러 종류와 차원이 있다. 〈400번의 구타〉에서는 어린 아이가 숙제를 해왔는데, 선생은 그를 무시한다. 어린아이 주제에 문학적으로 수준 높은 그런 글을 실제로 네가 썼느냐 하는 의심이다. 선생으로부터 무시를 당한 아이는 급기야 학교를 나가고 거리를 방황하다 잘못을 범해 소년원에 들어간다. 물리적인 구타는 나오지 않았지만 이미 정신적으로 심하게 얻어맞은 상태다.

〈파인딩 포레스터〉의 경우에는 무시를 당한 학생에게 그나마 스승이 있어 방황하지 않고 마음의 중심을 잡은 경우다. 이 영화 역시 글쓰기를 가르치는 선생님이 '너 따위가 감히' 하는 마음으로 주인공 흑인 학생 자말의 글솜씨를 얕보고 무시하는 장면이 나온다.

무시의 극단적인 장면이 나오면서 교육적 논란을 일으킨 영화는 〈위플래쉬〉다. 아마 학교를 배경으로 다루면서 이렇게 긴장감 넘치는 영화가 있을까 싶을 만큼 교사와 학생 간에 팽팽한 갈등이 벌어진다. 〈위플래쉬〉는 자기가 추구하는 이상을 향한 열망이 너무 강한 두 사람의 충돌을 다룬다.

갈등의 요인은 바로 템포다. 음악 연주의 속도이자 두 사람의 삶의 속도가 갈등을 일으킨다. 니먼은 세퍼드 음악학교에 갓 들어온 신입생으로 천천히 드럼을 배워나가면서 성장하기를 바라지만 플레처는 다르다. 말 그대로 회초리(위플래쉬)를 들어 몰아붙이면서 경쟁을 시키고 학생이 가진 잠재성을 폭발적으로 발전시키고자 한다.

그는 묻는다. "자네의 템포는 너무 느린가 혹은 서둘러서 빠른가?" 학생이 답을 못하자 뺨을 때리면서 묻는다.

"내가 서둘렀을까, 아니면 질질 끌었을까?"

여기서 존재하는 물음은 폭력적이며 답을 강요하는 물음이다. 상대에 대한 신뢰가 없으니 채찍을 들어서라도 대상을 변화시키겠다는 강압적인 의지가 담겨 있다. 예술의 영역에서는 최고의 경지에 도달하기 위해 그래도 된다고 말할 수 있을까?

내가 서둘렀을까, 아니면 질질 끌었을까?

이 질문은 교사와 학생 사이에 어느 정도의 속도가 적절한가를 묻는 질문으로 보인다. 교사로서의 플레처는 질질 끄는 걸 싫어한다. 명쾌하게 즉문즉답, 속전속결로 문제를 해결하기 바란다. 목표

가 있다면 옆을 돌아보지 말고 올라야 한다고 생각하는 등정주의
자에 가깝다. 산을 오르면서 옆을 둘러볼 필요가 없다. 높은 산에
오르면 되지 어떻게 올랐는지는 중요하지 않다고 생각한다. 그에게
기다림이란 없다. 능력이 안 되면 알아서 자발적으로 물러나야 한
다는 신조를 가졌다.

그가 던진 질문은 회초리처럼 매서웠다. 이 질문에 답을 못하자
이내 손이 올라간다. 자기 운명을, 삶을 저주하도록, 그걸 밖으로
표출해서 소리를 지르도록 만든다. 과연 니먼은 그를 스승으로 받
아들이고 깨달음을 얻었을까?

영화는 자못 도전적이다. 강압적인 선생의 가르침에 견디다 못
한 니먼은 선생을 폭행하고 결국 퇴학당한다. 나아가 그는 그 교수
가 자기 제자들을 괴롭히고 죽음으로 몰아넣은 사람이라는 데 동
의하여 교수직에서 물러나게 만든다.

학교라는 제도 밖에서 다시 만난 두 사람. 플레처는 다시 한번
니먼에게 기회를 주려다가 그가 자기를 몰아낸 주범임을 알고 공
개적인 망신을 시키려 한다. 그리고 밴드에서 몰아내는 것으로 복
수하려 하지만 진짜 복수는 니먼에게서 나온다. 자기만의 템포로
드럼을 연주하면서 스승의 템포를 배신하는, 아니 뛰어넘는 경지를
보인다. 물론 스승은 그의 템포를 존중하고 서로 합하여 선을 이루
듯 영화는 끝나지만 누가 누구의 스승이고 교육의 목표는 무엇이
며 스승이란 혹은 학생이란 어떤 존재인지에 대해서 답을 들려주
지 않는다. 이 영화가 여타의 영화에 달리 새로운 질문을 던지는
순간이고 그게 이 영화의 미덕이라고 생각한다. 플레처가 훌륭한

스승인지도, 니먼이 멋진 예술가인지도 알 수 없다. 하지만 고민을 하게 만든다. 무시와 구타로 훌륭한 예술가를 키워낸다면 그 교육은 좋은 교육인가? 그는 훌륭한 스승이고 니먼 같은 학생은 바람직한 제자인가?

## 질문, '무지한 스승'의 힘

무시에 대해서 통찰을 주는 또 하나의 영화는 〈쿵푸 팬더〉다. 게으르고 뚱뚱하며 공부를 잘 못하는 팬더. 그러나 그는 공부에 대한 열정 만큼은 남에게 뒤지지 않아 세계 최초로 '공부를 사랑해요.'라고 외친 공부의 달인이다. 비록 현재의 쿵푸 실력은 바닥을 헤매고 있으나 잠재력만큼은 둘째 가라면 서러운 그를 대사부 우그웨이가 건졌다.

"너야 말로 용의 전사다!"

주변 모두가 놀랐다. 구경 온 모두는 물론이고 은근히 용의 전사로 뽑히기를 기대했던 이들. 특히 무예가 출중한 5인방인 타이그리스와 맨티스 등의 친구들과 그들을 훈련시킨 작은 사부 시푸는 팬더가 용의 전사로 지명되는 순간 완전히 '멘탈 붕괴'에 빠진다. 아니 저 따위가 무슨 용의 전사야!

겉으로 소리내어 외치지 않았지만 속으로야 무슨 말을 못했을까. 아마도 속앓이를 단단히 했을 것이다. 하지만 어찌 대사부님 명령을 거부할까. 내색은 못하고, 자격도 실력도 없어 보이는 팬더를 가르치기는 싫은데 거역은 못한다. 대사부가 넌지시 건넨 말, '그를 무시하지 말고 믿으라'는 말 때문이다. 아마도 무시가 아닌 믿음으로 훌륭한 교육적 성취를 이룬 가장 극적인 장면이 아닐까 싶다.

왜? 그는 현재만 보지 않고 과거 - 현재 - 미래를 관통하는 삼세의 역량을 본다. 팬더가 담고 있는 열정의 에너지, 잠재력을 보는 눈이 있다. 믿음이다. 보이지 않지만 볼 수 있는 힘, 그게 믿음이다. 무지한 스승에게는 눈에 보이는 현실 너머를 보는 믿음의 힘이 있다. 눈앞만 보는 이들에게는 무시밖에 할 것이 없다.

지금 너 따위의 실력으로 내게 무슨 도전을 하고 질문을 하겠느냐, 이런 마음으로 바라보니 교사 역시 질문을 던지지 못한다. 그저 시험 문제나 대충 만들어서 낼 뿐이다.

무지한 스승은 무지를 깨우는 방법도 예사롭지 않다. 작은 사부의 모의고사에 좌절하고 포기하려는 팬더에게 다가가 그가 진정으로 원하는 작은 소리 하나를 들려준다.

"어제는 히스토리, 내일은 미스테리, 오늘은 프레즌트."

이 말 한마디로 팬더의 눈이 크게 떠지고 공부할 힘을 얻는다. 자기를 돌아보고 내일을 기약하며 오늘을 살게 만든다. 무시가 아닌 무지의 힘이다.

그럼 무지란 무엇인가? 여기서 진정한 무지의 의미를 탐색해보자.

무지와 스승, 이 둘을 관통하는 교사상을 제시한 책이 우치타 타츠루의 『스승은 있다』와 랑시에르의 『무지한 스승』이다. 이 책들을 읽고 난 뒤 질문과 관련해서 내게 든 생각은 '무용(無用)과 무위(無爲)의 질문 그 자체가 바로 선생'이라는 점이다. 무슨 의미인가? 선생이란 '본인의 무지를 바탕으로 제자에게 질문을 던지는 존재'라는 뜻이다. 우그웨이는 팬더에게 어떤 질문을 던졌는가? '어제는 히스토리, 내일은 미스테리, 오늘은 프레즌트(선물)'라는 화두다. '너야말로 용의 전사.'라는 그 말 자체가 팬더에게는 엄청난 질문이다. 누가 봐도 하찮은 찌질이인데 내가 용의 전사라니! 도저히 알 수 없는 질문 앞에서 팬더는 고민한다. 도대체 내가 누구인데 대사부는 나에게 그런 말을 했을까? 아마 '사느냐 죽느냐 그것이 문제'라던 햄릿보다 더 혼란스런 심정으로 고민을 했을 것이다. 스승의 수수께끼 같은 말들이 그에게는 더할 나위 없이 어렵고도 좋은 질문이다. 그게 스승이다. 『스승은 있다』라는 책에서 스승에 대한 날카로운 통찰을 보여준 우치다는 스승에 대한 상으로 세계적인 대문호 나쓰메 소세키의 『마음』과 『산시로』를 인용한다. 일본의 국어교과서에 등장하는 그의 글은 내용도 이상할뿐더러 특별히 뛰어난 문장도 아닌데 왜 자주 언급되는가?

둘의 공통점은 '스승 자체가 수수께끼'라는 것이다. 마치 우그웨이가 수수께끼같은 말을 남기고 신비하게 사라지거나 플레처가 알 수 없는 이상한 방식과 기운으로 니먼을 회초리로 몰아붙인 것처럼, 알 듯 말 듯 알 수 없는 그 묘한 질문이 바로 스승의 모습을 보여준다.

소세키의 『마음』은 유서를 쓰고 자살하는 선생 이야기다. 어떤 무직의 청년이 자기를 존경하며 스승으로 모시는 경지에 이르자 자기는 그런 사람이 못 된다며 죽는다. 『산시로』 역시 마찬가지다. 청년 산시로가 '위대한 어둠'을 별명으로 하는 중년의 남성을 스승으로 삼으면서 성장해가는 이야기다. 도대체 소세키는 무슨 말을 하고 싶은 것이었을까?

스승에 대한 우치다의 말을 인용해보자.

"우리가 경의를 품는 대상은 학생에게 유용한 지식을 전해주는 선생도 아니고, 학생의 인권을 존중하는 선생도 아니고, 정치적으로 옳은 의견을 말하는 선생도 아닙니다.

우리가 경의를 품는 것은 수수께끼 선생님입니다. 혹은 무지의 선생님이라고 말해도 좋을지 모르겠습니다. 오해를 불러일으킬 것 같은 표현입니다만, 이 말은 무지한 선생님이 아니라 나에게는 도무지 이해할 수 없는, 즉 나의 지(知)가 미치지 못하는 무언가를 내포하고 있는 선생님을 가리킵니다."

그에 따르면 소세키에게 스승은 두 가지 의미를 지닌다. '뭐가 뭔지 모를 사람'과 '일종의 채워지지 않는 무언가로 둘러싸인 사람'이다. 그렇다. 스승이란 알 수 없는 그 무엇을 던지는 사람. 그래서 우리가 스승에게 배우는 것은 수수께끼 같은 질문 바로 그 자체다. 질문하는 사람으로서의 스승, 알 수 없는 질문의 생성자로서의 스승. 그야말로 진정한 스승이다. 그는 무지의 존재다. 지의 대상으로 전락하고 지의 영역 안에 들어오고 나면 그는 이미 스승이 아니다. 그야말로 아무 쓰잘데기 없는 존재가 되고 만다. 그게 스승의 본질이고 운명인지 모르지만 그렇다. 이미 그 정도면 후생가외(後生可畏), 이심전심의 경지에 도달한 셈이니까 그렇다.

'텔레마코스의 모험'이란 텍스트를 가지고 무지의 가르침이라는 모험을 시작한 자코토라는 무지한 스승 이야기를 다룬 정치철학자 랑시에르의 스승론도 결국 결론은 하나다. 스승이란, '내가 아는 전문적인 지식의 전수자가 아니다. 학생들을 믿고, 무시하지 않으며, 무지의 힘으로 알 수 없는 세계를 항해하도록 질문을 던지는 자.'이다.

무지한 스승이란 무엇인가? 무지한 스승은 학생에게 가르칠 것을 알지 못하는 스승이다. 그는 어떤 앎도 전달하지 않으면서 다른 이의 앎의 원인이 되는 스승이다.

가르치고 배우는 행위는 기본적으로 스승의 앎이나 학식을 전달하고 설명하는 데 있는 것이 아니라 학생의 지능이 쉼 없이 실행되도록 강제하는 의지에 달려있다. 선생의 의지는 학생의 의지를 강제하지만 그것을 무화시키지 않는다. 스승이 학생에게 갖는 반-권위적 권위 속에서 학생은 그의 지능마저 스승의 지능에게 복종하는 것이 아니라 반대로 책의 지능과 씨름한다. 스승은 학생에게 구하던 것을 계속 구하라고 명령함으로써 학생의 앎의 원인이 된다. 따라서 스승의 의지와 학생의 의지가 관계 맺고 학생의 지능과 책의 지능이 관계 맺는다. 의지와 지능의 관계의 이러한 분리가 지적 해방의 출발점이라고 랑시에르는 말한다.

『무지한 스승』을 옮긴이의 말이다. 여기서 보듯이 스승이란 자기의 무지를 바탕으로 학생의 의지를 키워주고 북돋워주는 이다. 의지의 바탕에는 무엇이 있는가? 믿음이 있다. 자세히 풀어 말하지 않았지만 〈쿵푸팬더〉는 불교 사상을 바탕으로 한 영화다. 누구나 용의 전사가 될 수 있다는 믿음이 깔려 있다. 팬더만이 아니라 세상 누구나 자기 삶의 주인공이 될 수 있다는 믿음. 마치 불가에서 누구나 깨달으면 부처가 될 수 있다는 사상과 서로 통한다. 랑시에르 역시 마찬가지다. 무시가 아니라 믿음을 강조하고, 의지로 그들을 변화시킬 수 있다는 주장 아래에는 불교에서 누구나 깨달아 부처가 될 수 있다는 사상이 자리를 잡고 있다.

그래서 무지한 스승, 그에게는 설명이 없다. 다만 질문을 던질 뿐이다. 말로써? 아니다. 그는 의지로 질문한다. 삶으로, 알 수 없는 그 무엇, 그림자에 둘러싸인 어떤 알 수 없는 신비의 존재로서의 스승이다. 신비의 존재로서의 신비, 질문의 자극으로서의 질문. 그게 이 시대 토론과 질문을 공부하는 자리에선 스승의 모습이다. 고대의 성현에서 미래의 우주까지, 세계는 넓고 우리에게 스승은 많다. 궁금하다. 〈위플래쉬〉의 플레처. 그는 무지한 스승이었을까, 한낱 무시자였을까?

# 3
## 잠시 교과서를 덮어라

### 교실에서 질문이 사라진 이유

깨어 있는 선생님들이라면 질문을 고민하지 않을 수 없다. '모든 시민은 기자다.'라는 모토를 내건 인터넷 신문 '오마이뉴스'에 '아이들은 나의 스승'이라는 글들을 연재하는 광주 살레시오 고등학교 서부원 선생님은 수학 풀이 과정조차 '암기하는' 우리 아이들을 안타까워하며 '질문이 사라진 고등학교 교실'이란 기사를 쓴 바 있다.

우연히 방문한 초등학교에서 질문이 살아 숨쉬는 교실을 보고 자기가 근무하는 고등학교와 비교하면서 안타까움을 토로한 그는 '고등학교 교실에서 아이들의 질문이 왜 사라졌을까?'를 묻는다.

고등학교 교실에서 아이들의 '질문'이 사라진 지는 이미 오래됐다.

초등학교에 견줘 배우는 과목이 몇 배 더 많아졌고 수업시간도 훨씬 길어졌지만, 아이들은 당최 뭘 궁금해 하질 않는다. 호기심이 사라져버린 걸까. 수업을 마무리할 때마다 "수업 내용 중 궁금한 게 있다면 질문하라."라고 말하지만, 늘 메아리 없는 공허한 외침일 뿐이다.(중략)

초등학교 시절 앞다퉈 '저요, 저요'하던 아이들이 대체 언제부터 이렇게 됐을까. 아이들이 초등학교를 졸업하고 중학교를 거치면서 빠르게 수업시간이 '조용해진' 것으로 보인다. 중학교에 근무하는 선생님들의 말을 빌리면, 중학교 2~3학년만 돼도 수업시간에 질문하는 학생들은 손가락으로 꼽을 정도라고 한다.

그러면서 중학교 정도 되면 아이들에게 요구되는 수험용 지식이 너무 많아져, 수업시간에 질문과 답변을 주고받을 시간이 별로 없다고 말했다. 더러는 수업시간 말미에 질문을 하면 짧은 쉬는 시간을 잡아먹게 된다며, 다른 친구들 눈치 보느라 질문을 꺼리는 것 같다고 말하는 이도 있었다. 시나브로 질문이 사라지면서 무조건 '외우고 보는' 학습 문화가 형성됐다.

그리고 보니 '재미있는' 역사 과목을 '지루한' 암기 과목으로 여기는 아이들이 이해되기도 한다. 수업시수에 비해 공부할 내용과 분량이 많다보니, '한가하게' 질문이나 하면서 아까운 수업시간을 허비할 수는 없다고 생각할 수 있지 않을까. 사실 교사 입장에서 일방적인 주입식으로 수업한다 해도 진도를 맞추기가 빠듯한 게 엄연한 현실이다.

현장을 잘 모르는 '책상머리' 관료들이야 쉽게 말한다. 교과서 내용을 교사가 수업시간에 미주알고주알 다 가르치려하지 말고, 아이들이 스스로 공부할 수 있도록 이끌어주면 되지 않느냐고. 그건 수능이든 교내평가든 미래를 좌우할지도 모르는 시험을 준비해야 하는 입장에서 가당치도 않을 뿐더러, 보충수업과 야자에다, 학원수업까지 감당해야 하는 아이들에겐 그럴 시간도 없다.

공부할 분량이 많기도 하지만, 내용마저 어렵다. 그 많은 사건과 연도, 인물과 업적 등을 굳이 다 기억해야 할 필요가 있을까. 비단 역사 과목만의 문제만은 아닐 것이다. 우리나라 중고등학교의 수학이 세계에서 '수준'이 가장 높다는 건 익히 아는 바와 같다. 그래선지 이젠 수학 풀이 과정까지 '암기하는 비법'이 아이들 사이에서 회자되고 있다 하니 더 말해서 무엇할까.(중략)

아이들에게 가장 싫어하는 게 뭐냐고 물으면, 이구동성 첫째가 시험이고, 둘째가 공부라고 답한다. 수업은 교사가 아이들에게 무조건 외워야 할 것들을 안내하는 시간이며, 공부를 한다는 건 그들의 인내력을 테스트하는 행위가 되고만 현실에서 이는 당연한 반응일 수밖에 없다. '질문'이 사라진 교실은 그렇게 완성되었다. (중략)

심지어 초등학교의 교육과정조차 대학입시에 종속된 지 이미 오래라는 건 그도 잘 알 것이다. 또, 그 많은 중고등학교 교과서는 누가 만들었나. '재미있는' 교과서까지는 바라지도 않는다. 각 과목 교과서마다 분량을 대폭 줄이고, 내용을 보다 쉽게 만들어야 한다. 더이상 교과서가 오로지 변별력을 위한 입시의 도구, 곧 아이들을 줄세우기 위한 수단이 되어서는 안 된다.

학교를 졸업한 후에도 버려지지 않고 아이들의 책꽂이에 소중히 보관된 교과서를 보고 싶다. 이따금 다시 꺼내어 읽으며 삶의 지혜를 얻어갈 수 있는 그런 '장서'였으면 좋겠다. 교과서 저자들은 알고 있을까. 수능이 끝나면 분풀이 하듯 가장 먼저 쓰레기통에 버려지는 게 바로 교과서라는 사실을.

　- 서부원, 질문이 사라진 교실

　질문이 사라진 이유가 한두 가지가 아닐진대 한마디로 말하기는 어렵지만 학교 현장에 근무하는 교사 눈에는 훤히 보이는 몇 가지 문제들이 있다. 바로 교육과정과 교과서 그리고 평가 문제다. 질문 교실을 만들어가기 위해 돌파해야 할 3대 과제를 뽑는다면 바로 이 세 가지라고 생각한다. 이들은 직접적으로 질문과 관련된 문제는 아니지만 질문이 있는 교실에 중대한 영향을 끼치기 때문에 이 세 가지에 질문을 던져봄으로써 질문 있는 교실을 만들어가는 디딤돌을 삼아보고자 한다.

## 교과서를 찢을 용기

　먼저 교과서에 대한 기억. 군사독재정권 시절이던 80년대만 하더라도 국정 교과서는 의식 있는 교사들에게 악의 축이었다. 지금도 기억나는 시가 있다.

　내 몸집보다 무거운 가방을 들고
　나는 오늘도 학교에 간다

심한 다리를 절룩거리며

무엇이 들었길래 그렇게 무겁니?


아주 공갈 사회책

따지기만 하는 산수책

외우기만 하는 자연책

부를 게 없는 음악책

꿈이 없는 국어책

무엇이 들었길래 그렇게 무겁니?(중략)


얼마나 더 많이 책가방이 무거워져야

얼마나 더 많은 것을 집어넣어야

나는 어른이 되나, 나는 어른이 되나!

- 김대영 초5년생,  내 무거운 책가방


제목은 '내 무거운 책가방'인데 지금 아이들은 이때보다 얼마나 나아지고 달라졌을까. 교과서가 학생들의 의식을 깨우기보다 꿈을 잃어버리게 만들고 현실을 그릇된 시각으로 바라보게 만든다는 비판이었다. 21세기가 되었다. 국가주의를 강요하던 교과서는 사라지고 국정에서 검인정으로 자율화되기는 했지만 여전히 교과서는 내신 성적을 위한 성전 취급을 받는다. 게다가 역사를 왜곡한 한국사 교과서 사태에서 보듯이 교과서는 여전히 권력의 입김에 따라 변질될 위험이 있다. 교과서는 꼭 필요한 것일까? 다양화, 자율화 시대에 교과서가 굳이 필요할까? 이제 교과서는 예시 정도로만 보여지고 교사 스스로 다양한 제재와 주제가 있는 글들을 선택해서 공부할 수 있도록 해야 한다.

아직도 답답하게 진도를 빼야하고 시험을 위해서 존재하는 교과서를 보면 〈죽은 시인의 사회〉에 나오는 키팅 선생님이 생각난다.

본격적인 문학 수업 첫 시간, 프리차드 교수의 〈시의 이해〉라는 책을 교재로 공부를 한다. 시를 완성도와 중요도, 두 가지 기준으로 분석하는 내용을 담은 책이다. 키팅은 열심히 책을 읽히고 설명을 한 다음에 학생들로 하여금 책을 찢어버리라고 한다. 놀라고 당황하는 학생들. '아니 어떻게 책을 찢을 수가 있지' 하는 표정들이지만 그중 한 친구가 과감하게 책을 찢으며 선생님의 뜻에 따르자고 하자 비로소 나머지 학생들도 다 같이 책을 찢기 시작한다. 용기다. 교과서는 성전이라는 고정관념을 깨는 파격이다. 우리에게는 왜 이런 용기가 없을까. 나는 가끔 농담처럼 학생들에게 이야기를 한다. '내가 교직을 그만두기 전에 꼭 해보고 싶은 일이 너희들과 함께 교과서를 과감하게 찢어보는 일'이라고.

키팅 선생님이 교과서를 찢으라고 한 이유는 책 내용을 부정하기 위함만은 아니다. '죽은 시인의 사회'라는 동아리에서 추구하는 낭만과 자유와 열정을 학생들에게 가르쳐주기 위해서다. 시를 머리로 분석만 하지 말고 가슴으로 느끼라는 뜻이다. 한편으로는 시의 내용 이해나 감상에만 초점을 맞춘 교과서를 찢을 수 있는 용기야말로 시 공부의 첫걸음이라는 상징적 의미를 보여준다. 마치 강을 건너면 뗏목을 이고가는 것이 아니라 과감히 버려야 하듯이 죽은 지식과 결별하라는 뜻이다.

나는 80년대 대학 시절 총기독학생회(SCA)라는 동아리 활동을 했다. 총기독학생회는 간디나 함석헌 선생의 뜻을 따르는 사람들이 모인 동아리였다. 엄혹한 군사독재 정권 시절. 화염병과 돌을 던지는 운동권은 아니었지만 비폭력 사상을 바탕으로 부조리한 사회의 개혁에 참여하는 활동을 하는 기독교인 모임이었다.

당시에는 남미의 해방신학과 우리나라의 민중신학이 퍼져나가면서 예수를 해방자로 따르던 시절이었는데, 어느 날 저녁 예배를 드리는 시간이었다. 예배라고는 하나 여느 교회에서처럼 목사나 전도사가 설교를 하는 것은 아니었고, 당시 읽었던 책들을 바탕으로 선배들이 후배들에게 좋은 말씀과 경험을 들려주는 시간이었다. 지금도 잊혀지지 않는 예배가 있다. 보통 때처럼 모여서 기도하고 좋은 말씀을 나누는 시간이었다. 사회학과의 한 선배가 좋은 말씀을 들려주고는 예배 말미에 성경책을 태우자고 했다. 당시 대학가를 휩쓸던 수많은 보수적이고 복음주의적이던 기독교 동아리와 다르기는 했지만 그렇게까지 파격일 줄은 몰랐다. 김지하의 『금관의 예수』 같은 희곡이 공연되고, 김민기의 '오 주여 이제는 여기에'나 민중 성가 '혀 짤린 하나님' 같은 노래가 불려지던 시대이기는 했다. 하지만 아무리 사회가 어둡고 참혹하게 민중들을 억누르는 시대라고는 하지만 성경을 불태운다는 것은 쉽게 상상하고 행동할 수 있는 일은 아니다. 나는 지금도 그 선배가 예수의 뜻을 거역해서 그런 행동을 했다고 생각하지 않는다. 마치 키팅이 교과서를 찢듯 정전, 성경이라는 일종의 고정 관념을 깨기 위한 방편이었다고 생각한다. 어쩌면 저항과 해방의 상징인 예수의 뜻을 가장 잘 실천하는 모습인지도 모른다. 예수는 인간을 억압하는 율법을 깨고, 제대로 해방된 인간을 추구하기 위해 율법을 부정하기보다는 완성하러 왔다고 했다. 교과서를 찢고 성경을 불태우는 일이야말로 어쩌면 가장 예수다운 삶인지도 모른다.

수많은 선생님들이 애써 고생해서 만든 교과서 자체를 부정하고 싶은 마음은 없다. 다만 교과서를 성경과 율법처럼 강요한다면 그건 올바른 교육이 아니다. 성경만 하더라도 우리에게 무수히 많은 질문을 던지는 책인데 성서를 마치 인생의 해결사이고 정답처럼 여기는 순간, 그 책은 타락한 악마의 책이 되어버린다. 질문 교실에서 교과서는 더 이상 정전이 아니어야 한다. 아니 하나의 정전이 없어야 한다. 성경과 교과서도 새로운 인식과 상상의 매개체이지만 얼마든지 비판받고 부정될 수 있는 하나의 견해로 이해되어야 한다. 단지 상징적으로가 아니라 실제적으로. 그런 점에서 질문이 있는 교실에서의 교과서는 서부원 선생님 지적대로 수능과 함께 쓰레기통으로 버려질 책이 아니라 평생 누군가의 책꽂이에서 두고두고 인생의 지침서가 되는 뜻깊은 책들이어야 한다. 교과서가 절대 군주처럼 교사와 학생들의 사고를 옥죄던 시대, 교과서에 대한 해방감을 주던 시, 바다가 보이는 교실을 그려본다.

-첫눈-

잠시 교과서를 덮어라

첫눈이 오는구나

은유법도 문장성분도 잠시 덮어두고

저 넉넉한 평등의 나라로 가자

오늘은 첫눈 오는 날

산과 마을과 바다 위로 펼쳐지는

끝없는 백색의 화해와 평등이

내가 너희들에게 준 매운 손찌검을

너희들 가슴에 칼금을 그은 편애를

스스로 뉘우치게 하는구나

잠시 교과서를 덮어라

순결의 첫눈을 함께 맞으며

한 칠판 가득 적어놓은

법칙과 법칙으로 이어지는

죽은 모국어의 흰뼈를 지우며

우리들 사이의 먼 거리를 하얗게 지우자

흰 눈발 위로 싱싱히 살아오는 모국어로

나는 너희들의 이름을

너희들은 나의 이름을

사랑과 용서로 힘차게 불러 껴안으며

한몸이 되자

한몸이 되어 달려나가자

- 정일근, 바다가 보이는 교실 9

## 문제집과 드라마의 경계를 지우자

다음은 교과서를 버리거나 새롭게 배치하는 교육과정 재구성 문제를 다뤄보자. 2015년 나는 고3 수업 담당 교사 1년 동안 〈미생〉으로 수업을 진행했다고 했다. 여러 이유가 있다.

한 마디로 〈미생〉에는 좋은 질문이 너무 많다. 물론 좋은 질문이 어찌 미생에게만 있겠는가. 좋은 텍스트는 수많은 질문거리를 던져준다. 〈미생〉도 그중 하나다. 뛰어난 질문이 많은 텍스트다. 고3 수업을 1년 동안 〈미생〉으로 한다니, 그게 가능한가? 일단 고3 수업을 〈미생〉으로 하는 것 자체가 학생들에게 던지는 충격적인 질문이다. 독서와 문법, 화법과 작문, 문학 등 수능 시험에서 다루어야 할 과목과 내용이 코앞에 있는데 한가하게 〈미생〉을 공부하다니! 나는 이렇게 질문을 던지는 것으로 학생들의 독서 공부를 시작하였다.

문제집이야말로 가장 비질문적인 책이기 때문이다. 왜? 이미 답이 정해져 있으니까! 그것도 다양한 해석의 여지가 아니라 4개의 오답과 하나의 정답이 박혀 있기 때문이다.

나는 학생들에게 '미생'을 통해서 새로운 질문을 던지고 싶었다. 마치 하루키가 작품을 쓰는 일은 독자와 저자와의 관계에서만이 아니라 그 사이에 '장어(독자들과 소통하기 위한 상징적 매개물)'가 있어야 한다고 한 말과 유사한 의미다. 하루키에게 장어가 내게 올해는 〈미생〉이다.

학생들의 반응은 양극으로 나뉘었다. 미생을 통해 인생의 의미를 성찰하고 자기 자신을 돌아보며 우리 사회의 여러 가지 문제점과 본인이 겪을 문제점들을 바탕으로 현재의 삶을 더 열심히 살아갈 수 있다는 의견이 있는가 하면, 고3인데 수능 문제를 하나라도 더 풀어주었으면 좋겠다는 의견도 있었다. 그런 불안한 심정이 학부모들에게 전달되어 1, 2학년도 아닌데 3학년 수업 시간에는 제발 문제를 풀어달라는 요청도 있었다. 물론 미생 수업에 긍정적인 반응을 보이는 학부모들도 적지 않았지만 끝까지 〈미생〉 수업을 진행하기에는 역부족이었다.

중간고사 기간이 되어 자연스럽게 1분기 〈미생〉 수업은 4회에서 마무리되었다. 장그래와 한석률이 한 팀이 되어 피티 면접을 마치고 서로 물건을 파는 과정에서 극적인 대화가 오고가는 부분까지로 〈미생〉 1라운드를 마쳤다. 〈미생〉이 나름 좋은 텍스트였기 때문에 어느 정도 학부모와 교사가 서로 상대의 의견을 존중하는 선에서 정리가 되었다. 아직 우리 현실에서 드라마가 문제집을 대신하기에는 한계가 많다.


몇 가지 생각을 해보자. 고3 수업인데 왜 문제집을 안 하고 〈미생〉 드라마를 보는가. 그것도 매주 한 시간. 그래도 괜찮은가? 아마 고3 수업을 해본 경험 있는 대부분의 선생님들은 그게 가능한가? 하고 반문할 것이다.

나는 태생적으로 문제집을 싫어했다. 지난 교직 생활 동안 고3 수업을 절반 정도 했지만 문제집 수업은 거의 해본 적이 없다. 국어 교과는 화법과 작문, 독서와 문법이란 이름의 과목으로 화법이나 글쓰기, 독서, 문법 등을 가르친다. 교과서 진도는 발췌해서 필요한 부분만 다루고 나머지는 학생들에게 도움이 될 만한 문학 작품이나 비문학 읽기 자료를 나누어주고 같이 읽고 토론하고 글을 쓰는 활동을 했다. 반응은 앞서 소개한대로 〈미생〉 수업을 할 때와 크게 다르지 않았다.

교사, 학생, 학부모 할 것 없이 교육방송에 장악당한 채 거기에 나오는 문제를 풀어야 하는 획일적인 교육과정, 심지어 교과서조차도 형식적으로만 다루어야 하고 쓰지도 않는 교과서를 사고팔아야 하는 교육과정 운영이 질문을 막는 장벽이다. 정답이 있고 학생들을 정답에 길들이는 교육이야말로 얼마나 반교육적인가! 그런데도 모두가 알면서 모르는 척 의식된 무지를 발휘하여 파행이 정상인 양 운영된다.

교육과정을 주체적으로 재구성하는 사례를 제시하기 위해 약간은 나만의 극단적인 예를 들었다. 모두가 이런 식으로 파격적인 교육과정을 운영하라는 건 절대 아니고 교육과정 자체를 좀 더 자율적이고 능동적으로 운영하는 용기와 지혜가 필요하다는 것이다.

그러기 위해 동교과 선생님들끼리의 소통과 숙의가 중요하다. 우리 학교 국어선생님들은 1학년 국어수업 시간을 이렇게 보낸다. 전국국어교사모임에서 독서 교육을 왕성하고 활발하게 하시는 '물꼬방' 선생님들의 '교사가 지치지 않는 독서 교육'을 본받아 일주일에 한 번은 학생들에게 35분 정도 책을 읽히고 나머지 시간은 독후감이나 서평을 쓰는 시간으로 활용한다. 혼자서 하기 어렵지만 같이 논의해서 의견을 모으면 얼마든지 가능하다. 독서 시간이 부족한 학생들에게 스스로 읽고 생각하고 쓰는 시간을 주어 사고력과 글쓰기 능력을 향상시킨다.

동교과 선생님들 뿐만 아니라 타교과, 교과 간 융합 수업을 위한 재구성도 필요하다. 서울시 교육청이 추구하는 질문이 있는 교실 안내를 위한 자리에서 임유원 장학관이 이런 말을 했다.

초등학교 중학교 선생님들은 어느 정도 수업 혁신이 가능한데 고등학교는 정말 어렵다. '교직에 대한 전문성 신화'와 '교육과정에 대한 무지'가 문제다. 자기 과목에 대해서 가진 지엽적인 지식을 가르치는 게 그리 중요한가? 우린 그동안 교사가 전문적인 지식을 가르치는 게 교사의 권위인 것처럼 여겨왔다.

중등교사는 자기 교과 시수 외에는 거의 관심이 없다. 교육과정 방향과 재구성에 대해서는 자폐병적 수준의 벽을 쌓고 있다. 이러한 무관심과 교과상 분절을 넘어서는 방법은 없을까? 어느 학교에서 수업 공개한 것을 참관하면서 가슴이 뛰는 작은 변화의 희망을 느꼈다.

2학년 사회과 5교시 수업인데 동교과 선생님들 시간표를 바꾸어서 참관하게 하지 않고 그 반 수업에 들어오는 선생님들이 참관을 하도록 한다. 국, 영, 수, 체 등 2~5반에 들어오는 선생님들인데 그분들에게 한 가지씩 과제를 준다. 학생들을 모둠으로 나누어 수업할 때 한 사람이 한 모둠을 맡아 아이들을 관찰하고 기록하는 일이다. 예를 들어 수학 선생님이 한 모둠을 맡아서 관찰하면서 자기 시간에 보이던 반응과 어떻게 다르고 참여하는지를 정리한 다음에 다

같이 모여서 연구 발표를 한다. 자기 시간에 자던 아이가 사회 시간에는 어떤 모습으로 있고 어떻게 흥미를 보이고 반응하는지 공유한다.

동교과 선생님들이 교사가 수업을 어떻게 잘 하는지 평가하는 것이 아니라 학생들이 어떻게 움직이는지 보는 것이다. 물론 교사의 전문성이나 수업 디자인도 중요하지만 수업 자체가 교사 중심이 아니라 학생 중심으로 패러다임이 변하는 걸 보면서 새로운 변화구나 하는 마음이 들었다.

-임유원, 〈질문이 있는 교실 설명회〉


그만큼 고등학교에서는 교육과정 재구성이 어렵다는 말이다. 질문이 있는 교실을 위해서는 교사들이 교육과정에 대한 이해와 재구성의 노력이 필요하다. 교과서와 마찬가지로 교육과정 또한 절대적인 것이 아니다. 전문적인 지식을 가르쳐야 한다는 교사로서의 권위를 내려놓고 학생들이 참여하고 동교과 혹은 타교과 선생님들과 함께 하는 융합 수업, 프로젝트 수업 등을 다양하게 운영할 필요가 있다. 질문은 낯선 곳에서 나오고 새로운 감각과 자극이 창의성을 불러온다. 교육청도 나름대로의 지원과 협력이 필요하고 이미 많은 혁신학교에서 시행하는 배움의 공동체를 참고할 필요도 있겠다.


## 새로운 평가 철학을 찾아서


대학 입시를 폐지할 수만 있다면 얼마나 좋으랴. 서울대를 해체하거나 프랑스처럼 보통의 국립대학으로 평준화해서 학벌 체제를

없앨 수 있다면. 경쟁과 서열을 위해 교육이 존재해야 하는 어처구
니없는 상황 속에서 질문은 어떻게 가능할까? 평가에 대해서 많은
고민과 연구를 해온 이형빈 선생님은 평가 철학을 새롭게 정립하
자면서 다음과 같은 일화를 소개한다.

　　강수돌 교수의 저서 『나부터 교육혁명』에는 이런 이야기가 나온
다. 미국의 어느 학교에 인디언 아이들이 전학을 왔다. 시험 시간,
백인 아이들은 다른 아이들이 자기 답안지를 보지 못하도록 책상
가운데 책가방을 올리면서 시험 치를 준비를 했다. 그런데 인디언
아이들은 책상을 돌려 둥그렇게 모여 앉는 것이 아닌가? 선생님은
"지금 시험을 볼 건데 뭘 하고 있는 거야?"라며 야단을 쳤다. 그러자
인디언 아이들은 무슨 영문인지 몰라 어리둥절해하다가 "선생님, 저
희들은 어려운 문제가 있을 때마다 함께 도와가며 해결하라고 배웠
어요."라고 대답했다.
　　이와 유사한 일은 핀란드에서도 일어나고 있다. 2007년에 방영된
〈MBC 스페셜 - 열아홉 꿈의 교실, 제2부 '꼴찌라도 괜찮아'〉에 나
온 내용이다. 시험 시간이 되었는데도 핀란드 학생들의 얼굴에는
여유가 넘쳤다. 책상을 시험 대형으로 맞추지도 않고 그냥 그 자리
에서 문제를 풀었고 먼저 문제를 다 푼 학생들은 답안지를 선생님
께 제출하고 교실 밖으로 나갔다. 그런데 한 학생이 선생님에게 이
문제를 어떤 방식으로 접근하면 되냐고 질문을 했다. 선생님은 그
학생에게 문제에 접근하는 요령을 설명했다. 게다가 그 학생이 잘
못된 답을 적으면 다시 한 번 생각해보라고 일러주기까지 했다. 그

런데도 항의하는 학생은 한 명도 없었다. 우리로서는 상상하기 어려운 풍경이다. 대학이 평준화되어 있고 학생의 성적표에는 점수만 기재될 뿐 등수가 기재되지 않는 핀란드이기에 가능한 일이다.

- 이형빈, 국어 평가 혁신의 철학과 원리

이형빈 선생님은 이 글에서 평가의 원리가 바뀌어야 한다고 강조한다. 법령과 지침이 교육과 평가의 취지를 오히려 방해한다면 그것을 개정하려는 노력을 기울여야 한다고 말이다.

평가의 방향은 어떻게 바뀌어야 할까. 크게 보아 상대 평가에서 절대 평가로, 양적 평가에서 질적 평가로, 결과 중심에서 과정 중심으로, 일제식 평가에서 교사별 평가로 그리고 결론적으로 학생의 성장과 발달을 돕고 수업혁신을 유도하는 평가로 나아가야 함을 주장한다.

인디언이나 북유럽처럼 비교와 탈락이 목적이 아니라 서로가 성장을 중시하는 평가는 불가능한가? 절대평가와 상대평가를 오락가락 하면서 학생들을 괴롭혀온 한국의 평가 체제는 어떻게 바꾸어야 하는가? 객관식 문제만 나오면 다양한 사고력을 급속히 잃어버린 채 정답 찾기에 골몰하는 한국 교육의 문제점은 또 어떠한가? 스님, 목사 승진은 물론 교사 선발과 장학생 선정까지 한국의 평가 체제는 왜 그리 경쟁에 목을 매어야 하는가?

병은 병균을 가두고 보는 현미경이라는 말이 있다. 심지어 예수조차도 자기 눈의 들보를 먼저 보라고 하면서 다른 사람을 평가,

단정하지 말라 했거늘 왜 한국의 교육은 평가를 즐겨하고 줄세우기를 강요하는가? 우리와 먼 나라 이야기지만 탈락과 배제를 목적으로 하지 않는 북유럽의 평가 문화와 상상력을 배울 필요가 있다.

평가 체제를 개혁하려는 공동의 지혜와 노력이 시급하다. 주입식, 암기식, 결과 중심의 정답 있는 평가가 질문 교실을 막아온 주범 중의 하나라는 점을 잊지 말자. 평가의 주체는 교사다. 평가권이 온전히 자율적으로 교사에게 주어져 학생들이 실제 수업 시간에 얼마나 주체적으로 열심히 배움 활동에 참여했는가를 바탕으로 평가가 이루어진다면, 학생들이 수동적으로 지식 습득에 길들여지지 않고 스스로 문제를 던지면서 더불어 같이 해결책을 찾아나가는 살아 있는 질문 공부가 가능하지 않을까.

교과서, 교육과정, 평가 이 셋은 질문이 있는 교실을 만들어나가는 중요한 열쇠다. 창의적이고 혁신적인 교육의 변화를 위해 공동의 지혜를 찾아나가자.

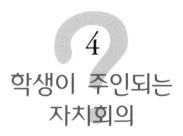

# 4
# 학생이 주인되는
# 자치회의

## 조희연 교육감이 보내온 편지

2015년 학기 초 편지를 받았다. 발신자는 조희연 서울 교육감이다. 내용을 음미하면서 찬찬히 읽어보고, 자세히 살펴보자.

왜 보냈을까? 의례적인 계절 인사의 편지일까? 아니면 강한 의지를 가지고 어떤 정책을 실현해보겠다는 다짐과 협조 요청의 편지일까? 내용은 좋은데 현실성은 있을까?

사랑하는 서울의 학생들에게

안녕하세요, 서울특별시교육감 조희연입니다.
새 학년 첫 날, 여러분들은 어떤 마음으로 교문을 들어섰는지 무척 궁금합니다. 새 담임선생님은 누구실까, 친한 친구와 같은 반이 되었을까, 여러 가지 기대로 설레는 마음이었을 것 같네요. 저도 여러분들만큼 기대에 찬 마음으로 3월을 시작합니다. 어서 우리 학생들을 만나러 학교를 찾아가고 싶고, 여러분들의 희망사항을 하나하나 새겨듣고 싶습니다. 여러분과 함께 '질문이 살아있는 교실', '우정이 넘치는 학교'를 만들어 가는 일은 세상에서 가장 신나고 보람 있는 일인 것 같습니다.

*올해는 여러분이 학교의 주인이 될 수 있도록 돕겠습니다*

저는 여러분들이 비록 나이는 어리지만 어엿한 한 사람의 시민이라고 생각합니다. 자신의 중요한 문제들을 스스로 결정할 수 있는 권리와 책임을 가지는 존재라는 뜻입니다. 그래서 여러분을 '자기결정권'을 가진 '교복 입은 시민'으로 대우하려고 합니다. 혹시 여러분이 해야 할 일을 부모님이나 어른들이 대신 해결해 주시지는 않는지요? 작은 일이라도 스스로 생각하고 판단한 후에 어른들과 상의해서 결정한다면, 여러분은 바로 자기 삶의 주인이 됩니다. 스스로 결정해 본 경험은 고비를 겪을 때 좌절하지 않고 문제를 해결해 나갈 수 있는 힘이 됩니다. 나아가 다른 의견을 가진 친구들과도 진지하게 생각을 나누고 조율하는 능력을 길러야 되겠지요. 여러분들이 자기결정능력을 기를 수 있도록 저도 최선을 다해 돕겠습니다. 올해는 학교 축제를 열거나 학교규칙을 정할 때 회의를 통해 모든 친구들의 의견을 모아 결정해 보면 좋겠네요. 여러분의 학교생활과

밀접한 관련이 있는 일을 결정할 때는 학교운영위원회도 참관할 수 있습니다. 학교에 토론 동아리를 많이 만들도록 도울 예정이며, '학생참여예산제'라는 제도도 새로 도입했습니다. 학생자치와 관련된 일에 여러분이 직접 의견을 내고 예산을 자율적으로 사용해 보도록 시도하는 제도입니다.

이번에 '9시 등교를 할 것이냐'에 대해 모든 학교에서 토론을 했을 것입니다. 중고등학교에서는 학생들의 의견을 50% 이상 반영해서 등교시간을 결정하도록 했어요. 여러분은 얼마나 적극적으로 참여했나요? 여러분이 의견을 말하고 한 표를 행사해서 결정에 참여한 순간, 이미 학교의 주인이 된 것입니다.

앞으로도 이와 같이 여러분에게 중요한 일에 대해서는 여러분들이 스스로 판단하고 결정해 볼 수 있는 기회를 더 많이 만들려고 합니다.


*몸과 마음의 힘을 길러 봅시다*


무엇보다 여러분이 새 학년을 건강하게 보내면 좋겠습니다.

일찍 자고, 밥도 잘 챙겨 먹으면서 운동도 열심히 하기 바랍니다.

흠뻑 땀에 젖도록 뛰고 나면 몸과 마음에 힘이 솟는 기분, 모두 느껴봤지요? 특별히 여학생들에게는 운동을 싫어하지 말라고 부탁합니다. 올해는 모든 여학생들이 신나게 운동을 할 수 있도록 새로운 운동을 많이 보급하려고 합니다. '여학생 신나는 체육 프로그램'을 줄여, '여신' 프로그램이라는 재미있는 이름을 지었답니다. 한 번에 모든 학교를 지원할 순 없지만, 실내 체육관이나 탈의실도 꾸준히 늘려나가 여러분이 편하게 운동할 수 있는 환경을 만들려고 합니다.

*여러분은 세상에서 가장 소중한 단 하나뿐인 존재(Only One)입니다*

위대한 예술가 미켈란젤로가 바위덩어리를 쪼고 있을 때 누군가가 물었습니다.

"무엇하러 그런 흉한 바위에 시간을 낭비하는 겁니까?"

미켈란젤로는 이렇게 대답했다고 합니다.

"이 바위 안에 갇혀있는 천사를 보았습니다. 그 천사를 꺼내려고 애쓰는 중입니다."

여러분 한 사람 한 사람은 이 세상에서 단 하나뿐인 가장 소중한 사람입니다. 다듬어지지 않은 자신의 바위 속에 천사와 위대한 인물이 들어있습니다. 자신 속에 숨어있는 좋은 점을 찾아 하루 한 가지씩 칭찬해 주면 어떨까요? 생각보다 훌륭한 점이 많다는 것에 스스로도 놀라게 될 것입니다.선생님과 부모님, 어른들이 옆에서 여러분의 도전과 시행착오를 도와줄 것입니다.

우리 학생 여러분, 여러분을 사랑하고 언제나 응원합니다, 힘내세요!

2015년 3월 2일

서울특별시교육감 조희연 드림

진정성을 담은 교육감의 목소리가 들린다. 질문 있는 교실과 우정 있는 학교를 만들겠다는 의지도 강하게 느껴진다. 미루어 짐작건대 작년에 있었던 세월호 사건의 아픔을 반복하지 않기 위해, 어떤 어려운 상황이 오더라도 자신들의 문제를 스스로 생각하고 주체적으로 결정하는 힘을 기르는 것이 중요하다는 판단 속에서 나온 정책의 방향 같아서 반가웠다. 문제는 학교 현장이다. 교사, 학생, 학부모의 의식이 어떻게 달라지는가가 중요하다. 가능할까?

## 소통과 협력을 위한 토론과 회의 진행법

새 학기 시작과 함께 보낸 이 편지를 나는 삼 월 중순에야 읽어보았다. 학기 초는 누구나처럼 바쁜 시기이고, 평소 공문과 친하지 않아 접속을 잘 안하는데 다른 일로 시간이 나서 공문함에 들어갔다가 발견했다. 편지를 읽던 그 무렵 이번에는 비슷한 주제로 두 곳에서 연락을 받았다. 위의 취지에 공감하신 영등포 중학교의 조영상 교장 선생님께서 학생들에게 토론과 회의 진행법을 가르쳐달라는 요청을 해오셨다. 평소 독서 및 토론 교육에 남다른 조예와 실천력을 가지고 계신 조영상 교장선생님의 요청이라 기꺼이 가겠다고 했다. 민주주의를 지향하는 토론의 정신과 철학, 다양한 토론 방법들을 가르쳐 본 적은 없는데 토론에 대해서 전문가이니 회의 진행법도 잘 알거라고 생각하신 듯하다. 물론 토론 잘하는 사람이 회의 진행과 안내를 더 잘 하리라는 것은 두 말하면 잔소리다.

사건은 홀로 찾아오지 않는다. 그날 오후 이번에는 우리 학교 기숙사에서 공부하는 고3 친구가 찾아왔다. 무슨 골치 아픈 일이 있는지 머리를 잔뜩 싸맨 채. 이유를 물으니 회의 진행에 대해서 도움을 요청했다.

"왜? 무슨 일이라도 있니?"

"지난 주 생활관 친구들이 전체 회의를 했는데 난장판이 벌어졌어요. 1·2·3학년 70명 정도가 모였는데, 사회를 보는 것부터 주제 정하고 회의 진행하는 법에 대해서 이야기를 나누다보니 거의 싸움이 벌어질 정도로 회의가 혼란스럽게 진행되어서요. 시간이 나시면 저희들한테 오셔서 회의 진행법 좀 가르쳐 주세요."

우리 학교 기숙사가 만들어진 지 7, 8년이 되어가지만 나는 한 번도 기숙사 친구들과 공식적으로 대면해본 적이 없다. 특목고가 생기고 이어서 자사고로, 학생 선발이 재력과 성적순으로 이루어지면서 갈수록 침체되어 가는 일반고인 우리 학교. 기숙사는 주로 성적 우수자들이 들어간다. 이 친구들보다 성적이 더 우수한 학생들은 특목고 자사고로 다 빠져나가고 그나마 성적이 상위권인 학생들만 추려서 기숙사 생활을 하면서 공부를 더 시키기 위한 취지로 만들어진 곳이다. 물론 본인들이 희망해서 단체 생활을 하면서 공부를 더 열심히 하겠다는 뜻을 말리고 싶지 않지만, 나의 교육 목표나 방향과는 영 안 맞는다 싶어서 굳이 기숙사 프로그램에 참여하지 않은 까닭도 있다. 그런데 올해 무슨 변화가 있는 것인지(교육감 편지 영향인가?) 학생들이 회의와 토론을 하는데 어렵다고 도와달라고 찾아왔다.

　내게 부탁을 하러 온 친구는 작년 교내 독서 토론대회에서 준우승도 하고 사회과학 토론 동아리 활동도 열심히 하는 학생이다. 평소 수업 참여도 적극적이고 질문도 많이 하며 쉬는 시간에도 자기 고민을 가지고 대화와 토론을 자주 하던 친구다. 말하는 분위기가 하도 진지해서 "시간을 내어 한 번 가서 도와주마." 하고 대답을 했다. 한편으로 솔직히 말하자면 중학교에서 하는 강의에 도움을 받을 수 있겠다는 생각도 한몫 했다. 그래서 참여한 자리, 아쉬움 속에서 무난히 시간을 마쳤지만 없던 문제의식이 생겼다. 생각보다 회의와 토론에 대한 감각이나 인식이 부족하다고 느꼈다. 약간은 심각하다 싶을 정도로.

　그날 밤 상황은 묘하게 흘러갔다. 일단 저녁 여섯 시 반, 시간 맞추어 찾아가니 이 친구, 내가 굳이 참석하지 않아도 좋을 것 같다는 말을 한다. 헐, 이건 뭐지? 사유를 물으니 우물우물. 원래 1, 2학년만 오기로 했는데 3학년이 참여한단다. (그게 무슨 이유가 되지?) 1, 2학년만 있으면 사회자 선정, 회의 진행의 절차와 순서에 대한 토의를 무난히 할 수 있는데 3학년이 오면 다시 난상 토론의 현장이 재현돼서 내가 있어도 회의 진행이 어려울 거라나? (세상에! 지난 번 토의 과정이 진짜 궁금하네!)

　기숙사에는 사감이 따로 계시지만 기숙사를 운영하는 학교 부서는 미래인재교육부다. 참관만이라도 하면 되지 않냐 물었더니 고민을 하더니 담당부서 선생님들께 말씀을 드려보자고 한다. (그럼 내가 참여하는 건 어떻게 말씀을 드린 거지?) 마음은 복잡했지만, 풀어야겠다는 심정으로 같이 교무실을 찾아갔다. 이런저런 논의 끝에 나의 참관은 가능하고, 3학년들은 전달사항만 받고는 기숙사로 올라가기로 했다. 학생들이 2G폰을 사용할 수 있도록 허락해달라는 요청이 많다는 최근의 주제를 전해주면서. 그냥 돌아갈까 하는 마음이 없지 않았으나 내친 걸음인데, 끼니도 간단히 해결하고 그 시간까지 기다렸는데 물러서고 싶지 않았다. 시간이 되었고 지하 세미나실에서 회의가 시작되었다. 회의랄 것 없이 그동안 익숙하게 보아온 풍경대로 부장 선생님의 일방적인 지시 전달 과정이 짧게 진행되었다. 3학년은 기숙사로 올라가라는 말에 스무 명 남짓 학생들이 썰물처럼 빠져나가고 1, 2학년만 남겨지자 나를 초청한 3학년 학생이 갑자기 회의 지도에 대해서 나에게 사회를 봐달라고 요청을 한다. (허허! 이 친구, 진짜 왜 이러지?)

회의 진행과 구성에 대한 준비는 따로 해가지 않았다. 강의를 할 자리도 아니고 지난 시간에 회의가 잘 안되었다고 해서 그 상황을 파악하고, 문제점을 공유한 뒤에 도움을 주러 간 자리였는데. 그렇다고 물러 설 수 없어 일단 마이크를 잡았다. 아까 부장 선생님이, 학생들이 사용하는 2G폰에 대한 문제제기가 있어서 토의 주제를 삼을 수 있다는 말이 생각이 나서 요청의 배경을 듣고 그걸 주제삼아 토론을 해보기로 했다. 토의와 토론은 좀 다르지만 의사소통과 정책 결정 과정이라는 공통점을 생각하면 아주 엉뚱한 진행은 아니다.

주제의 요지는 이랬다. 학교에서는 기숙사 생활을 하는 학생들에게 스마트폰 사용을 전면 금지한 상태고, 2G폰의 경우 기숙사에 맡겨두고 필요한 경우에만 사감 선생님께 허락받아 사용하고 다시 맡겨두는 상황이었다. 학생들과 부모님은 그게 너무 불편해서 지하 학습실에서 공부하는 야간자율학습 시간에 2G폰 사용을 자유화해 달라는 요청이 많아졌다고 주장했고 그래서 이 주제로 토론을 하자고 요청이 들어 왔다.

40명 남짓의 1, 2학년 학생들은 모두 야자시간 2G폰 사용에 찬성했다. 내게 토의 진행을 요청한 친구와 선생님 한 분이 반대 토론자로 나서 2대 2 대표토론을 했다. 준비 시간을 짧게 준 뒤에 입론과 반론 각각 1회, 그리고 5분 정도의 교차질의와 방청석 토론을 진행했다. 방식은 PMI 토론 방식을 사용했다. 2G폰 사용의 좋은 점(PLUS)과 문제점(MINUS) 그리고 흥미로운 대안(INTERESTING) 찾기 방식이다.

토론의 전문가답게 시간에 맞추어 토론을 잘 진행했다. 전교에서 공부를 꽤 하는 학생들이고 2학년 가운데 토론대회 출신자들도 적지 않은 까닭이다. 대안 부분에서는 의견이 별로 없어 결국 결정은 다음으로 미루고 마쳤지만, 중요한 건 주제토론보다도 토론에 임하는 학생들의 자세나 마음가짐 그리고 참여 의지와 방법이었다.

사회자가 전권을 장악하고 진행하니 별로 튀거나 문제가 될 만한 상황은 없었지만, 그 자체가 문제였다. 아무런 문제없이 무난히 마쳤다는 것. 누군가 앞에서 일방적으로 잘 끌어주면 별 문제가 없지만 그런 구심점 역할을 하는 사람이 없으면 스스로 주인 되어 회의에 적극적으로 참여하거나 전체가 공유하는 논의 진행 과정이 원활하지 못하다는 점. 표면화시키지 않았지만 두어 시간 남짓의 토론을 마치고 나오면서 든 느낌은 암담함이었다. 국영수도 좋고 일류대도 좋지만 이 정도의 의사소통 능력을 가지고 과연 어느 대학 무슨 과에 가서 자기가 원하는 공부를 한다는 말일까. 공부를 하기는 하는 걸까? 아니 공부 자체가 무엇인지 알기는 알까? 이런 답답한 마음이 제대로 된 회의·토의 교육의 필요성을 더욱 절감케 했다. 여기까지 긴 서론을 쓰는 까닭이다.

이런 사정이 있었으니 나에게 도움을 요청한 위의 학생을 무모하고 개념 없는 학생으로 오해하지는 말기 바란다. 그 친구의 고민은 내게 사전에 보내준 제안서에 빼곡하게 담겨 있다.

[생활관 토의]

3월 17일

'생활관 내 토의'는 생활관생들과 선생님들이 대화를 통해 서로의 입장을 이해하고 생각을 나눔으로써 겸양을 실천하는 동시에 합리적인 결론에 도달할 수 있도록 마련되었습니다.

1. 진행 순서
 1) 토의의 목표 정하기
 2) 토의 진행 절차 및 규칙 정하기
 3) 다음 토의 안건 및 계획

2. 토의 인원

 1) 토의 참가자

 가) 1학년 대표 1명 (18명 대표)

 나) 2학년 대표 1명 (26명 대표)

 다) 3학년 대표 1명 (참가여부 토의 필요) (20명 대표)

 라) 미래인재교육부 선생님들

 2) 사회자 (역할 및 뽑는 방법 토의 필요)

 3) 방청객 : 1), 2) 해당 인원 외 전원

 (단, 위의 1)번은 생활기록부, 현 상황 등을 고려해 이미 저번 토의 때 정해진 사항이기 때문에 추가적인 논의는 자제한다)


3. 토의 준비 과정

 1) 논제 지정

 가) 논제 지정 조건 (토의 필요) : 견해의 충돌이 있어 논의가 필요하다고 판단될 시에, 혹은 선생님들께서 토의가 필요하다고 판단하실 시에 가능하다.

 나) 논제 지정 방법 (토의 필요) : 대표가 의견을 수렴해서 선생님들께 보고한다.

 다) 논제 지정 시기 : 최소 3일 전 (의견 수렴시간 등등 고려)

 2) 자료 조사 (대표가 수령 혹은 필요한 사람만 요청 여부 토의 필요)

 가) 1, 2, 3학년 대표는 자료가 필요할 시에 선생님께 자료 요청할 수 있다.

나) 토의 중에도 필요한 내용에 대한 질문이 가능하다.

3) 논거 확립

가) 생활관 행정 토의인 만큼 최대한 현실적인 대안을 마련해야 한다.

나) 합의점에 도달할 때 결론이 난 것으로 고려한다. (토의 필요)

다) 토의이기 때문에 입장을 고수해야 할 필요가 없고, 토의 내에서도 입장을 바꿀 수 있다. (단, 합당한 이유에서 비롯되어야 한다.)


4. 토의 진행 절차

1) 토의 참여자 역할 분담

가) 사회자 : 토의의 전반적인 진행, 토의 내에서 중복질문 및 불필요한 발언 발생 시 제재를 가할 수 있다. (사회자 선출 방법 토의 필요)

나) 대표 : 각 팀의 의견 수렴 (의견 수렴 방법 토의 필요) 및 토의에 직접 참여

다) 방청객 : 토의 내에서 의문점 발생 시 질문 가능 (불필요한 질문은 사회자에 의해 제재 가능)

 - 방청객의 질문 시간은 문답 시간을 따로 배정할 계획 (문답 시간 배정 및 방청객 질문 횟수 제한 토의 필요)

2) 토의 진행 절차

가) 1, 2, 3학년의 건의 사항 제시

- 건의 사항은 한 토의에서 하나씩만 제시할 계획 (토의 필요)

나) 선생님의 건의 사항의 현실성 검토 및 의견

다) 학생과 선생님 간의 지속적인 토의를 통한 의견 수렴

라) 방청객의 문답 시간

마) 결론 도출 및 실행

그 외 토의사항 : 전체 토의시간 제한 여부, 결론이 나지 않는 상황 발생 시 대처 여부, 학년 대표 선발 방법, 거부권 여부

## 민주자치, 비법은 있다

위의 학생을 비난하거나 우리 학교 기숙사와 선생님들을 비판하려는 의도는 전혀 없다. 우리 시대 토론 교육의 현주소를 확인하고자 함이다. 위의 사례는 내가 가까이에서 알게 된 하나의 예일 뿐이지만 다른 학교라고 크게 다르지는 않을 듯하다. 물론 학생자치로 잘 알려진 서울 강동구의 선사고를 비롯해서 주체적인 참여와 토론과 회의 문화를 혁신한 일부 학교들을 제외하고 말이다. 내가 초중고를 다니던 시절에도 이보다 더 했으면 더 했지 문제가 덜 하지는 않았다. 그래도 지금은 많이 나아진 편이 이 정도가 아닐까? 교육감이 앞서의 내용과 같은 편지를 보낸 이유가 있지 않을까.

그럼 문제를 어떻게 해결할까? 문제를 만났다고 다 답이 보이지는 않는다. 역사와 전통, 교육과 문화 전반에 얽힌 문제라 하루아침에 풀 수 있는 문제도 아니고. 그래서 방법을 찾아야 하는데 문제

는 비법이 없다는 것이다. 한두 시간 뚝딱 배워서 방법을 찾을 수 있다면 이미 세상이 바뀌어도 한참 바뀌었을 텐데 아직도 대부분 학교에서 민주적인 회의와 토론이 안 되는 걸 보면 쉽지 않다는 뜻 이다. 그렇다고 너무 우울해하거나 비관할 필요는 없다. 그런 문제 를 같이 고민하고 해결하고 배워나가라고 학교가 있는 거니까. 이 제부터 그 방법을 찾아가보자.

자세히 보면 위의 학생이 고민을 토로한 내용에 말하고자 하는 내용이 다 담겨 있다. 고민을 해결하기 위해서는 세 가지가 필요하 다. 참여의 용기, 운영의 지혜, 그리고 합의의 정신이다.


가. 참여의 용기 - 불을 붙여라, 볼륨을 높여라

일반적으로 회의, 토론이 안 되는 이유는 무관심이다. 왜 토론 주제에 열의를 보이지 않고 시큰둥하며 무관심한가? 주요 이유는 두 가지다. 주제 자체에 관심이 없거나 열심히 회의하고 토론했으 나 그 결과가 실제 현실에 반영이 전혀 안 된다는 점.

열정적으로 토론이 잘 되는 경우는 주제가 당사자들의 삶의 민 감한 문제를 건드릴 때다. 학생들의 경우 급식이나 체육대회, 수학 여행, 학교 잔치 때의 프로그램 작성 등 실제 삶과 관련된 문제를 다루면 논의가 활발해진다. 당장 내가 무엇을 먹고 마시고 노는가 와 관련 있는데 관심이 안 생길 리 없다. 역시 토론은 내 삶에 피부 로 와 닿는 문제에서, 공부의 현장에서 출발하는 것이 답이다.

결과의 반영도 회의나 토론 못지않게 중요하다. 토론의 과정을 배우는 것 자체가 목적이 아니라면 중요한 주제 토론, 회의 결과가 탁상공론으로 끝나지 않고 실질적인 반영이 이루어져야 보람을 느낀다. 열 내서 토론했는데, 결과는 '너희들끼리만의 잔치였어.' 이러면 누구인들 맥이 빠지지 않겠는가. 교사들의 회의 문화가 침체되는 이유도 대부분 이런 이유다. 안건을 내서 열심히 회의를 했는데 결론은 이미 교장선생님이 다 내린 상태라면 들러리로 전락했다는 마음에 자존심만 상하기 때문이다. 뿌린 대로 거둔다고 했는데, 뿌려놓기만 하고 거두지도 못한다면 다시 씨를 뿌리고 싶은 마음이 오히려 사라질 테니까.

나. 운영의 지혜 - 비둘기처럼 순결하게, 뱀보다 지혜롭게
한편, 참여의 열기는 뜨거운데 회의는 엉망인 경우도 적지 않다. 역시 이유는 두 가지다.
첫째는 너무 뜨겁기 때문이다. 너도 나도 나서서 말을 하는데 제대로 교통정리 해주는 사람이 없으면 회의가 사공 많은 배처럼 산으로 간다. 적절하게 물을 뿌리면서 과열을 식히고 새롭게 길을 틔워줄 안내자가 필요하다. 모두가 도를 통한 이심전심의 마당이라면 (그렇다면 굳이 회의할 필요도 없다!) 모르지만, 그렇지 않다면 부드럽고 유연하게 회의를 이끌어갈 사회자가 필요하다. 손석희나 유재석 정도가 아니더라도 상황 전체를 판단하고, 다른 사람들로부터 대표로서의 위임을 받으며, 문제의 핵심을 잘 파악해서 같이 이야기를 풀어나갈 수 있는 사회자의 역할이 매우 중요하다.
둘째는 뜨거운 피를 체계적으로 흐르게 할 뼈의 체계가 갖추어지지 않았을 때 혼란이 일어난다.

기독교의 한 분파 중에 퀘이커교도, 무교회주의자가 있다. 이들은 같이 모여 기도를 하다가 누군가가 좋은 말씀이 떠오르면 조용히 일어나 자기에게 다가온 귀한 말씀을 함께 하는 사람들과 나누고 다시 자세를 낮추어 명상에 잠긴다. 서로를 존중하며 자유롭게 의견을 나누면 얼마나 좋을까. 심지어 사회자도 없이. 하지만 이런 경지에 이르지 못한 일반 사람들은 형식을 싫어하면서도 형식이 없으면 서로를 존중하는 온전한 자유를 누리지 못한다. 사회적 동물로서의 인간인 까닭에 규칙과 형식과 법을 만들어 그 안에 갇혀야 편안함을 느낀다.

　따라서 회의의 일반적인 절차, 과정을 사전에 미리 충분히 공유하는 것이 필요하다. 일종의 매뉴얼로 사회적인 약속이다.


　학급 회의는 의장이 개회를 선언하고 학급의례를 진행한다. 학급 행사니 굳이 애국가를 부르는 국민의례까지 할 필요는 없다. 국민의례는 국가적인 행사에서 진행한다. 국가가 국민에게 권위를 부여하던 시대의 산물이라 학급회의 단위에서는 꼭 필요하지 않다. 영화 〈국제시장〉에서 길 가던 사람들이나 부부 싸움 하던 사람들조차 애국가가 흘러나오니까 모든 활동을 중단하고 국기에 대한 경례를 하는 장면이 있다. 권위주의와 국가주의가 국민을 억압하던 시대의 풍경이다. 마음속으로 우리가 함께 살아가야 할 이 나라에 대해서 한번쯤 생각하고 공동체 일원으로서 자신을 돌아보는 것은 좋지만, 그것이 형식적인 절차나 외부의 강제에 의해서 이루어진다면 바람직하지 못하다.

다음으로 '각부 활동 보고'와 그날의 학급 의제에 대한 심의사항을 논의한다. 의제가 미리 선정되어 있을 경우, 회장은 학급 임원들에게 미리 통지하여 안건에 대해 올바른 의견을 준비하도록 한다. 올바른 의견보다 다양한 의견이 좋다. 또 임원뿐만 아니라 학급 구성원 전체가 안건을 미리 알고 그것에 대해 생각해본다면 더 좋은 회의 과정과 결과를 만들어낼 수 있다. 학급의 게시판에 수시로 안건을 게시할 수 있도록 공간을 만들어 같이 고민하고 풀어야할 과제를 공유하는 것도 좋은 방안이다.

다음은 의제 토의와 대립된 의견이 있는 경우 토론으로 이어간다. 질문과 대답 시간을 보내고 찬반 의견이 팽팽하면 대립 토론을 진행한다. 토의 방식은 다양하다. 문제 해결을 위한 다양한 의견 제시의 경우에 누구나 자유롭게 발언하도록 하고 주제나 필요에 따라서 다양한 토의법을 적용한다. 토론은 일방적으로 어느 한 쪽의 사람만 발언하지 않고 양측 의견을 균형 있게 말하도록 한다. 때로는 표결 진행을 하는데, 표결은 출석인원 과반수의 찬성이 있어야 하고, 가부 동수일 때는 회장이 결정한다. 의사 결정의 원칙도 사전에 미리 정해둔다. 대체로 다수결의 원칙을 따르므로 과반수 찬성을 기본으로 하되 예외적인 사항이 있다면 미리 표결 방식을 논의한다.

학교에 대한 건의 사항이 있으면 의견을 수렴하고 더 이상 새로운 의견이 없으면 회의록을 낭독한다.

보통 담임선생님께서 평소 학생들의 자치생활 전반에 관한 지도 조언과 아울러 회의 진행상의 태도나 기능상의 과정을 이야기하면 학생들은 경청한다. 담임선생님은 학생들을 격려하고 조언하는 역할을 한다. 회의의 전체 과정을 경청하고 의견을 수렴하되 학생들의 자율권을 최대한 존중하고 회의 진행이 원활히 이루어지도록 돕는다.

교가 제창으로 학급회의를 마무리하는데 교가 역시 애국가와 마찬가지로 반드시 부를 필요가 없다. 단체를 상징하는 노래들은 규율과 억압으로 작용하는 경우가 많다. 모두가 동의하고 부르고 싶다면 불러도 좋다. 회의는 협동과 단결도 좋지만 자유와 주체성을 기르는 게 더 기본이다. 의장의 폐회 선언으로 회의가 끝난다.

다. 합의의 정신 - 함께 가자 우리 이 길을, 꿈은 이루어진다.

회의를 왜 하는가? 공동의 문제 해결을 위해서다. 공동의 문제란 무엇인가? 함께 공부하고 일하면서 건강하고 즐겁게 살아가는 데 생기는 어려운 문제를 말한다. 한 사람의 힘으로 풀 수 없지만 서로 머리를 맞대고 고민하며 손을 맞잡으면 풀어나갈 수 있는 큰 문제들이 있다.

나 혼자만의 힘은 미약하지만 내가 작은 힘을 보탤 때 나도 느끼지 못했던 큰 힘이 생기고, 나도 그 힘의 일부라는 것을 느낄 때 참여의 보람이 다가온다. 2002년 전 국민이 참여해서 4강의 성과를 이룬 월드컵의 신화를 떠올리자. 함께 꾸는 꿈은 현실이 된다고 하지 않던가. 소통과 협력으로 이루어지는 토론과 학급 회의. 꿈이 아니다. 아니, 꿈은 이루어진다!

# 5

## 노란 테이블,
## 질문에서 실천으로

### 시인, 질문을 사랑하는 사람들

세상에서 가장 수수께끼 같은 말은 무엇일까? 두 가지가 있다. 하나는 불가에서 내려오는 선승들의 화두고 하나는 시다.

'네가 태어나기 전 얼굴이 뭐냐?', '이 뭐꼬?' '뜰 앞의 잣나무!' 등 선승들이 제자에게 던지는 말들은 그 자체가 질문이자 수수께끼이다. 제자들은 스승의 화두를 징검다리 삼아 용맹정진 수행에 들어간다. 질문은 그 자체로의 의미보다 질문이 던져지는 상황, 즉 질문을 안고 끝없이 수행하고 실천하는 데 의미가 있다. 깨달음을 얻는다고 선방에 들어앉아 일년 내내 화두만 공굴리고 있는다면 도가 통하는가? 아니다. 일상생활에서 집착과 욕망을 최소화하고 평상심을 유지하면서 살아가기 위한 치열한 노력, 그 과정을 위해 화두는 존재한다.

그렇다면 시는 어떨까? 범인들은 알아듣기 힘든 시의 세계도, 특히 어렵기로 유명한 미래파 등의 시인들이 보여주는 시의 세계도 불가의 화두만큼이나 알쏭달쏭 어렵기는 마찬가지다. 질문을 다루는 이 책이 시가 무엇이고 시의 효용이나 가치를 논하기에는 어불성설이나 시의 실문적 가치는 고민해볼 만하다.

시인이 시를 쓸 때 무엇을 염두에 두고 쓰는가는 각양각색이나, 적어도 시가 누군가에게 읽혀지기를 바라고, 독자와 소통을 꿈꾸며 나아가 이 세상의 변화에 기여하기를 바라는 바는 이심전심으로 느낄 수 있다. 아무리 소통불가능성과 반사회적 태도를 취하는 시라 할지라도 그 또한 시로서의 운명을 거역하고 배반할 수는 없다. 시의 사명과 목적은 그 목적과 사명을 규정하려는 일체의 상황으로부터 벗어나는 데서 찾아지기에 더욱 그렇다.

지금은 시가 독자 대중과의 거리가 많이 멀어졌지만 1970, 80년대에는 가히 시의 시대라 불러도 좋을 만큼 시인들의 목소리가 힘이 있었고, 세상을 향한 외침과 울림도 컸다. 시대가 어둡고 국민들의 삶이 고달플수록 시는 민중의 아픔을 치유하는 음악이 되고 불의를 불사르는 정의의 화살이 되기도 했다. 자기 목소리가 큰 시는 질문의 기능이 약하지만 당시에도 시는 그 자체로 어두운 시대에 던져지는 하나의 질문이었다. 역사란 무엇인가, 인간이란 무엇인가, 정의란, 사랑이란, 절망이란 등등의 문제를 끝없이 독자들에게 던지는 하나의 물음이었다.

무수한 시들이 존재해야만 했던 이유 역시 선승의 화두와 다르지 않았다. 불가의 화두도 시인들의 시도 결국은 인간 존재의 가치와 정체성에 물음을 던지고 어떻게 살 것인가에 대해서 자문자답을 하게 만드는 하나의 물음표였으니까.

이 세계를 떠도는 무수히 많은 질문의 존재 이유는 바로 존재 자체의 삶을 바꾸는 작은 실천이 아닐까. 질문과 실천을 연결하면서 삶을 바꾸기 위한 길목에 노란 테이블이 있다. 이번에는 시와 노란 테이블의 결합을 통해 질문의 세계를 좀 더 탐사해보자.

시인들은 질문을 얼마나 좋아할까? 그들은 늘 삶과 자연에 의문을 품은 사람들이니 당연히 질문을 좋아한다. 인간 가운데 가장 질문다운 질문을 던지는 사람들이 누구냐 묻는다면 나는 시인이라고 답하겠다. 과학자, 철학자도 질문의 대가들이기는 하지만, 시인 역시 그에 못지않다. 시를 쓰는 사람들이 어떤 느낌과 고민을 안고 쓰는지 모르지만 읽는 사람들은 수수께끼와 같은 암호풀이 속에서 새로운 인식과 정서를 경험하므로, 시들은 그 자체로 인생에 던져진 질문들이다. 그런 점에서 시인들은 늘 질문을 품고 꺼내고 뱉으며 살아가는 사람들이다.

## 질문을 가장 사랑한 시인, 네루다

질문으로 된 시들을 쓰는 시인 중에 가장 질문을 사랑하는 시인을 꼽는다면? 질문 자체가 어불성설일지 모르지만, 그런 시인이 있다. 바로 파블로 네루다다. 칠레의 민중시인으로 노벨상을 탄 혁명

가이기도 한 그는 『질문의 책』이라는 유명한 시집을 남겼다. 시 자체가 질문인데 모든 시를 질문으로만 쓴 초유의 시집을 세상에 남겼다. 그 중 몇 편을 살펴보자.

> 태양은 어제와 같은 것일까
> 아니면 이 불은 그 불과 다를까?
>
> 우리는 구름에게, 그 덧없는 풍부함에 대해
> 어떻게 고마움을 표시할까?
>
> 뇌운(雷雲)은 그 눈물의 검은 부대들을
> 가지고 어디서 오는 것일까?
>
> 작년의 과자처럼 달콤한
> 그 모든 이름들은 어디 있을까?
> (시 9)
>
> 나였던 그 아이는 어디 있을까,
> 아직 내 속에 있을까 아니면 사라졌을까?
> (…)
> 내 어린 시절이 죽었을 때
> 왜 우리는 둘 다 죽지 않았을까?
> (시 44)

문학평론가 정여울은 네루다의 시를 안내하면서 질문에 대한 다음과 같은 멋진 문장을 우리에게 소개한다.

"우리 청각의 한계-인간은 대답할 수 있는 질문만을 듣는다." 니체의 『즐거운 학문』에서 이 문장을 읽고, 불에 덴 듯 뜨끔했다. 대답할 수 없는 질문은 짐짓 못 들은 척 슬쩍 밀어내는 것이 인간의 자기방어 기제일까. 곧바로 대답할 수 없는 질문은 우리를 당황하게 만든다. 대답할 수 없는 질문은 우리를 망설이게 하고, 움츠러들게도 하며, 더 크고 깊은 질문으로 우리를 데려다주기도 한다. 네루다의 시집 『질문의 책』은 이렇듯 우리 청각의 한계를 실험하는 멋진 질문들로 그득하다.(중략)

네루다의 질문은 '질문에 대한 고분고분한 대답'이 아니라 '완전히 새롭게 질문하는 비법'으로 다가온다. '어떻게 하면 그가 날 사랑하게 만들까?'라는 익숙한 질문 대신 '어떻게 하면 그의 상처를 그가 모르게 어루만질 수 있을까'를 고민하는 것은 어떨까. 나는 네루다식 질문법에 기분좋게 감염되어 이런 질문도 던져본다. 내가 올챙이처럼 작은 태아였을 때 나는 무슨 생각을 하고 있었을까? 꼭 아침에 일어나 뭔가 생산적인 일을 해야 하는 걸까? 나를 가로막는 건 주어진 환경이 아니라 어떤 새로운 질문도 던지지 못하는 권태와 매너리즘이 아닐까? 꼭 질문부터 먼저 해야 하나? 대답부터 먼저 하면 안 될까? 우선 용감하게 '예스'라고 대답해 놓은 후, 예스가 가능한 질문이 어디까지인지 생각해볼까? 이런 질문들을 하다 보면 마음의 혈류가 다르게 움직이기 시작한다. 혈전처럼 꽉 막혀 있던 생각의 물꼬들이 와르르 터져 바삐 흘러가기 시작한다. 무의식 깊숙이 잠자고 있던 수많은 질문들, 세상을 향한 질문보다도 뼈아픈, 나를 향한 질문들이 일제히 기지개를 켠다. 지금 내 가슴을 고동치게 하는 질문은 바로 이것이다. "가장 어두운 세기에 왜 그들은 보이지 않는 잉크로 글을 쓸까?" 나도 그런 글쟁이가 되고 싶다. 가장 어두운 시대, 당신의 꿈과 적들의 피와 우리의 끝나지 않는 저항과 버릴 수 없는 희망의 잉크를 가득 머금은 글을, 쉼 없이 쓰고 싶다.

　- 정여울, '심장을 쏘는 화살처럼, 네루다의 질문법'


　이렇듯 시 자체는 우리를 새로운 세계로 인도하는데, 특히 네루다의 시들은 그 자체로 새로운 질문 철학과 질문법, 질문 독법을 우리에게 듬뿍 선사한다.

　이런 시들을 질문으로 공부하기 위해서는 어떤 방법이 좋을까? 시는 독자들이 혼자서든 여럿이든 읽고 스스로 느끼고 소화하면 되지만, 같이 나누고 누군가를 가르쳐야 한다면 여러 가지 방법이 있다. 그 가운데 노란 테이블이라는 툴킷을 활용한 원탁 토론을 적용해보고자 한다.


## 아픔의 시대를 건너는 질문과 소통의 노란 테이블


　노란 테이블의 기원은 필자의 책『강자들은 토론하지 않는다』(단비)의 '세월호와 노란 테이블'에서 자세히 다룬 바 있다.

　지금 우리 사회는 세월호 참사의 아픔을 잊지 않으려는 노력이 계속되고 있다. 특별법 제정을 위한 긴 싸움의 시간이 지났고, 국회 앞 농성장도 철거되고 이제 서울에는 광화문 농성장만이 외로이 남아 있다. 그러나 세월호 공부는 아직 끝나지 않았다. 희망제작소가 처음 만들어 보급하고 전교조 교사들이 세월호 수업으로 많이 활용하는 노란 테이블도 세월호를 기억하고 문제의 원인을 같이 돌아보며 스스로 자기 참여의 다짐과 약속을 하는 실천적인 세월호 공부 중의 하나이다.

노란 테이블은 질문과 무슨 관계가 있을까? 시가 은유를 통해서 세상에 던져진 하나의 질문이라면 노란 테이블은 부조리한 세상에 질문을 던지는 실천적인 시민 운동이다. 관념과 언어로 세상에 던져지는 질문도 존재하지만 노란 테이블은 토론과 다짐을 통해서 실천을 결의한다. 세상에는 별처럼 많은 질문이 존재하지만 노란 테이블만큼 실천을 담보하는 토론과 질문도 흔치 않다.

2014년 가을, 토론의 전사 시즌2의 1기, 〈소설과 토론〉 시간에 세월호 공부의 한 과정으로 노란 테이블을 진행한 바 있다. 십여 명의 선생님들이 세월호를 떠올리게 하는 소설들을 찾아 읽고, 연상되는 시를 찾아 연결하여 과제를 작성하고 다 같이 모인 자리에서 그 글들을 발표한 뒤에 희망제작소 부소장인 이진순님을 모시고 노란 테이블 실습을 했다. 2기 〈시와 토론〉 시간은 좀 더 색다르고 창의적인 노란 테이블을 만들고 싶었다. 원본 노란 테이블도 충분히 의미가 있지만 시적 은유와 상징으로 채워지는 노란 테이블을 만들어볼 수는 없을까 하는 고민이 생긴 것이다. 하여 이번 기획에서는 노란 테이블에 좀 더 시적으로 풍부한 은유와 발상 등을 활용해보기로 했다. 툴킷은 희망제작소 버전보다 전교조 버전을 활용하기로 했다. 두 가지 다 사용이 가능하고 장단점이 있는데, 희망제작소 버전은 노란 테이블을 처음 경험해보는 사람에게 좀 더 쉽게 다가가고, 전교조 버전은 여백이 많아 운영자가 얼마든지 응용할 여지가 많은 장점이 있다. 노란 테이블 전체의 활용에 대해서는 『강자들은 토론하지 않는다』라는 책의 '세월호와 노란 테이블'이라는 꼭지에서 희망 제작소 버전으로 그 취지부터 활용 사례까지 자세히 다루었으므로 질문을 다룬 이 책에서는 인생과 언어의 질문으로 이루어진 시라는 장르를 활용한 노란 테이블을 소개하고자 한다.

1. 준비와 도입

노란 테이블의 툴킷을 준비한 뒤에 그 가운데 있는 노란 테이블보를 책상마다 한 장씩 깔 수 있도록 배치를 한다. 인원은 6~8명 정도가 적당하게 좋고, 10명도 가능하지만 그 이상이면 시간을 오래 잡아먹고 소통에 어려움을 느낄 수도 있다. 대부분의 모둠 토론처럼 인원은 환경과 구성원의 역량과 성향에 따라 조정한다.

테이블과 툴킷을 기본으로 하는 하드웨어가 반드시 필요하지만 그보다 더 중요한 건 역시 함께 나눌 이야기의 내용과 테이블 운영 역량이다. 사회자는 마치 카지노의 능숙한 딜러처럼 참가자들의 마음을 이끌면서 시적 항해를 해나간다. 노란 테이블에 참여하는 사람 역시 마음가짐을 다지고 주제에 대한 논의를 나눌 준비를 한다. 애초의 노란 테이블은 세월호 참사의 원인과 해결이 주제였지만 여기서는 시적인 마음 나눔을 핵심 의제로 삼아 운영 사례를 들어 보자.

　　이번 노란 테이블의 주제는 시의 본질과 이미지 그리고 은유이다. 주제는 언제든지 바꾸어도 운영이 가능하다.

　　가. 첫 질문, 시란 무엇인가?
　　노란 테이블의 시작에 앞서 시의 탄생을 알릴만한 시 한 편을 먼저 읽어본다. 파블로 네루다의 〈시〉라는 시다.

그러니까 그 나이였어... 시가
나를 찾아왔어. 몰라, 그게 어디서 왔는지
모르겠어. 겨울에서인지 강에서인지.
언제 어떻게 왔는지 모르겠어
아냐, 그건 목소리가 아니었고, 말도
아니었으며, 침묵도 아니었어
하여간 어떤 길거리에서 나를 부르더군.
밤의 가지에서
갑자기 다른 것들로부터
격렬한 불 속에서 불렀어
또는 혼자 돌아오는 데 말야
그렇게 얼굴 없이 있는 나를
그건 건드리더군.

나는 뭐라고 해야 할지 몰랐어. 내 입은

이름들을 도무지

대지 못했고,

눈은 멀었으며,

내 영혼 속에서 뭔가 시작되어 있었어.

열(熱)이나 잃어버린 날개,

또는 내 나름대로 해 보았어.

그 불을

해독하며

나는 어렴풋한 첫 줄을 썼어.

어렴풋한, 뭔지 모를, 순전한

난센스,

아무것도 모르는 어떤 사람의

순수한 지혜

그리고 문득 나는 보았어.

풀리고

열린

하늘을

유성들을

고동치는 논밭

구멍 뚫린 그림자,

화살과 불과 꽃들로

들쑤셔진 그림자,

휘감아도는 밤, 우주를


그리고 나, 이 미소한 존재는
그 큰 별들 총총한
허공에 취해,
신비의
모습에 취해
나 자신이 그 심연의
일부임을 느꼈고
별들과 더불어 굴렀으며
내 심장은 바람에 풀렸어.
- 파블로 네루다, 시


시인에게 시가 어떤 영감으로 다가와 탄생하는가, 이 시를 읽는 우리의 마음은 어떠한가, 어떠해야 하는가에 대해서 간단한 소감들을 이야기해본다.

첫째, 시란 무엇인가를 한 단어의 비유로 표현하게 해본다. '~처럼'이나 '~같이' 이런 표현을 쓰지 않는 한 단어 비유는 자연스럽게 은유가 된다.

참가자들이 돌아가면서 발표를 한다.


시란 밥이다
시란 당신이다

시란 구름이다

시란 눈이다

시란 어느 저녁이다

시란 꽃이다

시란 나무다

시란 바다다

시란 대추 한 알이다.


번개 토론으로 다양하게 다 들어보았는데 직접 이유를 들어보지 않아도 어느 정도 짐작이 가는 비유들이다. 마지막에 나온 '대추 한 알'이란 말이 낯설고 궁금하다. 이유를 묻는다.


"아, 갑자기 장석주의 '대추 한 알'이란 시가 떠올라서요. 이런 내용인데요."

대추가 저절로 붉어질 리는 없다

저 안에 태풍 몇 개

천둥 몇 개

벼락 몇 개

저 안에 번개 몇 개가 들어서서 붉게 익히는 것일 게다.


저게 저 혼자서 둥글어질 리는 없다

저 안에 무서리 내리는 몇 밤

저 안에 땡 볕 두어 달

저 안에 초승달 몇 날이 들어서서 둥글게 만드는 것일 게다

대추야
너는 세상과 통하였구나
- 장석주, 〈대추 한 알〉

시란, 기나긴 시간 동안 쌓인 인연의 축적을 통해 만들어진 소통의 고갱이라는 말이다. 네루다가 〈시〉라는 시에서 말했듯이 뭔지 모르게 나를 부르는 신비의 힘 그게 대추 한 알 속에도 들어있다면 그도 또한 시라는 말이다. 이제 질문을 바꾸어보자.

나. 둘째 질문, '나'에게 '시란 무엇인가'?
이번에도 가급적 한 단어 혹은 두어 구절 정도로 표현한다. 앞의 질문이 나와 상관 없이 시가 갖는 속성, 특징, 가치 등에 대한 물음이라면 이번에는 나에게 시가 어떤 의미가 있는지에 대한 물음이다. 나의 생애, 경험, 고민, 배움, 서정과 만남 속에서 시란 무엇인가 잠시 생각해본 뒤에 답을 해보자. 물론 두 대답이 크게 다르지 않거나 아예 같을 수도 있다. 아마도 각자가 그동안 읽어온 시나 인상적인 구절, 혹은 시적 순간 등을 떠올리게 하는 단어를 말해도 좋지 않을까 싶다.

시란 갈매나무다(백석의 남신의주 유동 박시봉방!)
시란 자화상이다(서정주나 윤동주 누구의 자화상이란 의미일

까?)

시란 거대한 뿌리다(역시 빠질 수 없는 김수영!)

시란 눈물이다(김현승 혹은 함민복?)

시란 님의 침묵이다(한용운이겠고)

시란 ....

이처럼 시에 대해서 말해보자면 자기 삶을 움직인 한 편의 시나 시인을 떠올리는 것이 보통이다.

이 글을 읽는 당신들께도 권한다. 나에게 시란 (          )이다.

왜냐하면 (              )이기 때문이다.

이처럼 본격적인 노란 테이블 활동에 앞서서 가볍게, 다루고자 하는 내용에 대한 번개 토론이나 가벼운 차원의 브레인스토밍을 해보았다.

## 2. 감정에서 은유로

다음은 툴킷을 활용해서 감정 나누기를 한다. 특정 소재를 중심으로 일어나는 감정에 대한 표현을 한다. 희망제작소에는 없고 전교조 버전에만 있는 툴킷의 활용인데 예를 들면 세월호를 접하면서 현재 가장 마음속 깊이 느껴지는 감정을 선택해서 표현하는 것이다. 주제와 연관된 동영상을 같이 보거나 그림을 보여주고 혹은 주제와 관련된 시를 들려주고 감정을 드러내는 과정이다. 은유나 이미지에 앞서서 자기 감정에 충실해지는 시간이다.

여기서는 한 편의 그림을 활용해보자. 자 다음 그림을 같이 보자. (유명한 화가의 명작 그림도 좋고 단순한 사진도 좋다. 영화 포스터의 이미지를 활용해도 좋다. 누구나 어떤 감정을 표현할 수 있는 그림이라면 상관없다)

이 포스터에 쓰여진 글귀들을 지우고, 이 그림을 보았을 때 떠오르는 감정은 어떤 것인지 돌아가면서 감정 카드를 내려놓거나 혹은 빈 종이에 자신의 감정을 적어서 내려놓도록 한다.

너무 상투적이어서 거의 동일한 감정을 유발하는 그림이나 시보다는 이해하기 조금 어렵거나 주제가 명확하지 않아서 다양한 감정을 불러일으키는 그림들이면 더 좋다. 시 역시 마찬가지로 지나치게 현실적인 시나 추상적인 시는 비슷한 감정을 불러오거나 너무 어려울 수 있으므로 적절하게 고르도록 한다. 사회적인 문제를 다룰 때는 그 주제에 잘 어울리는 작품이면 좋다.

위의 그림에 대해서 독자들은 어떤 감정이 일어나는가? 참가자들은 '고독하다, 가슴이 먹먹하다. 인간이 설 자리가 없다, 누군가의 손을 잡고 싶다, 지구와 다른 세계에 대한 호기심이 생긴다'(이상, 인터스텔라)고 말을 했고 '용감하다, 둘의 시선이 달라서 외로울 것 같다, 답답하다. 정면을 응시하는 힘이 당당하다'(이상 매드맥스)의 반응을 보였다.

좋다. 대부분의 참가자들이 낯설고 이해하기 어렵지만 그래도 스스로의 감정을 드러내며 신기하고 재미있다는 반응을 보였다.

이렇게 해서 감정 나누기를 하고 다음 단계로 넘어간다.

다음은 주체를 찾는 일이다. 시적 화자가 놓인 상황과 태도, 의지를 표현할 차례다. 그 과정에서 논의의 방향을 실천적인 삶의 문제로 전환할 수 있도록 이끈다.

"자 그럼 시적 상황이 제기하는 문제를 보고 원인이 무엇인가를 같이 생각해보는 시간을 갖겠습니다. 여기 버스를 타고 출근하면서 힘겹게 졸고 있는 한 여성의 삶을 들여다보도록 할까요? 그리고 다른 한 장의 그림도 같이 보도록 하겠습니다. 앞의 시는 〈우리 동네 구자명 씨〉라는 시이고 그림은 2014년 11월 개봉작 〈카트〉입니다."

　가) 우리 동네 구자명 씨
　맞벌이 부부 우리 동네 구자명 씨
　일곱 달 아기 엄마 구자명 씨는

출근 버스에 오르기가 무섭게
아침 햇살 속에서 졸기 시작한다.
경기도 안산에서 서울 여의도까지
경적 소리에도 아랑곳없이
옆으로 앞으로 꾸벅 꾸벅 존다.

차창 밖으론 사계절이 흐르고
진달래 피고 밤꽃 흐드러져도 꼭
부처님처럼 졸고 있는 구자명 씨.
그래 저 십 분은
간밤 아기에게 젖 물린 시간이고
또 저 십 분은
간밤 시어머니 약 시중든 시간이고
그래 그래 저 십 분은
새벽녘 만취해서 돌아온 남편을 위하여 버린 시간일 거야.

고단한 하루의 시작과 끝에서
잠 속에 흔들리는 팬지꽃 아픔
식탁에 놓인 안개꽃 멍에
그러나 부엌문이 여닫기는 지붕마다
여자가 받쳐든 한 식구의 안식이
아무도 모르게
죽음의 잠을 향하여

거부의 화살을 당기고 있다.

- 고정희, 〈또하나의 문화(1987)〉

나)

사진 속의 주인공들을 구자명 씨로 보아도 좋고 아니어도 좋다. 구자명 씨로 본다면 그이가 회사에 출근해서 벌이는 어떤 일이나 활동으로 연결해서 볼 수도 있겠고, 아니라면 둘 사이의 공통점을 찾아야 한다. 여성, 직장인, 힘겨운 출근과 일. 이 정도일까? 물론 그 사이에 집에서는 밤새 많은 또 다른 일들이 있었을 터이다.

자 그럼 노란 테이블의 두 번째 활동인 원인 찾기로 넘어가보자. 툴킷 가운데 검은색으로 된 원인 카드를 들여다본다. 여러 가지 원인을 생각해볼 수 있겠다. 구자명 씨가 저런 출근생활을 해야 하는 이유, 혹은 회사에 나가서 동료들과 함께 사진 속의 활동과 같은 일을 해야 하는 원인에 대해서 말이다. 한 사람이 보통 한 장 정도의 원인 카드를 내려놓고 굳이 원한다면 두 장 정도까지는 사용이 가능하다. 그리고 주어진 카드에서 원인을 찾기 힘들거나 더 적절한 원인이 카드 외에 따로 있다고 생각한다면 직접 써넣어도 좋다. 노란 테이블의 취지가 주체적인 참여를 통해서 숙의민주주의를 만들어가는 과정을 체험하는 것이니까.

다양한 원인들이 나온다. 운영자는 차분하게 진행을 한다. 한 사람씩 카드를 내려놓으면서 왜 그 카드를 택했는지 이유를 말하게 한다. 이때 다른 사람이 선택한 카드가 자기 생각과 같다면 본인도 거기에 동의를 표하면서 의견을 덧붙이는 정도로 발표를 해도 좋다.

그럼 충분한 논의가 진행되었다는 가정 하에 문제 해결로 넘어가도록 하자. 문제 해결 방안에 초점을 맞춘다면 희망제작소에서 만든 다양한 해결 카드를 사용한다. 만약 문제의 원인과 해결이 초점이 아니라 시에 있어서의 은유와 이미지를 공부하는 것이 목적이라면 앞의 원인이나 해결 과정에서도 은유가 될 만한 다른 단어를 사용하는 것이 좋다.

예를 들면 문제의 원인에는 돈, 갑질, 남녀불평등, 시집살이 등등이 있고 해결방안으로는 연대투쟁, 독립선언, 이웃, 공동체 등등의 가치를 제시할 수 있다. 또는 이런 상황을 나타내는 단어를 은유나 이미지로 선택하고 만들어 보는 것도 좋은 활동이다.

3. 다짐과 약속
노란 테이블의 최대 고비이다. 바로 자기와의 약속이고 실천에 대한 다짐이다. 과연 토론의 목적은 무엇인가? 다양한 교육 현장에서 여러 관점으로 받은 질문이다. 어떤 분들은 노골적으로 학교 현장에서의 토론 교육에 반감을 드러내며 토론이 과연 이 세상에 어떤 일을 할 수 있냐고 직격탄을 날린다. 동감은 하는데 실천적으로는 영 불가능하지 않느냐는 회의론자도 계신다. 더 나아가 근본적으로 살아 있는 존재들의 의사소통의 불가능성을 항변하는 분들도 있다. 좋다, 다들 일면 일리가 있다. 거기에 대해서 일일이 답할 지적 능력이나 실천적 사례를 보여주기도 어렵다. 다만, '모두가 완전하게'를 기대하지 않는다. 밤하늘 수많은 별빛 중에 어느 별 하나만이라도 이 지상에 내려앉을 수 있다면 족하다. 인간은 누구나 다르니까. 토론은 그 다른 인간들이 불가능의 한계를 알면서도 소통에 도전하는 작은 몸짓이다. 영원히 가 닿을 수 없지만 가지 않으면 안 되는 나그네의 운명이랄까. 그 길에서 많은 적들과 벗들을 만난다. 그들과 함께 싸우기도 하고 손을 잡기도 하면서 내가 가는 길의 좌표를 새롭게 설정하고 나침반을 조정하는 일 그게 토론이다. 그러므로 토론에는 정답이 없고 현장의 답, 현재라는 그 순간의 답이 있을 뿐이다. 그 이후는 가능성으로만 존재하는 안개 같은 실재 그게 토론이다. 그런 점에서 토론의 결론은 존재하면서도 존재하지 않는다는 역설에 처한다. 토론교육의 가능성과 한계도 여기서 찾아지지 않을까. 아직 여건조차 마련되지 않은 곳에서 지속적으로 토론의 필요성을 역설하면서도 정작 그 과정을 토론으로 만들어가지 못하는 한계 말이다. 그렇다고 해서 지레 토론에 대해서 벽을 쌓아둘 필요는 없다. 이별과 상처가 두려워서 사랑을 할 수 없다면 인간은 더 이상 누구와도 만날 수 없듯이 말이다. 토론 역시 말과 그 한계로 인해 허무와 상처의 고통만을 남길지도 모른다. 하지만 사랑의 시간은 그 자체로 의미가 있듯이 토론의 말 또한 발화와 표현 그 자체로 의미를 남기기 마련이다. 인간은 말의 주어이자 목적어이기도 하기 때문이다. 그런 점에서 노란 테이블이 가지고 있는 가장 강력한 한계이자 벽은 실천과 다짐의 언어이고 그 약속이며 궁극적으로는 그 실천과 자기 변화이다. 더 이상 삶의 노예로 살지 않겠다는 다짐, 말의 허영에 빠지지 않겠다는 약속, 작은 일이나마 실천하도록 노력하겠다는 의지의 표현과 나눔이 바로 노란 테이블의 처음이자 마지막이기도 하다.

예를 들자면 구자명 씨의 삶, 카트의 여자 종업원의 삶을 보고 나는 이 현실에서 무엇을 어떻게 할 것인가? 그 다짐을 나누어보는 것이 이 공부의 목적이다. '철학은 현실의 이해가 아니라 현실의 변혁이다.' 칼 마르크스의 말인데, 거창하게 거기까지 갈 것도 없다. '철학은 나의 이해가 아니라 나의 작은 변화다. 너 자신을 알라가 아니라 나는 이렇게 바꾸겠다.' 이게 노란 테이블이다.


## 시와 은유와 질문

시란 은유다. 은유란 무엇인가? 은유는 왜 중요한가? 그것은 하나의 질문을 던진다. 아니 그 자체로 질문이다. 눈에 보이는 세계를 보이지 않는 다른 세계로 이어가는 징검다리이다. 이 언어의 별과 저 언어의 별 사이를 넘어가게 하는 하나의 상상적 다리, 그것이 시이고 은유이고 질문이다. 말 그대로 시는 언어의 인터스텔라, 질문의 인터스텔라다. 인터스텔라의 포스터 카피로 노란테이블의 마지막 결론을 이렇게 맺기로 하자.

우리는 답을 찾을 것이다 늘 그랬듯이.

이 답은 우주 저 너머에 있지 않다. 영화 속 주인공이 그렇듯이 시공을 넘나드는 우주의 주체로서 자신을 자각하고 누군가에게 간절한 신호를 보낼 때 역사는 새로이 쓰여지고 만들어진다. 그 우주를 향한 소통의 우주선에 올라타는 일 그것이 노란 테이블이다. 질문과 소통의 인터스텔라를 향한 실천의 우주선, 그것이 바로 노란 테이블이 아닐까.

# 3장 질문이 있는 교실

1. 질문놀이 수업
2. 질문과 독서
3. 내가 경험한 최고의 질문수업
   - 인터뷰 수업
4. 철학적 탐구 공동체의 질문 놀이들

66 학문상의 모든 '성취'는
새로운 '질문'이다 99

- 막스베버, '직업으로서의 학문'에서

# 1
# 질문놀이 수업

## 우리 시대 질문의 아픈 현주소

2015년, 질문이 교육계의 화두로 떠올랐다. 아니 질문은 오래 전부터 해묵은 숙제이자 새로운 교육의 나침반이 될 만한 최고의 고민거리였다. 오랜 세월 지속되어온 독서 교육. 이천 년대 중반부터 불어온 논술 열풍. 새로운 교육 패러다임으로 떠오른 토론. 그 중심에 질문이 있다. 낡은 교육 시스템에 갇혀 있는 우리들에게 질문은 오래된 미래이자 희망찬 내일을 여는 사다리이다. 다음 사건들을 보자.

상황 1
2010년 서울에서 열린 G20 정상회의 폐막 기자회견. 오바마가 연설을 했다. 연설 말미에 한국 기자들에게 질문할 기회를 주었는데 일어나서 자발적으로 질문을 하는 한국 기자가 하나도 없었다.

오바마 : 한국 기자들에게 질문권을 하나 드리고 싶군요. 정말 훌륭한 개최국 역할을 해주셨으니까요.(오, 세심한 배려. 하지만 주변을 둘러보나 아무런 반응이 없다.) 누구 없나요? (갑자기 주어진 질문권. 갑자기 장내에는 어색하고 고요한 침묵이 흐른다. 오히려 당황한 쪽은 오바마였을까, 한국 기자들의 질문을 이끌어내기 위해 안간힘을 쓴다.)

한국어로 질문하면 아마 통역이 필요할 겁니다. 사실 통역이 꼭 필요할 겁니다.(특유의 유머에 장내는 웃음이 터진다. 그러나 여전한 침묵. 갑자기 불쑥 누군가 일어서서 질문을 하는데)

루이청강 : 실망시켜드려서 죄송합니다만, 저는 한국 기자가 아니고 중국 기자입니다. 제가 아시아를 대표해서 질문을 드려도 좋을까요?

오바마 : 좋습니다. 하지만 엄밀하게 말하자면 저는 한국 기자에게 질문을 요청했어요. 그래서⋯

루이청강 : 그럼 제가 한국 기자들에게 대신 질문해도 좋을지 물어봐도 될까요?

오바마 : 그것은 한국 기자 가운데 질문하고 싶은 사람이 없느냐에 달려 있네요. 혹 한국 기자 가운데 질문하실 분 없나요? 없나요? 아무도 없나요?(오바마는 이 말을 세 번이나 확인한다.)

결국 아무도 질문을 하지 않자 오바마는 너털한 웃음을 짓고 질문권은 중국 기자에게 넘어갔다.

상황 2

세월호 안에서 무기력하게 스러져간 어린 생명들의 행동은 주어진 상황에서 누구라도 취할 수밖에 없었던 최선의 방도였다는 것을 우리는 공감하고 가슴 아프게 생각한다. 그 학생들의 상당수가 애절하게 부모님들과 카카오톡을 했다. 그 덕분에 귀중한 자료가 많이 남았다. 그래서 국가 시스템의 무능의 실상이 백일하에 드러났다. 그러나 우리가 교육적 차원에서 안타깝게 반추해볼 수도 있는 또 하나의 가설은 카카오톡이 아닌 생존 방법의 모색을 위한 진지한 호상적 토론이 우선되었을 수도 있었다는 것이다. 선중의 마이크에서 울려퍼지는 '가만히 있으라'는 절대명령이 있었다 할지라도 생사의 기로에서는 생존을 향한 본능적 욕구가 있게 마련이다. 그리고 충분한 토론의 시간적 여유가 있었다. 그럼에도 그들의 시공간은 카카오톡과 더불어 개별화될 수밖에 없었던 문명의 구조적 현실태에 종속되어 있었고, 절대적 권위에 대한 물리적 순응만이 그들의 행위를 지배했다. 앞서 지방선거를 예견한 언론인이 헌법 수호를 운운했지만, 헌법이라 하는 것도 필요에 따라서는 개정될 수 있는 것이다. 미국의 민주주의 역사는 헌법 수정의 역사라 할 수 있다. 헌법도 수정될 수 있는 것이거늘 '가만히 있으라'는 마이크 소리가 개정의 대상일 수는 없겠는가? 생존의 최선의 방법을 모색하기 위하여 탐색대를 밖으로 내보내면서 긴밀한 상황연락을 취했더라면 어떠했을까? 요번 6·4 지방선거는 '가만히 있으라' 교육에 대한

국민들의 분노가 표출된, 기존 세력의 역사몰이 전체에 대한 응징이라는 것을 깨달아야 한다. 순결한 단원고 학생들은 우리 시대의 교육이 저지른 죄업의 희생양이었다.

- 김용옥, 교육입국론

질문 없는 우리 문화가 보여주는 한계와 아픔의 현주소들이다.

상황 1은 우리 주변에서 그리 새삼스런 모습은 아니다. 거창하게 오바마를 언급하지 않아도 공부의 현장에서 늘 뼈아프게 느끼는 부분이다. 학생이든 선생님들이든 질문을 권유하면 질문하는 분이 가뭄에 콩 나듯 한다. 질문하는 분위기를 어떻게 잘 만들어내고 유도를 하느냐에 따라 다르겠지만(질문의 기술이 그래서 그만큼 중요하다!) 질문이든 발표든 사람들은 공적인 자리에서 대개 발언을 꺼려한다.

왜 꺼리는가에 대한 대답을 잘 보여주는 글이 두 번째 도올 김용옥의 글이다. 필자가 언급한 '호상적 토론'을 왜 그래야하는가에 대한 문제제기로 바꾸어 읽어도 무리가 없다. 왜, 안타깝게도 세월호의 학생들은 토론하고 질문하지 못했을까? 너무 착하게 길들여진 탓일까? '가만히 있으라'는 그 말 한마디에 온몸이 얼어붙은 듯 가만히 앉아서 기다려야만 하는 현실이 눈물 나게 가슴 아픈 이유는 기성 세대가 바로 질문하는 힘, 토론하는 정신을 키워주지 못한 까닭이다.

가만히 있으라! 나서면 망신이지만 가만히 있으면 중간은 간다. 모난 돌이 정 맞는다. 조금만 튀는 행동을 하면 존중보다 비난과 야유의 냉소를 보내는 우리네 잘못된 문화와 관습이 이런 결과를 만들었다. 그러므로 토론 공부의 첫걸음은 질문이요, 마지막도 질문이다.

## 질문 수업을 향한 몸부림

1990년대 초의 일이다. 나는 내 인생 최초의 가출을 감행한다. 교직 6년 차, 결혼 3년 차 나이 서른을 갓 넘긴 시절의 일이다. 당시에는 수능이 시행되기 전이어서 학력 고사가 대학 입시에서 가장 큰 비중을 차지하던 때다. 그 전까지는 교과서로만 진도를 나가고 여러 종류의 글들을 인쇄해서 같이 읽어가면서 공부를 하다가 교직 5년 차에 접어들면서 학교 수업 시간에 문제집이란 괴물을 만났다. 당시 나는 문제풀이식 수업에 적응을 못해 무척 괴로워했다. 도대체 남들이 만들어놓은 문제를 그대로 풀이 하는 수업이 무슨 의미가 있단 말인가! 결국 문제집 수업의 압박을 이기지 못해 어디론가 떠나 방황하던 기억이 새롭다. 2015년, 다시 문제집을 만났다. 지난해만 하더라도 고3 수업을 하면서 문제집 수업을 한 시간도 하지 않았다. 주로 화법과 작문 시간이었던 이유도 있지만 그 전에도 학생들이 한 명씩 앞에 나와서 주제별 발표를 하는 수업시간을 가졌다. 그 자체로 의미가 있다고 판단해서 진행한 수업이지만 문제집과 맞닥뜨리지 않으려는 노력의 일환이기도 했다.

하지만 이제 문제집을 굳이 회피할 이유가 없다. 질문 수업을 고민하고 기획하면서부터다. 문제집의 지문들이 다 좋은 것은 아니지만 꼭 나쁜 글들만도 아니다. 글 가운데는 가치 판단이 들어가 있어 나름대로 비판적으로 읽어야할 글들도 있고(올해 맡은 과목은 독서다.) 가치중립적인 글들은 그 자체로 이해에 초점을 맞추었다. 앞에서 언급한 대로 두 시간 블록 수업을 구성해서 그 중 한 시간은 〈미생〉 수업을 했다. 일부 학부모들의 우려와 저항이 있었지만 학생들에게 도움이 된다면서 지지한다는 학부모도 계셨다. 학생들은 힐링타임이라며 적극 환영했다. 처음에는 킬링타임으로 잘못 알아들어 학생들이 노는 시간으로 받아들이는 게 아닌가 했는데 문제집으로 지겨운 고3 교실에서 영상을 보니 우뇌가 활성화되어 좋다고 한다. 장그래, 안영이의 얼굴을 보는 재미도 쏠쏠하다고했다.

문제집 수업을 질문으로 구성하면서 다양한 시도를 했다. 내가 문제를 만들어보기도 하고 질문을 만들어 서로 대화를 나누도록 했다. 네 명 한 모둠, 배움의 공동체와 하브루타 모형을 적극 도입했다. 교사의 일방적 강의에 길들여진 학생들은 어색해하기도 했지만 이내 적응해간다. 2년 전, 창의 체험 활동시간에 책을 읽고 독서기록장에 독후감 쓰기와 인터뷰 수업, 토론 수행 평가를 한 경험들이 있고, 우리 학교 토론 광장에 나서서 토론을 해본 경험이 있는 친구가 많은 점도 도움이 되었다.

질문 수업의 절정은 열역학 제2법칙을 다룬 지문에서였다. 문제집에 나온 문제는 하나의 지문에 보통 3, 4 문항이 있다. 신채호의 '아와 비아와의 관계'를 다룬 글부터 '위험 사회, 장자, 시민 사회,

사진과 회화' 등 다양한 분야의 글들이 실려 있었는데, 나는 문제집 속 지문을 일일이 타이핑을 한 뒤에 학생들이 생각해볼 만한 다양한 질문들을 던져놓고 같이 생각하고 의견을 나누어보도록 했다.

그리고 학생들 스스로 개인 질문을 만들어보기도 하고, 모둠 질문을 만들어 발표를 시키거나 학생들이 만든 질문 가운데 가장 잘된 것들을 뽑아 전체가 다같이 의견을 나누어보기도 하였다. 모둠 질문 활동은 4명의 학생이 모둠별로 질문을 공유한 뒤에 모둠에서 가장 좋은 질문이라고 생각한 것을 앞에 나와 적는다.

다음은 조금 복잡한 지문이긴 한데 예를 들어보자. 제레미 리프킨을 통해 널리 알려진 열역학 제2법칙, 엔트로피에 대한 글이다.

산업 혁명 시기에는 열을 이용하여 일을 하는 다양한 기계들이 개발되었는데, 이를 뒷받침하는 과학적 이론은 부족하였다. 그래서 열과 일 사이의 상호 관계를 규명하고 열에너지로부터 얼마만큼의 유용한 일을 얻을 수 있는가를 구하는 것이 19세기 과학자들의 주된 관심사였다. 이전까지 과학자들은 열을 열소라는 물질의 화학 작용으로 생각했지만, 연구 결과 열도 하나의 에너지라는 것을 알게 되었다. 그리고 열에 대한 연구들을 법칙으로 정립하였는데, 그것이 바로 열역학 제1법칙과 제2법칙이다.

열역학 제1법칙은 어떤 고립된 계(system) 안에서 서로 다른 형태의 에너지 간에는 교환이 가능하며 에너지의 총합은 변하지 않는다는 것이다. 영국의 과학자 제임스 줄은 일과 열의 관계를 정량적으로 측정하기 위해 왼쪽의 그림과 같이 물이 담긴 단열 용기 내에

회전 날개가 장착되어 그 회전축과 연결된 추가 바닥으로 낙하함에 따라 날개가 회전하는 실험 장치를 고안하였다. 줄의 실험에서 물의 온도가 상승하였는데, 이는 추가 한 일이 열에너지로 변환된 것이라고 할 수 있다. 물과 용기, 그리고 낙하하는 추 모두를 하나의 계로 생각한다면 에너지의 형태만 바뀌었을 뿐 총 에너지는 변화하지 않았기 때문에 역학적인 일의 양을 열에너지로도 표시할 수 있는 것이다.

그런데 열역학 제1법칙을 적용한다면 용기에 담긴 물의 온도를 내려 그때 방출된 열을 이용하여 바닥에 있는 추를 들어 올릴 수도 있을 것이다. 그러나 일은 100% 열이 될 수 있지만 열은 100% 일로 전환되지 못한다. 왜냐하면 열은 자발적으로 고온에서 저온으로 이동하는 성질이 있기 때문에 열에너지를 이용하여 일을 할 때는 손실이 생기기 때문이다. 클라우지우스는 이런 현상을 기존의 물리 법칙으로 설명하려고 노력할 것이 아니라 새로운 법칙으로 정하자고 제안하였다. 그렇게 해서 정립된 것이 열역학 제2법칙이다. 열역학 제2법칙은 '열은 고온에서 저온으로 이동하며 그 역의 과정은 일어나지 않는다.'로 정의되었던 것이 다른 분야로 확장되면서 '고립된 계의 비가역 변화는 무질서도가 증가하는 방향으로 일어난다.'와 같은 말로 정의되었다. 무질서를 엔트로피라고 부르는데 열역학 제2법칙은 계의 자발적 운동은 규칙적인 배열에서 무질서한 방향으로 이루어지며, 최종적으로 엔트로피가 극대화되어 평형 상태에 이르게 된다는 것으로 정리될 수 있다. 말하자면 물감 한 방울이 물속에 떨어졌을 때 물감은 저절로 확산해 나가서 물에 골고루 섞이지만 그것이 역으로 다시 모여드는 일은 결코 저절로 일어나지 않는 것과 같다.

열역학 제2법칙은 한편으로는 고립되지 않은 계, 즉 다른 계와 에너지나 물질의 교환이 가능한 계에서는 엔트로피가 감소할 수도 있다는 것을 말해 준다. 예를 들어 냉동실을 가동하면 물은 보다 규칙적인 배열을 갖는 얼음이 되므로 냉동실 안의 엔트로피는 감소한 것이다. 그렇지만 이때도 냉동실 안의 온도를 낮추기 위해 열을 냉동실 밖으로 방출하기 때문에 냉동실 안과 밖을 하나의 고립된 계로 본다면 총 엔트로피는 열역학 제2법칙에 따라 증가한다. 이러한 열역학 제2법칙으로부터 어떤 계가 할 수 있는 일에는 한계가 있음을 추론해 낼 수 있다.

먼 훗날 지구의 미래는 어떻게 될까. 엔트로피는 지구 생태계와 환경 문제에 영향을 끼치는 매우 중요한 개념이다. 지문의 글은, 일은 100% 열이 되지만 열은 고온에서 저온으로 내려가는 현상 때문에 100% 일로 전환되지 못해 고립된 계 안에서 시간이 흐르면 엔트로피 현상이 증가한다는 내용을 담고 있다. 열역학 법칙의 의미를 깊이 생각하면 그렇게 어려운 글이 아니지만, 이런 지문을 교사가 혼자서 설명하면 알아듣는 학생들이 그리 많지 않다. 물론 설명 능력에 따라 천차만별이겠지만 강의식 수업의 한계는 기억이 오래가지 않는다는 점이다. 나는 학생들의 이해를 돕기 위해 다음과 같은 질문표를 만들었다.

열역학 제2 법칙 ( 유동걸 )

| 열은 일이 될 수 있을까? ( ) | | 우주는 시간이 무한히 지나면 평형 상태가 될까? ( ) | | 물질은 에너지가 될까? 된다면 예를 들어보자 ( ) |
|---|---|---|---|---|
| | 얼굴에 주름을 다시 펴면 얼굴 내의 엔트로피는 감소하는 걸까? ( ) | | 영구동력기관은 왜 만들 수 없는 걸까? ( ) | |
| 나의 개인질문<br>1<br>2 | | 우리 모둠 질문들<br>1<br>2<br>3<br>4 | | |
| 모둠별 좋은 질문<br>1<br>2<br>3<br>4<br>5<br>6<br>7<br>8 | | 학급 대표 질문과 토의 토론 | | |

이 표는 여러모로 활용이 가능하다. 우선 다섯 칸으로 나누어진 위의 두 줄은 짝토론의 소재로 유용하다.

가) 제목 옆 ( ) 안에 이름을 쓴 뒤에 옆 사람과 짝을 이루고 종이를 서로 바꾼다.

나) 종이를 반드시 둘이 짝을 지어 바꾼 상태에서 본인이 동의하는 한 곳에만 이름을 쓴다. (예를 들어, 얼굴에 주름을 펴면 얼굴

내의 엔트로피는 감소한다에 자기 의견이 일치하면 그곳에 이름을 적는다) 여러 군데 쓰면 짧은 시간 안에 집중적인 대화를 하기가 어렵다. 사람 수가 적고 시간이 충분해서 깊은 대화를 나누게 하고 싶으면 두세 군데 써서 길게 대화해도 된다.

다) 이름을 썼으면 주인에게 종이를 돌려주고, 반가운 얼굴로 웃으면서 악수하고 인사한다.

라) 상대가 내 종이에 쓴 내용을 보고 3~5가지 정도 질문, 대답을 주고받는다.

마) 대화를 나누면서 인상적인 내용을 대화에 방해되지 않는 범위 내에서 간단히 적는다.

바) 전체 인원이 적으면 전원이 일어서서 돌아다니면서 해도 좋고, 인원이 많고 공간이 좁으면 4~6명 정도 모둠을 구성해서 모둠 내 사람들과 번갈아 가면서 짝을 지어 대화를 한다.

사) 인원은 짝수로 맞추고 사람이 한 명 남으면 교사가 같이 참여한다.

아) 내용 중에 빈칸을 활용할 수도 있다. 빈칸은 진행자가 내용을 다 채우지 않고 여백을 활용하는 것이다. 본인이 원하는 내용을 적을 수 있도록 안내한다.

자) 만나야 할 사람을 다 만나는 활동을 마쳤으면 다같이 집중할 수 있게 교탁식 구조로 정돈한 뒤에 한 사람씩 일어서서 자기가 나눈 대화 중에서 가장 인상적인 내용을 한가지 소개한다.

차) 듣는 사람들은 해당하는 곳에 들은 내용을 간단히 적는다.

카) 제목과 내용을 바꾸면 다른 시간, 다른 용도와 목적으로 활

용이 가능하다. (학기말 학급 내 인상적인 사건, 교과 내 인상적인 단원, 수업시간에 해당하는 내용, 시험 문제 출제 연습 등등)

이렇게 둘이 묻고 대답하는 과정을 거친 뒤에 전원이 돌아가면서 발표를 하면 내용을 같이 공유하는 효과가 있다. 물론 발표는 시간과 인원과 내용에 따라 얼마든지 조절이 가능하다.

그 아래 질문 부분은 어떻게 활용할까? 개인 질문은 스스로 질문을 만들어보는 과정이다. 모둠 질문 나누기는 각자가 만든 질문들을 공개하고 서로 문답하면서 친구들과 내용을 공유한다. 그러면서 그중에서 누구 질문이 가장 좋은지 결정해서 모둠 대표 질문으로 삼는다.

그 다음은 모둠별로 선정된 질문을 앞에 나와 적는다. 학생들은 보면서 자기 질문이나 자기 모둠 질문과 비교하고 답을 생각해본다. 그리고 그중에서 같이 논의해볼 만한 가치가 있는 좋은 질문들을 선정한다. 그 다음은 질문의 제안 취지와 이유를 듣고 다 같이 이야기를 나눈다. 학생들이 처음부터 질문 만들기에 익숙하고 좋은 질문을 만들어내는 것은 아니다. 모든 공부가 그렇듯이 질문도 질문에 대한 관심을 가지고 연습을 하고 노력을 기울여야 잘 만들 수 있다.

어떻게 하면 학생들이 질문을 즐겁게 잘 만들 수 있을까? 이런 고민이 생겼을 때, 자주 활용해볼 만한 질문 놀이가 여러 가지 있는데 그중 매우 유용한 하나가 사이토 다카시가 그의 책에서 소개한 질문게임이다. 서울 영남 중학교에서 질문게임을 실천한 이광연 선생님 사례를 소개한다.

## 사이토 다카시의 질문 게임 실천기

사이토 다카시가 쓴『질문의 힘』에 보면 질문게임이 나온다. 질문게임은 학생들의 질문 능력을 훈련시키는 간단한 놀이다. 학생들이 40명이면 5명씩 8조로 나눈다. 한 조가 앞에 나와 한 사람씩 차례대로 좋아하는 책이나 취미를 짧게 발표한다. 이때 각 조의 구성원 5명에게 1번부터 5번까지의 번호를 붙이고 1번 학생이 발표할 때는 다른 조 1번 학생들이 모두 일어나서 질문을 한다. 같은 방법으로 2번 학생이 발표할 때는 다른 조에서 2번에 해당하는 학생이 질문한다. 이렇게 하면 매번 7명이 질문을 하게 되는 셈이다.

먼저 손을 든 사람부터 질문하고 자리에 앉을 수 있다. 다만 비슷한 질문을 하면 안되므로 우물쭈물하다가는 다른 사람에게 질문거리를 빼앗기고 만다. 교사는 학생들이 질문한 내용을 칠판에 받아 적는다. 그리고 발표한 학생이 가장 좋은 질문을 선택하도록 한다. 여기서 선택하는 사람은 교사가 아니라 대답할 본인이라는 점이 중요하다. 이때 발표자는 모든 질문에 일일이 대답할 필요는 없으며 질문 가운데 한 가지만 선택하여 대답하면 된다. 질문이 선택된 조에는 1점을 준다.

학생들은 게임이 진행되는 동안 우수한 질문을 파악한다. 어떤 질문은 별 게 아니라서 탈락되고 어떤 질문은 독특해서 학생들을 놀라게 한다. 또 나라면 이 질문을 선택할 텐데 저 애는 다른 걸 선택한다는 사실도 알게 된다. 이렇게 질문 훈련을 통해 감각을 익힐 수 있다.

질문게임은 수업에 활력을 불러오는 공부법이다.

배움은 질문에서 시작된다. 그러나 공부에 지치고 무기력증에 빠진 아이들에게서 질문을 이끌어 내기란 쉽지 않다. 가볍게 묻고 답하는 연습이 필요하다 싶어 질문 게임을 교실에서 실천해보았다.

앉은 자리에서 4명씩 조를 짜서 7개의 조를 만들고, 앉은 위치에 따라 1, 2, 3, 4번을 부여한다. 한 개의 조는 앞에 나와 번호 순대로 발표를 하도록 한다. 우선 1번 발표자에게 자기소개 겸 취미나 특기, 경험 등을 한 문장으로 말하도록 한다. 1번 발표자가 발표 준비를 하는 동안, 각 조별로 1번 학생들을 일어나게 한다. 일어선 7명의 학생들은 발표를 듣고 한 가지씩 질문을 해야 앉을 수 있다. 교사는 아이들이 던진 질문을 칠판에 적는다. 발표자는 질문을 다 듣고 그중 가장 좋은 질문을 택해 답하면 된다. 질문이 선택된 조에는 적절한 보상을 한다.

발표자들은 대개 좋아하는 취향을 많이 얘기한다. 나는 게임을 좋아해. 돈을 좋아해. 운동을 좋아해. 엑소를 좋아해 등등. 그중 한 사례.

"난 자전거 타는 걸 좋아해"

D : 개인기가 있어?

B : 자전거 얼마짜리야?

H : 누구랑 같이 타?

A : 어디를 많이 다녀?

G : 동호회에 가입했니?

C : 자전거 종류는 뭐야?

E : 주로 언제 타?

F : 중국산이야, 한국산이야?


발표자는 여러 질문 중 "어디를 많이 다니느냐?"는 질문을 선택했고 학교 주변, 도림천 천변을 따라 달린다고 했다. 교실에 그림처럼 앉아 있던 아이가 한마디 대화로 한강변을 바람 씽씽 가르며 달리는 아이로 바뀌었다. 자전거 타기에 관한 자기소개에, 타는 장소를 묻는 질문은 괜찮은 질문이다. 개인기나 동호회에 대한 질문도 나라면 못했을 질문이다. 다만 아이들은, 자전거를 즐기는 친구의 삶보다 자전거 자체의 종류나 가격 쪽에도 관심이 크다는 사실을 질문을 통해 확인한다. 처음에는 질문에 대한 평은 하지 않고 아이들의 대화를 있는 그대로 듣는다.

'~을 좋아해' 시리즈로 발표가 계속 이어지면 질문도 식상해져서 왜, 언제, 어디서, 어떻게 등 6하 원칙에 따른 질문이 반복되기가 쉽다. 그래서 취미 이외에 다양한 내용으로 자기소개를 해보라고 했더니 다음 학생은 "나는 가족이 4명이야."라고 말한다.


B : 누구랑 제일 친해?

A : 가족 구성원은 어떻게 돼?

D : 너희 가족은 어디서 살아?

C : 누구랑 닮았어?

G : 남자가 많아, 여자가 많아?

F : 가족끼리 뭐하고 놀아?

E : 여동생 있니?


발표 내용에 따라 질문도 다양해진다. 발표자는 곰곰이 생각하더니 '닮은 사람'을 묻는 질문을 택한다. 그리고 자기는 동생과 판박이처럼 닮았다고 한다. "내가 안경 벗고 키 줄이면 동생이랑 똑같아."라며 닮은 점을 강조한다. 나는 이 질문을 '엄마나 아빠 중 어느 쪽을 닮았냐'는 의미로 들었는데, 동생을 닮았다니…. 내가 불쑥 끼어들어 "형이 어떻게 동생을 닮아? 동생이 형을 닮았겠지. 그럼 너희 형제 둘은 엄마 아빠 중 어느 쪽을 닮았는데?" 하고 물었더니, "엄마 쪽이요." 한다. 질문 한 두 번으로 그 집의 가계도가 그려지고 가족 모두를 만난 것 같은 느낌이다. 답이 끝난 뒤 전체 학생들에게 가장 좋은 질문이 무엇인지를 찾아보자고 했더니 가족 간의 친밀도나 놀이 등을 묻는 질문이 좋다고 한다. 왜냐하면 그 답을 알고 나면 그의 가족에 대해 더 잘 이해할 것 같아서란다. '가족이 4명'이라는 숫자 이야기에서 시작했어도 질문에 따라 대화는 얼마든지 풍부해진다.

다음 발표자는 "여의도 불꽃 축제를 가본 적이 있어."라고 말하였다.

A : 불꽃 축제 재미없지?

E : 몇 시에 돌아왔어?

B : 뭐 타고 갔어?

G : 가서 뭐 먹었니?

C : 사람이 많아서 힘들진 않았어?

D : 누구랑 갔어?

F : 무엇을 했어?

H : 불꽃이 몇 개 터졌어?

이번에는 발표자가 누구랑 갔냐는 질문을 선택했고, 친한 친구들이랑 다녀왔다고 말했다. 친구들이랑 불꽃축제를 다녀올 만큼 흥이 많고, 노는 걸 좋아하는 아이의 특성을 알게 되어 반가웠다. 답변을 듣고 난 뒤 이번에도 아이들과 함께 좋은 질문, 나쁜 질문을 구분해보기로 했다. '무엇을 했나' 하는 질문이 가장 나쁜 질문으로 꼽혔다. 불꽃 축제를 갔다는데 굳이 무엇을 했냐고 물을 필요가 없기 때문이다. 또 재미없지? 하고 물어보는 것도 이야기 꺼낸 사람의 기분을 상하게 하고 또 질문자의 판단이므로 좋지 않은 질문이라고 했다. 또 불꽃 숫자를 묻는 질문은, 질문을 할 때부터 아이들이 그걸 어떻게 아느냐고 야유를 던졌다. 반면에 힘들진 않았어? 같은 질문은 상대방을 이해하고 배려하는 마음이 담긴 질문이므로 마음을 여는 질문이라고 했다. 아이들도 좋은 질문의 특성들을 잘 이해하고 있는 듯했다.

교사의 개입 없이 친구에게 묻고 답하는 형식이어서인지 아이들이 어려워하지 않고 질문을 쉽게 했다. 또 발표자가 반드시 좋은 질문에 답하는 것은 아니었지만 의미 없는 질문들은 정확하게 제외되었다. 그런 과정에서 아이들이 상대의 답을 얻으려면 어떤 질문들을 던져야하는지, 상대를 움직이는 질문이 무엇인지를 스스로 배우게 되는 것, 아니 적어도 수업시간에 모두가 한 차례씩 질문을 해본다는 것만으로도 질문게임의 의미를 찾을 수 있다. 그밖에도 사소해 보이는 질문들이지만 질문과 답이 오가는 가운데 아이들의 삶과 생각들을 엿볼 수 있고, 평소 몰랐던 개인사를 알게 되는 것은 교사들에게 주어지는 특별 선물이다. 다음 시간에는 세상에 대한 혹은 인생에 대한 질문 던지기 수업을 해보려 한다.

- 이광연, 영남 중학교

자기소개 시간에 시도한 매우 단순한 질문 게임인데 방식은 쉽게 이해하리라 생각된다. 같은 번호를 매기고 한 사람이 나와서 질문을 던지면 동질감이 형성되어 쉽게 질문을 던진다.

앞서 소개한 방식들은 다양하게 섞어서 활용해도 좋다. 학생들이 질문을 만들어 나누는 과정 속에서 호기심과 창의력이 싹튼다. 나아가 자기가 던진 질문이라서 남의 말을 소중하게 듣는 공부도 더불어 이루어진다. 질문을 하면서 놀이도 하고 창의력과 공감능력도 키우고 그야말로 마당 쓸고 돈 줍고 칭찬도 받는 일석삼조의 공부법이다.

# 2
## 질문과 독서

### 책읽기는 질문과 어떻게 만날까?

질문의 철학과 정신도 다 좋은데 질문을 어떻게 하면 잘 할 수 있을까? 질문에 대한 강의를 하다 보면 질문의 기술과 방법에 매달리는 사람들이 많다. 뿌리 없이 열매를 찾는 행동이다.

그렇다. 질문은 기술이다. 이 말도 부정해야 할 말은 아니다. 하지만 철학과 방법 없이 기술에만 매달리는 사람은 잔재주를 부리다가 망신당하는 원숭이처럼 무너지기 마련이다. 만약 소크라테스가 철학과 지혜 없이 산파술을 기술로만 사용했다면 결국 자기가 자기 발목을 잡는 자승자박에 빠져 허우적거리다가 무의미하게 사라지지 않았을까? 그러므로 질문을 공부하려면 철학과 기술을 같이 배워야 한다.

우리가 질문을 공부하는 이유는 일상생활 곳곳에 적용하고자 함이다. 따라서 교육 현장에서의 질문은 주로 학습이나 공부와 관련되어 있다. 학생들에게는 현장이 학교이고 일상이 공부이기 때문이다. 공부 전반에 걸쳐 질문이 중요한데 그 가운데서도 읽는 힘을 기르는 독서와 서로 대화하고 소통하며 진리를 찾아가는 토론에 특히 질문이 중요하다. 독서와 토론에서 질문은 어떻게 서로 연관이 되어 있을까? 그 내면의 연결 고리를 찾아보자.

질문에 관한 아름다운 소설, 질문하는 교사 '왜냐 선생님'이 등장하는 『허생전을 배우는 시간』을 통해 읽기와 질문의 단계를 살펴보자.

## 『허생전』과 『허생전을 배우는 시간』

연암 박지원이 지은 『허생전』은 중고생 시절에 한번쯤 읽어본 소설이다. 남산골에서 7년 동안 책을 읽던 허생이 아내의 비판을 견디지 못해 자기가 공부한 바를 시험하러 나선다. 장안 최고 부자인 변 부자에게 돈 만 냥을 당당히 빌려 과감하고 영리하게 매점매석을 시도한다. 전국의 과일과 말총을 모두 사모아 두었다가 물건이 귀해 값이 오르면 두 배에서 열 배까지 되팔아 장사를 하면서 국가경제의 허약함을 탄식한다. 나라에 도적이 창궐하자 도적들을 모아 섬에 들어간다. 돈 만 냥씩을 주며 가족을 데려오게 하고 섬에서 자기가 꿈꾸는 이상 세계 건설을 위해 애써보지만 섬이 작아 큰 뜻을 이루지는 못한다. 돈을 많이 벌었지만 그 돈을 모두 나라에 풀 경우 인플레 현상이 나타날 것을 우려한 나머지 돈 50만 냥을 바다에 버린다. 변 부자에게 빌린 돈을 열 배로 갚는다. 변 부자가 허생의 비범함을 알아보고 술친구 삼아 같이 어울린다. 당시 조정의 실세인 이완대장을 소개하고 허생으로 하여금 이완에게 나라를 부흥할 계책을 알려주기를 청한다. 밤에 찾아온 이완에게 허생은 세 가지 국가 부흥책을 제시하나 기득권과 싸우기를 두려워하는 보수적인 이완대장은 모두 어렵다고 한다. 다음 날 아침 이완이 다시 허생을 찾아가니 집이 텅 비어 있었다.

이 정도가 대략의 허생전 줄거리다. 최시한의 소설 『허생전을 배우는 시간』은 국어를 가르치는 왜냐 선생님에게 허생전을 배우는 주인공이 일기를 쓰는 형식으로 전개된다. 문예반 학생이라 글을 곧잘 쓰는지 왜냐 선생님으로부터 허생전을 배우면서 깨달은 점과 벌어지는 상황들을 자세하게 적어두고 있다. 배경은 1989년으로 보이는데 그 해 전교조가 창립되어 많은 선생님들이 해직의 아픔을 맛본 해이다. 왜냐 선생님이 해직을 경험하는지 알 수 없지만 노조 가입과 관련이 있고 장학사가 찾아오고 학교에 들어오지 못하는 상황으로 보아 배경은 어렵지 않게 짐작이 된다.

주인공은 왜냐 선생님에게 허생전을 배우면서 삶에 대한 깨달음을 얻어간다. 친한 친구인 윤수라는 아이 덕분에 머리만이 아닌 온몸으로 공부하는데, 윤수는 말은 어눌하지만 진정성이 있고 배움을 몸으로 실천하는 아이다. 왜냐 선생님의 공부에는 우리가 독서를 할 때 어떤 과정을 거쳐야 하는지 잘 나타난다. 뒤집어 말하면 작가의 고민, 즉 질문의 과정이 잘 숨어 있다는 말이기도 하다. 독서를 통해서 문제제기 과정을 보여주는 일종의 메타 질문 소설이다.

이 소설에 등장하는 왜냐 선생님은 끝없이 질문을 던지는 사람이다. 질문이 있는 교실의 원형이고 모범이 될 만한 모델이랄까. 사회 현실에 대해서도 비판적인 질문을 던지다 보니 교육청 장학사나 교장선생님으로부터 탄압을 받는다. 주인공은 말한다.

나중에 애들이 하는 얘기를 얼핏 들으니 왜냐 선생이 회의에 참석한 게 아니고 교장실에서 교장 선생님과 싸웠다고, 화장실에 갔다 오다 누가 보았다고 했다. 왜냐 선생님이 이겼을 거다. 왜냐 선생님의 막강한 무기는 '왜냐? 그것이니까. 그 이상의 무기가 어디 있는가.

그럼 왜냐 선생님은 질문 교실 수업을 어떻게 진행하는가 살펴보자. 먼저 수업을 위해 과제를 내준다. 일종의 예습인데, 거꾸로 교실에서는 교사가 동영상 촬영을 해서 주요 개념을 미리 설명하지만 여기서는 전통적인 방법을 따른다.

첫째 과제는 줄거리를 적어오기이다. 줄거리 적기는 사실적인 사고의 눈을 키워준다. 관찰의 힘은 광고 인문학자 박웅현이 『여덟 단어』 가운데, '견(見), 이 단어의 대단함에 대하여'에서 매우 설득력 있게 제시한 바 있다.

봄. 보다. 관찰. 고찰. 성찰. 고대부터 이어온 평면적 바라봄에서 입체적 바라봄으로 도약한 르네상스 원근법의 탄생. 그리고 원근법을 해체한 제3의 눈들에서 생겨난 추상의 세계. 눈과 봄이 없다면 불가능한 과정이다.

허생전의 줄거리 적기는 일단 작품을 자세하게 보라는 뜻이다. 어떤 마음, 어떤 눈으로 보는가는 본인의 몫이다. 호기심 어린 눈으로, 아니면 심각하고 진지하게, 아니면 가볍게 슬쩍 겉핥기로. 여기에서부터 질문의 깊이가 달라진다.

별 생각 없이 읽은 경석이의 허생전 읽기는 아무런 고민과 질문이 없다.

'허생은 가난한 사람이었는데, 아내가 돈을 못 번다고 하니까 돈을 많이 벌어서 전부 변 부자한테 다 주어 버리고, 이완 대장이 말을 안 들으니까 죽이려다가 도망쳤다' 이게 '경석이의 허생전'이다.

경석이와 달리 날마다 틀에 박힌 같은 방식의 삶을 회의하는 주인공은 질문을 하며 읽는다. 잘 이해할 수 없는 부분에서 질문을 던져가면서.

그는 대단한 실력을 가졌다. 등장인물들 가운데서 우뚝할 뿐더러 나라까지 좌우할 만한 비범한 사람이다. 그런데 그는 왜 자기가 꾸민 천당 같은 섬에서 글 아는 자들을 모두 데리고 나올까? 그는 '화근'을 없애기 위해서라고 말했다. 글 아는 자가 화근이 된다니 무슨 소린지 알 수 없다. 자기도 글 아는 선비이면서.

아는 것이 힘이다. 글 아는 지식인이 되어야 힘이 생겨 사회를 개혁할 수 있다는 허생이 왜 '지식을 화근'이라 했는지 이해하지 못한다. 어쨌든 주인공은 냉정하고 꼼꼼하게 읽는다. 질문의 시작은 정확하게, 아니 정확하지 않아도 마음을 담아 읽을 때 나온다. 심부재언이면 시이불견이요 청이불문(心不在焉 視而不見 聽而不聞)이라고 했다. 마음을 담지 않으면 열 번 봐도 모르고 백 번 들어도 들리지 않는다. 경석이가 그랬다.

읽은 후 질문하기의 두 번째 단계는 상상력을 다룬다. 아는 것이 힘이라고 주장하던 시대는 지났다. '상상하는 것이 힘'이다. 질문이 힘이라면 앎의 힘보다는 상상의 힘이 더 중요하다. 왜? 앎은 권력이 된다. 허생 말대로 권력적인 앎은 화근일지 모르지만 상상은 화근의 이유를 캐묻고 다른 세계를 보여준다. 새로운 세계의 창조다. 상상력을 대표하는 친구로 주인공의 멋진 친구 윤수가 나온다. 말을 더듬고 마음은 턱없이 약하지만 누구보다 인간적이다. 외로운 친구다.

윤수는 가방을 뒤적거리더니 쓴 것을 내밀었다. 빠뜨린 얘기도 있고 말이 어색한 데도 있었다. 그런데 마지막 문장이 나를 놀라게 하였다. 그걸 적어두어야한다.

'아무도 자기를 알아주지 않아서 허생은 아무도 모르는 곳으로 가 버렸다.' 그러니까 허생은, 아내, 변 부자(卞富子), 이완 대장, 그리고 양민이 된 도둑들까지 모두가 자기를 알아주지 않았기 때문에 세상이 싫어서 숨어 버렸다는 거다. 그 말이 찌릿하게 가슴에 와 닿았다.

왜일까? 찌릿하게 와 닿은 이유가. 허생전의 마지막 장면, '다음 날 가보니 집이 텅 비어있다'는 말은 해석이 다양한, 열린 결말의 문장이다. 허생이 어디를 갔는지, 왜 없는지 아무도 알 수 없고 사람마다 제각기 추론과 상상이 가능하다. 윤수는 '아무도 자기를 알아주지 않아서'라고 해석했다. 답은 모르지만 스스로의 마음을 담아서 읽어낸 것만으로도 주인공은 가슴이 찌릿했다. 평소 윤수의 외로움을 알기 때문이다. 주인공은 윤수의 이 글에서 허생전을 읽은 것이 아니라 윤수의 마음을 읽었다. 윤수 또한 말 그대로 정확하게 자기의 마음을 담아서 허생전을 읽은 것이다.

질문의 두 번째 단계는 보이지 않는 세계에 대한 질문이다. 사유와 고민을 통해서 내가 마음 속에 그려낸 세계를 대상으로 삼는다. 윤수의 경우 고전을 빌어 말하자면 '심재언이면 불시이견이요 불청이문'(心在焉 不視而見 不聽而聞)이다. 마음을 담으면 굳이 애써 보지 않아도 그 속이 보이고 듣지 않아도 마음속 깊이 울림이 생긴다는 말이다.

상상력은 질문의 힘이 어느 정도 되는가를 가늠하는 중요한 잣대다. 우리가 살아가는 가시적인 세계 그 너머의 힘들은 바로 상상에서 오기 때문이다. 1968년 프랑스 6·8 혁명의 구호도 '상상력에게 권력을!'이었다. 새로운 세상을 꿈꾸지 않는 자들의 사실적 권력은 유치하다. 현실적 권력은 총칼로 장악하며 힘이 있어 보이지만 그건 허상이다. 진정한 힘이 아니다. 장자와 마르크스, 아인슈타인에서 만델라까지 혹은 매트릭스의 워쇼스키 형제나 인셉션, 인터스텔라의 크리스토퍼 놀란까지 이들은 모두 상상력의 거장들이다. 남들이 던지지 못하는 질문을 던진 사람들이다. 우선 정확히 본 사람들이고 현실의 토대 위에 상상의 집을 지은 사람들이다. 그리고 그 상상이 다시 현실로 돌아오도록 위대한 꿈을 꾼 사람들이다. 질문은 상상의 어머니다. 아니 상상이야말로 질문의 어머니이기도 하다.

상상이 주관적 망상에 빠지지 않으려면 깨어 있어야 한다. 사실과 상상 사이의 다리에 허황되거나 초월적인 가짜 사다리를 놓고 있는 것은 아닌지 냉철한 비판이 필요하다. 질문으로 치자면 평가적인 질문, 비판적 질문이 있어야 한다. 왜냐 선생님이 그러한 사람이다. 바로 '왜냐'의 힘이 있기 때문이다.

별명이 무색하지 않게 왜냐 선생님은 수업 시간에도 지속적으로 질문을 던진다. 적절한 답이 나오면 칭찬을 해주고 한 걸음 더 나아가는 사고를 자극하는 질문을 던진다. 학생들이 그 질문에 대해서 답을 못하면 다르게 생각할 기회를 주는 질문을 던진다. 소크라테스를 능가하는 질문의 달인이다.

"김동철, 허생은 왜 과일과 말총을 죄다 사 모았을까요?" 동철이가 일어서며 말했다.

"네. 돈을 벌기 위해섭니다."

"내 시간에는 앉아서 대답해도 좋다고 했죠? 그래, 앉아요. 돈을 벌기 위해서라…. 그럼, 돈은 왜 벌었나요?"

"돈을 벌어야 변부자한테 진 빚도 갚을 수 있고, 가난해서 도둑이 된 사람들도 도울 수 있기 때문입니다. 무슨 일을 하건 돈이 있어야 된다는 걸 허생은 잘 아는 사람이었습니다." "그렇다면 백만 냥 가운데 오십만 냥을 바다에다 버린 게 이상하지 않습니까? 돈이 많을수록 할 수 있는 일도 많아질텐데? 허생이 그랬다는 건 챙겨 읽었죠?"

"네. 읽었습니다. 허생은 나라가 작아 그 많은 돈을 받아들일 수 없으므로 버린다고 했습니다. 그러니까 허생은 애초에 꾼 돈이 만 냥뿐이고, 오십만 냥만 가지고 가도 일을 하기에 충분했기 때문에 버린 것입니다."

"그렇게도 볼 수 있겠군요. 그런데 왜 허생은 자기와 아내를 위해서는 돈을 남겨두거나 쓰지 않았을까요? 돈의 힘을 그렇게 잘 아는 사람이?"

동철이는 얼른 대답하지 못했다. 선생님은 기다리셨다. 잠시 후에 동철이가 드문드문 말을 이었다.

"그 당시에는, 선비는 돈을 무시해야 대접을 받으니까…… 그래도 변부자가 먹을 것은 대주니까……."

선생님은 또 기다리셨다. 동철이의 말이 더 이상 이어지지 않자 입을 여셨다.

"동철이는 나름대로 열심히 읽었어요. 하지만 허생의 행동들을 충분히, 그리고 조리 있게 설명하는 데까지는 이르지 못했습니다. 왜 그렇게 됐는지, 누가 그 까닭을 말해봐요."

마이클 샌델 식의 열린 질문 토론 교실보다는 소크라테스의 산 파술에 가까우리만큼 집요하게 묻고 또 묻는다. 학생을 망신주기 위해서는 물론 아니고 스스로 알고 있는 한계의 지점이 어디인지를 깨닫게 하려는 질문이다.

얼마 뒤에 맨 앞줄의 용준이가 입을 열었다.

"변 부자가 먹을 걸 대준 것보다 허생이 돈을 바다에 버린 게 먼저인데, 동철이 말대로면, 허생은 변 부자가 먹을 걸 대줄 걸 미리 단정하고 버렸다는 얘긴데, 그건 좀 허생답지 못한 행동 같습니다."

"네, 일리가 있는 지적이에요. 행동의 앞뒤 관계를 따졌군요. 하지만 중요한 사건, 핵심적인 내용과 관계된 지적은 아니라고 봅니다. '허생답지 못하다'는 표현도 애매하고요. 사실 동철이가 허생의 행동들을 충분히 설명하지 못한 것도 근본적인, 근본적인 원인과 이유를 여러 각도에서 따져 보지 않은 까닭이라 할 수 있습니다. 만사가 그래요. 밑동을 보려고 해야 돼요. 가지 끝이나 잎사귀만 보면 혼란에 빠지기 쉽죠. 내가 동철이한테 처음에 했던 질문, 왜 과일과 말총을 죄다 사 모았느냐는 질문으로 되돌아가서, 동철이의 해석이 어째서 허생의 다른 행동들을 충분히 설명하지 못했는지 알아봅시다. 허생은 어째서 하필이면 과일과 말총을⋯⋯."

다른 대답이 나오기는 했지만 부족하기는 마찬가지. 그러면 다시 돌아간다. 처음부터 질문의 근원, 묻고자 하는 본질, 그 핵심을 놓치고 있기 때문이다. 질문이란 말 자체가 바탕(質), 그것에 대한 물음(問)이니 말이다.

## 비판적 읽기의 힘

하지만 이 정도로는 비판적 단계에 이르지 못한다. 아직 본질에 다가가는 말이 나오지 않았기 때문이다. 왜? 밑동을 보지 못하고 가지와 잎만 보니까. 인식이 부족한 아이들에게 던져진 다음 과제는 허생이란 인물에 대한 탐구다. 그 사람의 행동을 알기 위해서는 그 사람 자체를 알아야 한다는 뜻이다.

"그런데 선생님!"

경석이가 손을 번쩍 들며 말했다.

"이 작품은 좀 잘못된 데가 있는 것 같습……니다. 허생은 선비인데, 선비가 그렇게 장사를 해도 됩니까?"

아이들이 야아 하고 탄성을 질렀다. 뭐 별것 아니라는 듯이 경석이는 턱을 쳐들며 눈을 게슴츠레하게 떠 보였다.

"아주 좋은 질문입니다."

선생님은 경석이한테 미소를 보내셨다.

"하지만 작품에 잘못된 데가 있다고 하기 전에, 먼저 작품을 있는 그대로 놓고 이해해 보려고 해야 됩니다. 우리가 다른 사람을 대할 때처럼 말이죠. 그럼 먼저, 같이 확인해 봅시다. 허생은 선비입니까 아닙니까?"

"선빕니다!"

다들 합창하듯이 말했다.

"자기가 선비라는 걸 강하게 내세웁니까 그러지 않습니까?" 그 물음에는 모두 잠잠했다. 그러자 선생님께서는 책을 잘 살펴보라고 시간을 주셨다. 나는 처음부터 확신했다. 그래서 조금 있다가, 돈을 되돌려주려는 변 부자에게 허생이 한 말을 소리 내어 읽었다.

"재물로 해서 얼굴에 기름이 도는 것은 당신들 일이오… 그대는 나를 장사치로 보는가?"

선생님은 나한테도 흡족한 미소를 보내셨다. 나는 선생님과 눈을 맞추고 질문을 기다렸다.

"잘 지적했습니다. 그런 말하는 걸 보면, 허생은 자기가 선비 또는 사대부라는 걸 강하게 의식하면서 내세우고 있음을 알 수 있죠. 아까 허생이 홍길동 비슷하다는 말이 있었는데, 그럼 홍길동과 허생의 차이점은 무얼까요?"

"홍길동은 도술을 쓰는데, 허생은 머리를 씁니다. 말하자면 허생은, 지식인입니다."

"잘 찾았군요. 그럼 내친 김에 질문을 하나 더 하겠습니다. 홍길동도 가난한 이들을 돕고 허생도 그러는데, 그 돕는 행동에도 어떤 차이점이 있지 않습니까?"

나는 막막했다. 그것까지는 생각해 보지 않았다. 나는 긴장되어 손을 떨면서 그냥 떠오르는 대로 대답하는 수밖에 없었다.

"홍길동은, 일종의, 투사입니다. 홍길동은 자기 부하들이나 자기가 돕는 이들과 하나가 되어 싸우고, 끝에 가서 승리합니다. 그러나 허생은, 돕기만 할 뿐 어디까지나 선비이고, 그래서 결국 지고⋯⋯ 맙니다."

허생이 누구한테 졌다고 생각한 적은 없었는데, 아니 허생은 마음만 먹으면 누구든지 이길 수 있는 사람이라 여겨 왔는데, 홍길동하고 비교하다 보니 말이 그렇게 되었다. 선생님은 주먹을 불끈 쥐어 보이며 커다란 소리로 말씀하셨다.

"지금 한 말을 잘 들었겠죠? 참말 멋진 지적입니다! 본인도 얼마쯤은 그 뜻을 알고 말했겠지만, 그 말에는 참으로 깊은 뜻이, 우리가 살아가면서 두고두고 곱씹을 만한 뜻이 담겨 있어요. 우리가 이렇게 소설을 읽고 궁리하는 건 바로 그런 진실을 발견하기 위해섭니다."

허생은 홍길동 같은 영웅처럼 보이지만 사실 영웅답지 못해요.

왜냐 선생님의 질문이 향한 끝은 어디인가. 그는 주인공인 허생을 영웅시하고 고전을 명작으로 받아들이면서 작가의 권위에 눌리는 현실에 일침을 가한다. 우리는 대가라는 이름으로 우리 앞에 다가오는 위인들을 우러러보도록 교육받는다. 영화나 소설, 뉴스의 주인공들을 비판의 여지없는 대단한 영웅으로 인식하도록 세뇌당한다. 일단 두툼하고 어려운 책 앞에서는 주눅이 들어 나도 감히 저런 책을 읽고 이해할 수 있을까 겁부터 집어 먹는다. 프랜시스 베이컨이 말한 각종 우상의 권위에 짓눌린 까닭이다. 이름값을 하는 책이나 인물들을 존중하지만 그들이 갖춘 지식이나 삶이 절대적인 권위를 갖는 것은 아니다. 시대를 앞서가는 통찰이 있었겠지만 세월이 흐르면 장강의 뒷 강물이 앞 강물을 밀어내는 법이다. 그게 역사의 진보이고 문명의 발전이며 인간 지혜의 성숙이다.

인정할 것은 인정하되 종속되지 않는 힘. 그게 비판적 사고, 비판적 질문의 힘이다. 왜냐 선생님은 시대와 작품과 현실에 대한 비판의 끈을 놓지 않았다. 왜냐? 바로 '왜냐'의 힘을 믿고 알았기 때문이다.

## 해석의 탄생

질문의 힘이 위대하고 역사의 걸음을 재촉한다고 해서 저항이 없고 다른 해석의 여지가 없지 않다. 자기 해석과 설명이 없는 주장은 다시 도그마에 빠져 억압적인 권위주의로 퇴행한다. 유교와 제사 관습, 불교와 종단 싸움, 기독교와 돈의 타락, 마르크스주의와 현실사회주의의 몰락 등 종교나 사상, 철학 등도 저항 없이 세월이 흐르면 고여 썩는다. 당대의 진리가 영원한 진리가 되라는 법은 어디에도 없다. 음지가 양지가 되고 양지가 음지 되는 이치, 그게 자연법이고 우주 생명의 원리다. 그러므로 살아 있으려면 문제를 제기하는 상대와 만나 건강한 해석 다툼의 과정을 거치면서 한 걸음 더 질문을 밀고 나가야 한다. 왜냐 선생님에게는 비판적 물음을 거부하는 동철이가 있었다.

동철이 던진 뜻밖의 질문과 장학사의 출현으로 왜냐 선생님의 허생전 수업은 거기서 끝이 난다. 동철은 허생이 영웅이라며 왜냐 선생님의 주장을 반박하지만 왜냐 선생은 차분히 자신의 주장을 뒷받침하는 근거를 제시한다. 허생의 패배는 허생 행동에 대한 독자로서의 판단으로 허생이 마지막에 사라진 행동을 다양하게 평가할 수 있어야 한다고 주장한다. 동철도 만만치 않게, 허생이 사라진 것은 옛날 이야기의 보편적인 마무리 방법이고, 허생은 어쨌든 영웅적인 행동을 한 사람이라고 반박하자 왜냐 선생님 다시 입을 연다.

"말은, 실체가 아니라 하나의 도구예요. 그게 전달하는 뜻이 그 속에 고정되어 있다기보다, 어떤 입장에서 어떤 의도로 사용하느냐에 따라 그 뜻이 결정되고 변한다는 얘깁니다. 산은 언제나 산이지만, 그걸 가리키는 산이라는 말은 등산가가 쓰는 경우하고 터널기술자가 쓰는 경우에 그 느낌과 뜻이 다른 데가 있단 얘깁니다. 지금 영웅이라는 말을 썼는데, 그런 의미라면 보기에 따라 이완 대장도 영웅일 수 있습니다. 아까 내가 허생이 영웅이 아니라고 했을 때의 영웅은…"

왜냐 선생님은 더 이상 말을 잇지 못했다. 장학사와 교장 선생님이 들어와 선생님을 데려갔기 때문이다. 우리가 여기서 배울 질문의 단계는 해석적 질문이다.

누군가는 이렇게 생각하지만 나는 다르게 생각한다. 그 과정을 통해서 내 생각의 좌표와 뿌리를 탐색한다. 건강한 토론은 해석의 차이에서 비롯된다. 상상력을 발휘해서 질문을 던지고 비판적 질문을 통해 문제점을 따질 수 있다. 그렇다면 이제 남은 일은 해석의 깊이를 헤아리는 일이다. 차이를 음미하는 일이다. 허생이 사라졌다. 영웅의 신비적 행동인가 비겁자의 도피인가? 아니면 윤수가 말했듯이 외로워서, 아무도 알아주지 않아서 어디론가 숨어버린 것인가? 정답은 없다. 자기를 드러내는 해석이, 해석의 차이가 있을 따름이다. 누구의 해석이 더 건강하고 의미가 있으며 독자들의 삶에 의미가 다가가는지는 독자의 몫이다. 각자의 해석에 대한 질문 던지기를 통해서 그 의미를 독자답게, 독자적으로 재구성하면 된다. 그게 진실하게 책을 읽은 독자의 몫이다. 그리고 그것은, 삶으로서의 물음으로 다시 탄생한다.

## 몸으로 질문하기

독서와 질문의 과정을 차근차근 잘 밟아왔다. 제대로 된 눈으로 사실적으로 읽기, 마음을 담아 상상하며 읽기, 한계는 없는지 비판하며 읽기, 그리고 다양한 해석의 여지가 가능한 다관점, 다차원적 읽기. 이 모두가 결국 텍스트에 던지는 질문과 같이 흘러간다는 것도 살펴보았다. 그러나 왜냐 선생님의 멋진 수업으로 이야기가 이렇게 끝나면 이 소설이 그리 깊은 의미를 갖지 못할지도 모른다. 이 정도 이야기는 다른 곳에도 있다. 『허생전을 배우는 시간』은 여기서 한 걸음 더 밀고 나간다. 마지막 몸으로 읽고 질문하기 과정이 남았기 때문이다.

주인공은 소설의 마지막 날 일기에서 '왜냐 선생의 허생전 셋째 시간은 없다! 아마 그 시간은 영원히 오지 않을 것이다. 왜냐 선생님한테 배울 허생전은 영원히 다 배우지 못하는 셈'이라고 말한다. 억지로 끌려나간 왜냐 선생님. 다음 날 허생전 수업이 있지만 교문 앞에서 출입을 거부당해 학교로 들어오지도 못하기 때문이다. 담임 선생님이 대신한 수업은 다시 질문이 없는 과거로의 퇴행이다.

국어시간을 대신해서 들어온 담임 선생님은 '누구든 너무 자기 주장만 앞세워서는 안된다. 민주주의는 다수결이다. 모든 의사표시는 절차를 밟아 법대로 해야지 남이 어쩌잔다고 우우 거기에 쏠려서는 못쓴다.'고 말하지만 윤수나 주인공의 마음을 움직이지는 못한다.

주인공은 담임의 말에 속으로 저항해보지만 용기 있게 나서지 못한다. 그때 자리에 없는 윤수가 운동장에서 발견된다.

창밖을 보았다. 땡볕이 쏟아지는 누우런 운동장 한가운데에 누가 홀로 주저앉아 있었다. 윤수였다. 무릎 앞에 무어라 적힌 종이가 세워져 있었다. 나는 온몸이 떨렸다. 그 종이에 적힌 말은 보이지 않아도 읽을 수 있었다. 아이들이 우르르 창가로 몰렸다.

자리에 앉아라, 앉아! 저, 저 녀석이 퇴학당하고 싶어서! 선생님이 밖으로 뛰어나갔다.

나는 일어섰다. 그리고 온몸의 움직임을 또렷이 느끼면서 복도를 지나, 운동장 가운데로 뛰기 시작했다. 윤수가 땅바닥에 누워 버리는 게 보였다. 내가 업으러 가는지 업히러 가는지 알 수 없었다.

왜냐 선생님의 허생전 수업은 계속되고 있다.

주인공인 '나'는 담임의 말에 속으로만 반박할 뿐 겉으로 드러내지 못했다. 가만히 있으라는 교육에 길들여졌기 때문일까? 말로, 몸으로 행동하지 못했다. 하지만 윤수는 달랐다. 차라리 말은 어눌했지만 윤수는 몸으로 세상을 향해 질문을 던질 줄 아는 아이였다. 주인공인 내가 현실 앞에서 몸으로 살아내지 못한 것과 달리.

사실을 바로 보고, 새로운 상상을 하고 날카로운 비판도 좋다. 상대적 다양성을 수용하고 품어 안는 것도 소중한 미덕이다. 하지만 바로 지금 눈앞의 현실에서 잘못된 일이 벌어지는데 아무런 실천없이 바라만 보고 있다면, 상상만 하고 있다면, 비판만 하고 있다면 그 모든 독서와 질문이 무슨 의미가 있겠는가! 그렇다고 앞에 나서서 깃발을 드는 투쟁만이 옳다는 말이 아니다. 윤수의 삶은 그 자체로 뜨거움이며 어떤 삶이 가장 바람직한지 정답은 없다. 역시 독자들의 몫이다. 이 소설의 주인공은 허생 같은 지식인으로 일기를 쓰고 이렇게 기록을 남겼다. 그것도 하나의 몸으로 던지는 응답이고 실천이다. 우리들에게 주는 새로운 질문이다.

끝으로 사족 하나. '독서백편의자현(讀書百遍義自見)'이라는 말이 있다. 같은 책을 백 번 읽으면 뜻이 저절로 깨달아진다는 말이다. 독자들은 이 말을 믿으시는가? 나는 내 생애에 백 번 이상 읽은 글이 두 편 있다. 최시한의 이 소설『허생전을 배우는 시간』과 김지하 서정시집『애린』이다. '애린'을 읽고 또 읽으면서 내게 없던 감성의 탄생을 느꼈고 '허생전을 배우는 시간'을 통해서 어떻게 글과 세상을 읽는지를 배웠다. 이 책의 독자들에게도 강력히 추천한다. 읽을 때마다 새롭게 읽히면서 끝내 자신의 세계를 다 열어주지 않는 질문 같은 고전. 이 둘이 내 인생의 고전이자 끝없는 질문이다.

# 3
## 내가 경험한 최고의 질문수업
### - 인터뷰 수업

## 질문은 관심이다

세계적인 베스트셀러인 『그레이의 50가지 그림자』는 질문으로 시작한다. 형식은 인터뷰다. 인터뷰는 질문 중의 질문이다. 가장 공식적인 질문의 한 형태이다. 기자회견과 더불어 대표적으로 대놓고 하는 질문이니 말이다.

여주인공 아나스타샤 스틸은 영문과 졸업반 대학생이다. 졸업을 맞아 학보에 그레이를 인터뷰해서 기사를 싣기로 했는데 인터뷰를 맡은 친구가 몸살로 앓아누워 대신 그레이를 인터뷰한다. 그레이는 젊은 나이에 세계적인 갑부로 성공한 입지전적인 인물이다. 멀리 시애틀까지 차를 몰고 가서 인터뷰를 하는 아나스타샤의 심정은 매우 복잡하고 떨린다. 세계적인 부호에다 잘 생긴 젊은 남자를 만나는데 설레고 떨리지 않을 사람이 얼마나 되겠는가. 게다가 사회 활동이라고는 아르바이트와 친구들 만나는 것밖에는 별로 해본 적 없는 처녀인 아나스타샤이니 더욱 그랬다.

첫 만남은 어색했다. 회사에 찾아가서 사무실로 안내를 받는데 주눅이 잔뜩 들어서 입구에서 넘어지고 필기구를 잃을 만큼 당황한다. 준비해간 녹음기도 능숙하게 다루지 못해 녹음노 제대로 못하고 필기도구도 오히려 인터뷰이에게 빌려 쓸 만큼 상황은 좋지 않았다.

그럼에도 마음을 추스르고 초반은 잘 나갔다. 일단 친구가 적어준대로 하나씩 질문을 던져나갔으니까. 그러다 던진 황당한 질문은 "당신은 게이인가?"였다. 잘 알지도 못하는 초면의 상대에게 게이냐고? 성적 취향은 아무데서나 누구에게나 함부로 물어서는 안되는 질문이다. 세상에, 결례도 이런 결례가 없는데, 이 질문을 뜬금없이 던진 까닭은 그동안 여자랑 함께 찍은 사진이 없는 걸 본 친구가 장난 삼아 적어놓았기 때문이다. 어쨌든 스틸은 충분한 준비가 안 된 상태에서 멋모르고 질문을 던져 상대를 당황케하고 질문을 던진 자기 자신도 어쩔 줄 몰라 한다.

정작 문제는 그레이였다. 아나스타샤를 처음 본 순간 어떤 느낌이 들어서인지 기대 이상의 호의를 베푼다. 원래 10분간의 짧은 인터뷰 시간을 예정해 놓았다가 중역 회의를 취소할 만큼 그녀에게 깊은 관심을 보인다. 관심은 곧 질문으로 이어진다. 왜? 관심이 없으면 질문할 이유가 없으니까. 아니 질문 그 자체가 관심의 표현이니까. 관계는 곧 역전된다. 인터뷰를 하러 온 아나스타샤는 오히려 인터뷰이가 되고 그레이가 인터뷰어가 되어 자기가 알고 싶은 질문들을 속사포처럼 쏟아붓는다. 이 둘의 인연은, 운명적인 만남은 그렇게 서로를 탐색하는 질문으로 시작된다.

영화 〈러브 픽션〉에서 영화기획자 공효진과 소설가 하정우가 만나는 장면도 다르지 않다. 글이 잘 써지지 않는 소설가 주월(하정우)은 선배와 함께 독일에 간다. 거기서 연회에 참석했다가 겨드랑이에 털이 북실한 여자, 겨털녀 희진(공효진)을 만나서 사랑에 빠지는데, 첫 장면이 다음과 같다.

사람들이 북적이는 연회장. 곽사장의 친구 영화제작자와 어색하게 인사를 나눈 주월은 물 밖에 나온 물고기처럼 뻘쭘하다. 그는 와인 한 잔 들고 한 쪽 구석에 찌그러져 있다가 한 쪽에 마련된 바를 발견하고 가 앉는다. 그는 독백한다.

"마침 베를린에서는 필름 마켓의 폐막 파티가 열리고 있었고 사장은 영화제작자인 자신의 친구를 소개시켜주겠다며 싫다는 나를 억지로 잡아끌었다. 각국에서 몰려든 영화관계자들로 파티는 대성황이었지만 자신들이 마치 세계 문화계를 이끄는 명사라도 되는 양 우쭐대는 게 꼴보기 싫어 한 쪽에 찌그러져 공짜술만 축내고 있었다. 그때 그녀가 나타났다."

주월, 옆으로 다가와 데킬라를 주문하는 희진. 주월, 희진을 흘깃 보더니 고개를 돌린다. 희진, 담배를 꺼내물고 불을 붙인다. 재를 떨 데 없어 고개를 두리번거린다.

주월, 자기 앞에 놓여있던 재떨이를 슬며시 희진 쪽으로 밀어준다.

    희진 : 땡큐.
    주월 : 유어 웰컴.

희진, 재 털고 한 모금 깊이 들이마시고는 내뿜는다.

    희진 : 한국 분이세요?
    주월 : 아 네, 어떻게 아셨어요?
    희진 : 발음이 후져서요.

이때 주월은 이 여자와 사랑에 빠지리란 걸 본능적으로 직감하는데,

    희진 : (손을 내밀며) 이희진입니다.
    주월 : (엉겹결에 손을 내주며) 구주월입니다.
    희진 : 뭐하시는 분이세요?
    주월 : 그냥 왔다갔다합니다.
    희진 : 택시운전? 베를린의 택시운전사라.
    주월 : 그냥 소설도 쓰고 노랫말도 끄적거립니다.
    희진 : 어머 작가세요?

주월 : 그냥 그런 셈이죠. 그쪽은요?

희진 : 그냥 영화 수입해요. (생각났다는 듯이 명함을 꺼내 내민다.)

주월 : (명함을 받아보며) 아.

희진 : 올해 마켓은 쓸만한 물건이 별로 없네요.

주월 : 아.

희진 : 참 저 가봐야겠어요. 제가 무례했다면 용서해주시구요.
　　　그럼 만나서 반가웠습니다.


이렇게 생긋 웃고는 자리를 뜨는 희진을 보며 주월은 넋이 나간 듯 멍하니 바라본다. 영화나 소설에서 흔히 볼 수 있는 장면이다. 순간 사랑에 빠지면서 호감을 가지고 다가가면서 시작되는 인터뷰 같은 식의 질문. 호감과 관심이 생기면 인간에게는 질문이 시작된다.

실은 굳이 위의 사례가 아니어도 모든 뜻깊은 만남의 시작은 질문으로 시작된다. 상대방에 끌리는 호감이 먼저인지, 상대를 알고 싶은 질문이 먼저인지는 정확히 말하기 어렵지만 둘은 거의 동시적으로, 설명하기 힘든 함수 관계를 형성하면서 이루어진다. 일찍이 유홍준이 알려준 말, '사랑하면 알게 되고 알게 되면 보이나니 그때는 그 앎이 예전과 다르다.'는 그 말이 여기서도 해당된다. 알게 된다는 말은 곧 물음이 생긴다는 말과 동의어이니 말이다.

## 질문과 인터뷰의 만남

서두에 질문과 인터뷰로 만나 인생의 큰 변화를 겪은 영화 속 사연을 소개했는데, 이는 단지 영화 속에서만 벌어지는 일이 아니다. 하브루타를 비롯한 다양한 질문과 토론에서 여러 가지 공부의 철학과 방법을 배울 수 있지만, 이번에 소개할 인터뷰 토론 수업은 단순히 교실에서만의 질문 대답이 아니라 교실 밖, 삶의 현장으로 이어진다는 점에서 커다란 의미가 있다. 교실 안에서 학생들이 같이 책을 읽고 저자나 연관된 사람들에게 서평을 메일로 보낸 뒤 해당되는 사람, 특히 작가를 섭외해 인터뷰를 하는 인터뷰 수업은 이미 『송승훈 선생의 꿈꾸는 국어수업』(양철북)이란 책을 통해 자세히 소개된 바 있다. 여기서는 그 책의 내용에 도움받아 학생들과 실천해 본 사례를 소개하고 그 책에서 다뤄지지 않은 몇 가지 에피소드와 구체적인 인터뷰 방법들을 덧붙이고자 한다. 책과 모둠 활동과 서평쓰기의 생생한 사례를 만나고자 하는 사람에게는 송승훈 선생님의 책을 권한다. 나는 개인적으로 학교 도서관에서 40권을 사서 학생들에게 다 읽힌 후에 그대로 따라하도록 했다. 토론도 그렇지만 좋은 수업은 그 모범 사례를 생생하게 보여주고 따라만 해도 효과가 크다.

8차시 정도에 걸쳐서 인터뷰 수업을 진행하였다. 책에 나온 대로 4~5명 정도로 모둠을 구성했다. 섭외, 기록, 정리, 사진, 발표 등으로 역할을 나누고 책을 선정한 뒤에 같이 읽고 토론을 한다. 서평을 써서 저자나 책의 주제와 관련된 사람에게 메일을 보내고 섭외를 진행한다. 그리고 막상 섭외한 작가 등의 당사자를 찾아가면 어떻게 인터뷰를 진행할지 안내를 해야 하는데 나도 본격적인 인터뷰를 진행해 본 경험이 없어서 고민하다가 주변 사람들의 도움을 받았다. 간절히 물으며 고민하고 가까운 데서 답찾기를 고민하라는 '절문근사'(切問近思)의 정신을 발휘했다. 지인 중에 인터뷰 경험이 많은 사람을 찾았다. 전국국어교사모임 선생님 가운데 『청소년 문학』이나 〈자음과 모음〉 등 잡지에 인터뷰 기사를 작성해온 김영혜 선생님이 떠올랐다. 자료에 대한 도움을 구했더니 본인이 직접 작성한 원고를 보내주셨다. 그 원고를 토대로 재구성해서 다시 정리한다. 내용의 좋은 점은 전적으로 김영혜 선생님 덕분이고 부족함은 내가 재구성해서 쓰는 과정에서 나타난 것임을 밝혀둔다. 기꺼이 원고 활용을 수락해준 김영혜 선생님께 깊은 감사의 인사를 전한다.

## 인터뷰 - 질문을 통해 우주와 만나다

1. 질문도 능력이다

어떤 사람과는 단 5분만 이야기해도 더 이상 하고 싶은 이야기가 없을 정도로 지루해진다. 반면에 누군가와는 두세 시간을 함께 이야기해도 즐겁고 솔직하고 진지한 대화가 오가기도 한다. 그 차이는 어디에서 오는 것일까? 단순히 대상에 대한 호감이 있고 없고의 문제가 아니다. 그 호감을 만들어 내는 것이 '질문'의 능력이라는 게 문제의 핵심이다. 질문에는 일상적이고 가볍고 얕은 질문들도 있지만 대상의 본질까지 확인할 수 있는 깊은 질문들도 있다.

인터뷰는 인터뷰어(질문자)와 인터뷰이(대상자)의 핑퐁게임이다. 혼자서는 도저히 공을 치고 받을 수 없다. 그러나 인터뷰를 주도하는 사람은 분명히 따로 있다. 물론, 인터뷰에서는 인터뷰이가 주인공이기는 하지만 전적으로 인터뷰어의 주도하는 힘에 모든 것이 달려있다. '무릎팍도사'라는 토크쇼에서 게스트도 물론 중요하지만 결국 실제 주인공은 마치 강호동인 것처럼! (오프라 윈프리 쇼, 데이비드 레터맨 쇼를 보라. 과연 누가 쇼의 주인공인가?)

인터뷰를 통한 몇 개의 질문만으로 우리는 상대방의 본질적인 모습을 알아낼 수 있다. 그러나 정작 대부분은 상대방의 마음을 손톱만큼도 읽지 못하고 손을 털고 헤어질 때가 더 많다는 점이다. 질문을 던지기도 능력이므로 얼마든지 훈련이 가능하다. 질문 몇 개 던지는 게 뭐가 그리 어려우랴 싶지만 실제로 인터뷰를 해보면 상대방을 어떻게 요리해야 할지 막막할 때가 많다. 어쨌거나 인터뷰라는 형식의 대화는 질문과 답을 통해 상대방에게 깊게 들어가는 말하기/글쓰기 방법이고 이러한 방법을 통해서 '인터뷰이'라는 새로운 우주에 도달하게 된다는 점을 알아야 한다.

2.인터뷰의 기본(경청과 긍정 그리고 질문하기)

인터뷰를 끝내고 돌아올 때면 이건 성공이다, 이건 실패였다, 스스로 평가하게 된다. 인터뷰어 스스로도 단박에 대화의 내용에 만족도를 자각한다. 관건은 공감의 분위기이다. 처음 만나는 낯선 사람과 적어도 2시간 이상의 대화를, 그것도 잡담이 아니라 일관된 주제를 가진 대화를 나누기는 보통 어려운 게 아니다. 제대로 대화가 이루어지려면 첫 시작이 너무 중요한데, 이때 첫 대화는 공감의 분위기를 만드는 데 주력해야 한다. 어찌되었든 인터뷰어는 인터뷰이에게 '나는 당신에게 호감을 갖고 있고 당신으로부터 이야기 들을 준비가 다 되었다.'라는 무언의 메시지를 끊임없이 주어야 한다.

질문과 답이 시작되면 이제 슬슬 분위기가 풀릴 때가 되었다. 질문 던지는 사람의 가장 기본은 경청이다. 주의 깊게 당신의 이야기를 듣고 있다는 메시지를 상대에게 준다면 어느 누가 솔직해지지 않겠는가? 시선도 계속 그를 향해 있어야 하고 부드러운 미소도 잃지 않아야 한다. 단, 비굴하거나 아부하는 자세라면 상대방도 당신을 믿지 못한다. 허용적이고 긍정적으로 바라보되 나는 당신으로부터 핵심을 놓치지 않겠다라는 결의를 보여줄 필요도 있다.

질문은 반드시 미리 준비한다. 그러나 미리 준비한 질문에 연연할 필요는 결코 없다. 때론 즉흥적인 질문을 던질 때도 있는데 미처 준비하지 못한 질문과 답이 오고간다고 해서 인터뷰 중에 당황할 필요는 없다. 그것이 오히려 더 좋은 인터뷰로 이끌기도 한다.


3. 인터뷰의 절차
1) (정말 궁금한) 대상 고르기
어떤 대상을 고르느냐의 선택은 전적으로 인터뷰어에게 달려 있다. 물론 직업적인 이유 때문에 (잡지사 기자든 방송작가든) 어쩔수 없이 주어진 대상을 인터뷰해야 하는 게 대부분이지만 그렇지 않은 경우라면 자신이 평소에 너무나 만나고 싶었던, 너무나 궁금했던 대상을 찾아야 한다. 궁금함이 없는 대상에게서 질문거리를 찾는 것만큼 지루하고 괴로운 과정이 또 있을까? 자신에게 매혹적인 요소를 던져준 상대를 찾아서 기필코 인터뷰를 따냈을 때의 기쁨은 말로 표현할 수 없다. 또 그래야만 인터뷰의 글이 수준 높아진다고 생각한다.

### 2) 자료조사 (리서치)

대상을 골랐다면 그에 대해 뒷조사를 한다. 대상이 연예인이라면 시시콜콜 가십 기사까지도 조사해야겠지만 그렇지 않다면 굳이 그럴 필요는 없다. 자료는 철저히 주제와 연관된 자료를 모은다. 인터넷이든 서적자료든 논문이든 얻을 수 있는 모든 자료에서 인터뷰이의 흔적과 그림자를 찾는다. 찾아낸 발자취를 마치 모자이크처럼 맞춰가다 보면 어느덧 인터뷰어 당신은 대상의 실체에 점점 더 가까워진다.

### 3) 섭외하기

사실 섭외하기가 제일 어려운 부분이다. 만나주지도 않는 인터뷰이를 뭐하러 인터뷰하겠는가? 섭외만 진행이 되면 90%는 인터뷰가 끝난 것이다. 방송가에서는 섭외만 전문으로 하는 작가들도 있을 정도니 섭외가 얼마나 중요한지는 알 만하다. 섭외하는 방법도 여러 가지이다. 지인을 통해서 하는 방법이야 별거 아니지만, 대체로 출판사나 기획사 등 대행회사로부터 연락처를 얻고 이메일을 받아 몇 번이고 정중하게 부탁을 드려야 겨우 성사될 것이다. 그렇기 때문에 모든 수단과 방법을 가리지 말고 공격적인 섭외를 해야 한다.

### 4) 질문지 뽑기

섭외가 끝났다면 작업에 박차를 가해야 한다. 리서치한 자료를 통합하고 그 속에서 질문거리들을 뽑는다. 가벼운 질문부터 무거운 질문, 과거에 대한 질문부터 현재와 미래를 아우르는 질문, 개인에 대한 질문과 사회에 대한 질문까지 두루 섭렵해야 한다. 대상자로부터 신뢰와 호감을 얻으려면 적어도 '내가 당신에 대해 많이 공부했다'는 인상을 주어야 하고 또 그래야 인터뷰가 좀 더 전문적으로 흐를 수 있으니, 너무 피상적이고 뻔한 질문은 피해야 한다. 구체적이고 본질적인 질문이 핵심이다!

질문을 뽑을 때 카드에 질문을 적어보는 것도 좋다. 한 카드에 하나의 질문을 적어 놓은 후 다음 단계인 질문 순서 정하기에 유용하게 사용할 수도 있기 때문이다. (실제로 방송국의 구성회의 때 이런 방식을 사용하기도 한다)

### 5) 질문 순서 정하기

질문을 뽑았다면 질문의 순서를 생각하라. 인터뷰 질문에 순서를 잡는 몇 가지 원칙은 있을 법하다. 나의 경우, 첫 시작은 대체로 가볍고 일상적인 질문, 상대방에게 호감을 갖게 된 이유나 동기 등으로 시작한다. 자기 경험으로부터 인터뷰를 시작하면 훨씬 접근하기 쉬워진다. 그 다음으로 상대방의 경험, 주로 과거의 의미 있는 사건들에서 현재의 이슈들을 거치고 나중에는 좀 더 거시적이고 큰 틀의 질문을 던져본다. 정말 마지막 질문은 상대방 스스로 자신을 정리하게 만드는 좀 더 본질적인 질문, 이를테면 그의 인생관과 세계관을 들여다 볼 수 있는 질문으로 나아가야 한다.

그런데 이런 질문도 틀에 박혀 있다면 그 틀을 깰 필요는 있다. 자기 나름대로의 질문 순서를 정해놓아야 한다. 여기서 잊지 말 것은 질문을 통해 인터뷰의 줄거리를 먼저 정해 놓아야 한다는 것! 인터뷰도 일종의 스토리텔링이므로, 그 스토리를 이끌어 나가는 것은 인터뷰이가 아니라 인터뷰어라는 걸 명심해야 한다.

내가 즐겨보는 MBC의 무릎팍 도사는 좋은 토크쇼의 전형이란 생각이 든다. 가볍지도 무겁지도 않게 초대 손님을 밀고 당긴다. 그에게 던지는 강호동의 질문도 점차 세련미를 더해간다.(물론 구성작가들의 힘이 크지만!) 강호동의 질문 순서를 잘 따라 가다보면 인터뷰의 질문 흐름도 어느 정도 맥락이 잡힐 것이다.

6) 녹취

인터뷰할 때 녹음기는 필수다. 그것도 2개 이상은 준비해야 한다.(기계가 고장날 것을 대비하여) 녹음기든 MP3든 기계의 힘을 빌려 녹음을 하되 대화 중간 중간 메모하는 것도 잊지 않는다. 대화를 처음부터 끝까지 받아 적는다면 인터뷰에 집중할 수 없으니, 인터뷰 중 인상 깊은 구절이나 단어 위주로 혹은 다시 꼭 질문하고 싶은 내용을 적는 정도로 메모를 한다. 이 메모는 나중에 재구성하여 글을 쓸 때 중요한 단서를 제공하기도 한다.

### 7) 질문의 재구성

녹음한 대화 내용은 날 것이나 마찬가지이다. 그 엄청난 양의 대화를 모두 글로 쓸 수도 없고 그럴 필요도 없다. 거기서 내가 필요한 화제, 내가 의도한 질문과 답만을 취사선택한다. 취사선택뿐만이 아니라 다시 순서를 뒤집어 재구성 해야 한다. 내가 첫 질문으로 뽑은 내용이 막상 답을 들어보니 시시했다면 과감하게 뒤로 보내거나 삭제해야 한다. 인터뷰 중 가장 인상 깊은, 혹은 내 마음을 움직였던 상대방의 대답을 맨 앞으로 끌어낼 수도 있다. 이런 게 바로 구성이다. 구성은 단순히 순서를 재배치하는 것이 아니라, 대상에 대한 새로운 이야기를 만들어내는 경이로운 작업을 의미한다.

### 8) 인터뷰 글쓰기

어떤 글이든 마찬가지겠으나, 특히 인터뷰 글이나 기사는 글의 처음과 끝이 중요하다고 생각한다. 첫 문장, 첫 질문, 끝 질문, 끝 문장에서 글의 힘이 보태어진다. 앞과 뒷부분에 대상에서 얻어낸 본질적인 의문과 해답과 주제의식이 고스란히 드러나지 않으면 인터뷰는 시정잡담으로 전락해버릴 가능성이 크다. 첫 질문과 끝 질문, 첫 문장과 끝 문장이 제대로 자리를 잡았다면 그 뒤의 글은 이제부터 순조롭게 흐를 수 있다고 자신감을 가질 것!

글을 쓰면서 인터뷰어는 스스로에게 끊임없이 질문해야 마땅하다. 인터뷰이에게서 내가 원래 얻고자 했던 해답을 찾았는가?

- 김영혜, 인터뷰-질문을 통해 우주와 만나다

## 좋은 질문과 나쁜 질문

어떤 질문이 상대방이 좋아하는 질문일까? 질문에 관한 유명한 책, 사이토 다카시의 『질문의 힘』에 좋은 질문과 나쁜 질문에 대한 내용이 있다. 그는 좋은 질문으로 구체적이고도 본질적인 질문, 상대방의 머릿속을 정리해주는 질문, 현재와 과거를 연결해주는 질문, 자신의 경험과 상대방을 연결시키는 질문을 제시한다.

반대로 나쁜 질문으로는 쓸데없이 추상적인 질문, 쓸데없이 사소한 질문, 자신이 질문 받았다면 도저히 답변 못할 질문, 주제나 인터뷰 핵심에서 많이 벗어난 질문을 꼽는다. 학생들이 질문을 만들 때는 위에서 말한 기준을 참고하도록 했다.

이 수업을 진행한 때는 2011년이었는데, 학생들이 선정한 인터뷰 대상에는 시를 쓰는 자기 어머니나, 담임 선생님의 남편이 경제를 전공하고 책을 낸 경우도 있어 그 분들이 인터뷰 대상이 되기도 했다. 유명 작가들 가운데 마광수, 김진명 등을 찾아간 학생들도 있었고 '친구사이' 같은 동성애 운동을 하는 곳을 다녀와 발표를 재미나게 해준 친구들도 있었다. 다녀와서 가장 흥분하면서 열을 올린 친구는 지금 서울 시장을 하고 계신 박원순 씨 인터뷰 팀이었다.

당시에는 서울 시장은 아니셨지만 인터뷰에 성실하게 응대해주시고 다녀온 뒤 보낸 감사메일에 친절하게 답변까지 해주신 데다 인터뷰 다녀간 내용을 SNS에도 올려서 공유되었다는 사실에 감탄을 금치 못하고 즐거워했다.

1988년부터 시작된 국어교사의 길. 그 무렵 이오덕 선생님께 배운 삶을 가꾸는 글쓰기로 시작해서 다양한 형태의 독서 교육, 2000년 새롭게 만난 원탁토론으로 아이들과 토론으로 소통하고 다양한 영상 매체 등을 활용한 수업을 해왔지만, 감히 자부하건대 내 인생 최고의 수업은 인터뷰 수업이었다.

건방지게도 랑시에르의 『무지한 스승』을 흉내 내려는 의도는 없었으나 나는 나도 모르는 걸 가르치는 '무지한' 수업의 경험을 이때 해보았다. 단지 책을 사서 소개하고, 읽게 하고, 책의 내용을 따라하게 했을 뿐이며 필요한 순간들에 토론이나 계획, 섭외, 인터뷰, 발표에 필요한 팁들만 가끔 전해줄 뿐이었는데 학생들은 스스로 읽고, 토론하고, 계획을 세우고, 찾아가고, 돌아와 발표 준비를 하면서 그동안 어느 수업에서도 경험하지 못했던 보람과 기쁨을 느꼈다.

앞서 김영혜 선생님은 인터뷰를 통해 우주와 만난다고 했다. 그렇다 인터뷰는 질문이고 질문은 새로운 만남이며, 만남은 또 하나의 다른 세계, 새로운 우주를 건설하는 일이다.

질문으로 교실을 가꾸어자고자 한다면 한 번은, 반드시 인터뷰의 길을, 인터뷰 수업의 문을 두드려보라고 권한다. 당시 인터뷰 수업을 한 아이들의 자료와 경험이 담긴 원고를 책으로 내려고 했으나 부족함이 많아 멈춘 적이 있다. 다음 글은 미완의 책에 넣으려던 서문이다. 이 자리를 빌어 공유한다.


'자기 삶을 찾아가는' 인터뷰 수업을 시작하며


당신과의 인연이 깊이를 알 수 없는 늪이 된 후

내 몸속에 사원이 생겼습니다

사원의 누각에 걸린 종(鐘)에는 당신의 형상이 새겨져 있습니다

내가 바느질하듯 다정으로 새긴 형상입니다

아직 아무에게도 누설하지 않았습니다

생이 비루하게 느껴지는 날이면 한동안 버려두었던

종 채를 찾아 누각에 올라갑니다

당신의 음성이 종소리 되어 울려 퍼져 나간 자리마다

우묵한 우물이 파였습니다

우물이 찰박찰박 깊어질 때

벌레와 몸을 기댄 풀잎이 고요를 젖히며 일어납니다

당신이 사원을 나와 천천히 뒤편의 숲으로 들어가

바위에 엎드려 태아처럼 웅크립니다

(바위가 굳어버린 자궁인 줄 당신은 분명 아는 듯합니다)

그런 당신을 물끄러미 바라보는 내 몸은 신열이 올라

우물을 퍼 올려 마른 정수리에 끼얹습니다

당신이 내 태아인 듯 양수가 부풀어 오르는 소리를 듣습니다

영겁의 인연이라면 어느 전생에서는 내가 당신의

여식이거나 남편이기도 했을 겁니다
다가올 어느 사후에는 당신이 내 자식이기도 할 겁니다
그 사원은 내 자궁 안에 있습니다
사원과 몸을 바꾼 바람이 알려준 비밀입니다
- 이화영, 몸속의 사원『애지』(2010년 겨울호)


여섯 번의 링크로 전 세계 모든 사람을 만날 수 있다는 어느 과학자의 말이 생각납니다. 영겁이란 시간의 인연 속이긴 하지만, 그 안에서 우리는 이미 스친 사이거나 혹은 깊이 만났거나 아니면 제가 바로 당신 자신이었는지도 모릅니다. 지금의 삶이 바로 전생의 연장이라면 말이죠.

제가 가르치는 학생의 어머니 가운데 이런 시를 쓰시는 시인이 계시다는 사실을 알고 놀랐습니다. 그 학생은 선생님들로부터 국어와 문법, 시와 소설을 배우면서 무슨 생각을 할까 싶기도 했고, 이번에 제가 했던 인터뷰 수업을 통해 또 무엇을 배우고 느꼈을까 되돌아 보기도 합니다. 시인이신 어머니를 평소 어떻게 생각하는지, 어머니와 시에 대한 대화는 나누는지, 시인으로서의 어머니와 어머니로서의 시인은 또 어떻게 다른지, 그런 생각들을 하는지 궁금해집니다. 처음에는『도가니』를 읽고 공지영이라는 유명 작가를 찾아가려 했으나 작가가 중국에 있어 포기하고, 다음에는 섹슈얼리티 인권위원회에서 기획한『10대의 섹스 유쾌한 섹슈얼리티』를 읽고 저자를 찾아가려 했으나 일정이 맞지 않아 다른 사람을 찾다가 한 학생의 어머니가 시인으로 시집을 내셨기 때문에 그 어머니를 만나기로 했다고 합니다. 가능하면 유명 작가를 만나고 싶은 마음이 있었겠지요. 성적인 관심이 왕성한 나이이니 이왕이면 그런 주제가 궁금하기도 했을 거고요. 시가 학생들과 거리가 멀고 또 어머니라는 존재가 친구들의 입장에서도 부담일 수 있어서 처음에는 어머니를 선택하지 않으려 했는지도 모릅니다. 그러나 누구보다도 가까이서 삶을 나누는 어머니의 시와 글과 이야기는 그 어머니를 찾아간 친구들의 마음을 울리고 삶에 작은 영감을 불어넣어주었습니다. 인터뷰 수업을 기획하기 전에는 생각도 못했던 일입니다.

저자인 아버지를 인터뷰하고 자기를 돌아본 친구의 경우도 비슷합니다. 이미 널리 알려진 작가를 꼭 만나고 싶어 몇 번의 접촉을 시도했으나 실패하고 재시도 끝에 도달한 자리가 아버지와의 만남이지만, 그 의미는 어느 유명 작가와의 만남보다 자못 크리라 믿습니다. 자기의 삶에 고민과 관심이 많은 어떤 친구들은 아예, 미래에 아버지가 될 자신들을 꿈꾸면서 '날마다 가출을 꿈꾸는 아버지'에 대한 책을 읽고 그 저자를 인터뷰 했습니다.

'진실은 멀지 않는 곳에 있다. 내 곁에 바로 내가 찾는 당신이 있다.' 이번 인터뷰 수업을 통해서 제가 얻은 첫 번째 깨달음입니다.

두 번째 깨달음은 학생들이 '인권'에 대한 관심이 높다는 점입니다. 우리가 바라보는 학생의 삶은 그저 시계추처럼 학교와 학원, 교회와 독서실 등만 오가는 걸로 보이지만, 그 속내에는 삶다운 삶에 대한 열망이 가득합니다. 10대로서 자신들의 권리가 유보되는 현실에 눈뜨고자 하는 갈망도 보이지만, 동성애자, 이주노동자, 매매춘

업종 종사자나 미혼모, 그늘진 곳의 소외된 사람 등 소수자나 낮은 자여서 차별받는 현실에 대해 자세히 알고 싶어하는 마음도 적지 않았습니다. 더 나아가 낮은 자리에서 봉사하는 사람들을 만나고 자신의 삶의 작은 이정표로 삼으려는 아름다운 모습도 가슴 짠하게 다가왔습니다.

서울의 경우 학생 체벌 금지 지침이 내려오고 학교 현장에서 학생과 교사 간의 갈등이 심해진다거나 학생들이 교사들을 가볍게 보고 대든다는 기사들이 종종 나왔습니다. 그런 기사를 접하면서 학생들은 상대에 대한 예의나 타인에 대한 배려심이 없다는 편견에 사로잡히기 쉽지만, 오히려 그런 학생들은 자신의 인권을 존중받지 못한 상태에서 범한 작은 상처의 흔적이 아닌가 싶었습니다. 어둠이 어둠을 바라보고, 그늘은 그늘을 알아보고, 약자의 손을 잡아주는 손 역시 약자의 마음을 지닌 따뜻한 사람들일 테니까요. 이러한 인권에 대한 관심의 발견은 학생들도 늘 자신들이 약자로서 겪는 아픔을 가슴 속 어딘가에 담고 살기 때문이 아닌가 싶었습니다. 그래서 인터뷰 수업을 통해 두 번째로 깨달은 인권 감수성은 기쁘고도 슬펐습니다.


세 번째 깨달음은 '학생들이 자기 꿈의 실현에 대한 욕구가 매우 높다'는 점입니다. 청소년들은 오늘을 살지만 동시에 내일을 사는 사람들입니다. 현대는 21세기에 불어온 '자기 계발'이라는 사회적 열풍이 철학과 인문의 정신과 감성을 무력화시키는 돈의 시대이기도 하지만 학생들은 자본의 욕망 그 이상의 순수하고 아름다운 꿈을 꾸고 살아갑니다. '타오르는 꿈을 안고 사는 젊은이여'라는 오래 전의 노래 가사 속의 꿈은 지금의 청춘들이 꾸는 꿈과 다르지 않았습니다.

학생들은 방송국 피디나 방송 작가처럼 본인들이 선망하는 직업 세계를 살아가는 사람들을 많이 찾았습니다. 소설가를 꿈꾸는 어느 학생은 자기 모둠 친구들과 유명작가 김진명 님을 찾아 충북 제천까지 다녀왔습니다. 박원순 소설 디자이너처럼 누구나 동경할만한 멋진 직업을 가지고 자기 꿈을 세상에 펼치는 분을 만나고 와서 자기가 왜 대학엘 가야 하는지 그 이유를 찾았다고 신나하던 친구의 흥분도 지금까지 그 여운이 제 가슴에 메아리칩니다. 세상이 꿈을 찾을 길을 주지 않았을 뿐, 학생들은 누구나 꿈을 꾸고 있었습니다.

시인이나 소설가를 직접 만나 문학을 인터뷰 현장에서 배우는 경험도 학생들에게는 큰 보람입니다. 교과서에서 배우는 죽은 문학이 아니라, 생생한 육성으로 듣는 시와 소설과 사람 이야기는 그 자체로 감동입니다. 사실 문학의 모태는 문학 아닌 세상이고 작가는 세상의 많은 이야기를 문학적 형식을 통해서 들려주고 드러내는 사람임을 학생들은 시인과 소설가를 만나면서 느꼈겠지요.

마지막 하나 더 이야기한다면 10대가 바라보는 10대 자신에 대한 관심입니다. 어떤 학생들은 이번 인터뷰 수업을 하는데 결정적인 힘이 된 송승훈 선생님을 찾아가 자신들의 삶과 꿈에 대한 이야기를 듣고 왔습니다. 열일곱 살의 꿈을 꾸는 학생들에게 조근조근 이야기를 들려주신 안광복 선생님도 학생들이 오래 기억하는 선생님입니다. 청소년들의 주요 관심사인 외모문제를 재미나게 다룬 만화 『삼봉이발소』를 읽고 청소년 상담센터를 찾아간 아이들은 비록 저자를 만나지는 못했지만, 자기들의 정체성을 한 번 돌아보고 오는 계기를 마련했습니다. 무엇보다도 각자가 만나고 온 사람들 이야기를 글로 쓴 뒤에 서로 발표하는 자리에서 자기 반 친구들을 다시 바라보는 기회를 가졌지요.

신영복 선생님께서 다음과 같이 말씀하셨습니다.

'독서(讀書)는 삼독(三讀)'이다. 처음에는 책을 읽고 다음에는 책을 쓴 사람을 읽고 마지막에는 책을 읽는 자신을 읽는 것이다. 인터뷰 수업은 책을 읽고 사람을 만나러 가는 길이지만, 궁극적으로 학생들이 만나고 온 사람은 저자뿐만이 아니라 바로 자기 자신이었습니다. 그리고 이 책을 통해 이렇게 스스로 작은 저자가 되었습니다. 이 또한 수업을 시작할 때는 상상하지 못했던 보람입니다.

늘 그렇듯이, 가르침 없이 가르쳤지만, 배움은 학생 못지않게 제게 더 컸고 그 파장과 여운은 다음 후배들에게 고스란히 넘어가겠지요.

인터뷰 수업에 대한 첫걸음을 디딘 건 양철북에서 나온 송승훈 선생의 『꿈꾸는 국어수업』이란 책을 통해서입니다. 이 책을 처음 만나고, 아 나도 이런 수업을 해보고 싶다고 꿈을 꾸었습니다. 그해 가을 2학기 두 달 동안 학생들에게 책을 읽히고 가볍게 토론을 시키고 서평을 쓰거나 질문지를 만든 뒤에 저자를 찾아가라 했습니다. 1주일에 한 시간 수업이다 보니 시일도 촉박했고, 어떤 모둠은 끝내 인터뷰를 못했습니다. 그 처절한 실패담도 배움의 터전으로 삼고자 합니다. 무모했지만, 잘 모르기 때문에 시작했고, 한 주한 시간 수업이라 시간도 모자랐기에 여기까지밖에 오지 못했다 싶습니다.

『남한산성』 서문에 보면 봄마다 남한산성에 가서 늘 놀았다는 작가 김훈의 말이 부러웠습니다. 제가 소설가도 아니고 유명 작가는 더더욱 아니지만, 수업은 잘 못해도 잘 노는 교사였으면 좋겠다는 부러움을 사게 하는 말이었습니다. 인터뷰 수업은 저 혼자 그러나 동시에 학생들과 함께 잘 놀았던 수업이었습니다.

무위당 장일순 선생님을 일컬어 '하는 일 없이 안 하는 일 없으시며 날마다 아래로 기어 한 포기 난초가 되셨다'는 김지하 시인의 시 한 구절을 생각합니다. 늘 가르치지 않으려 몸부림치는, 무지한 교사를 꿈꾸는 제게 무언의 주술 같은 힘을 주는 말씀입니다. 비록 아래로 기어 난향을 풍기는 수업은 아니었지만, 이번 인터뷰 수업은 '하는 일 없이 안 하는 일 없는' 수업에 도전해 본 최초의 수업입니다.

더 깊고 따뜻하게 학생 한 사람 한 사람을 보살피지 못한 책임을 이런 넋두리로 위안을 삼습니다. 인터뷰에 실패했거나, 글이 이 책에 실리지 않아도, 보이든 보이지 않든 지난 두 달을 함께 보낸 벗들, 영동의 벗들 모두가 이 책의 저자입니다.

인터뷰 수업은 선생인 제게 한 마디로 '신생'(新生)입니다. 내 몸

속에 새로운 사원을 하나 짓고 그 안에서 새로운 학생들, 새로운 아기 같은 당신을 키워내는 내 안의 양수가 출렁거리는 자궁을 발견하는 바로 그 시간이었습니다. 앞으로도 더 이상 지난 생(前生)이나 다가올 생(後生)에 연연하지 않고 늘 지금 여기의 새 삶을 살고 싶습니다.

2011년 12월. 영동의 뜨락에서 유동걸

# 4

## 철학적 탐구 공동체의
## 질문 놀이들

### 철학과 질문을 고민하는 선생님들

질문을 고민하고 활용하는 어린이 철학 토론 공부 모임이 있다. 『토론 수업 레시피』로 알려진 서울교대 김혜숙 선생님이 운영하는 다음 카페 어린이 철학교육(http://cafe.daum.net/p4ci)과 필명 동글이 남진희 선생님이 꾸준히 운영해온 다음 블로그의 어린이 철학교실(http://blog.daum.net/givingvision/)이 그것이다. 피노키오라는 필명의 울산 박상욱 선생님(www.cafe.daum.net/moral11)도 철학적 탐구야말로 질문의 본질이라고 생각하시면서 수업 시간에 질문과 철학을 결합하기 위해 고민을 많이 하신다.

질문에 대한 책을 쓴다면, 특히 질문 있는 교실을 고민한다면 반드시 관통해야 할 관문 중의 하나가 철학적 탐구공동체일 듯싶어

윗분들에게 양해를 구하고 자료를 얻어 정리한다.

일단 철학적 탐구공동체가 왜 중요한지, 우리에게 어떤 의미가 있는지 소개하고 우리한테 친숙한 스무 고개 놀이부터 까삼총사, 왜냐하면 게임 등을 공부해보자.

먼저 박상욱 선생님께서 아침독서신문에 소개한 글을 보면 그 과정을 자세히 알 수 있다.

- 문 : 철학적 탐구공동체 토론이란?
- 답 : 보통 토론수업이라고 하면 대부분 디베이트(Debate) 또는 대립형 토론을 생각한다. 필자 역시 디베이트를 활용한 수업과 동아리 활동을 하고 있지만 도덕수업에서 지속적으로 적용하기에는 문제가 있다. 일단 디베이트는 찬성과 반대라는 이분법적인 사고를 토대로 이루어지며, 말하기와 논리 중심의 딱딱한 토론수업이 되기 일쑤였다. 그래서 학생들 개개인의 도덕적 신념과 열정을 수업 속에 녹여내기가 힘들었다.

그래서 필자가 수업 속에서 적용하고 있는 방식은 철학적 탐구공동체 토론이다. 이는 어린이들에 대한 철학교육을 위해 미국의 아동철학교육 운동가인 립맨(Lipman)에 의해 창안된 수업모형이며 이미 우리나라에서도 많이 알려져 있다. 철학적 탐구공동체 토론은 비판적 사고, 창의적 사고, 배려적 사고를 포함하는 다차원적 사고력 향상을 목표로 한다. 논리와 감정, 실천을 통합적으로 적용하도록 하는 철학적 토론이라고 보면 된다. 립맨의 탐구공동체 수업 진행절차는 다음과 같다.

> 교재 읽기 - 토론주제 만들기 - 공동체 다지기 - 연습문제와
> 토론계획 활용하기 - 심화반응 고무시키기

- 문 : 어떻게 진행하시나요?
- 답 : 철학적 탐구공동체 토론도 교사마다 다양한 형태로 실현된다. 필자의 경우 중학교 도덕 교과의 모든 시간을 철학적 탐구공동체 수업으로 진행하고 있다. 교육 내용 없이 토론만으로 수업을 진행할 수 있을까? 하고 걱정하는 사람도 많지만 올해로 5년 동안 그렇게 진행을 했고 어느 정도 소기의 성과도 거둘 수 있었다. 진행방법은 다음과 같다.

가) 교재 읽기 : 다 같이 교과서를 읽는 과정이다. 반 전체가 토론으로 들어가기 위해서는 공통된 경험을 가질 필요가 있다. 이를 위해 아이들은 소리 내어 교과서를 읽는 과정을 거친다. 그러면서 아이들은 비판적으로 교과서를 읽는 방법을 익힌다. 단순히 이해를 위한 읽기를 넘어 깊이 있게 텍스트를 만나는 법을 배울 수 있다. 교과수업에서는 교과서를 읽지만 독서토론을 할 때는 해당 도서를 읽으면 된다. 실제로 필자는 2014년 2학기 방과후 토론반 수업에서 『라플라스의 악마, 철학을 묻다』라는 책을 가지고 이 방식으로 수업을 진행 했다.

나) 질문 만들기 : 교과서를 비판적으로 읽게 되면 자연스럽게 아이들의 머릿속에는 여러 가지 의문점이 떠오른다. 그것이 토론의 출발점이다. 철학적 탐구공동체의 가장 큰 특징은 토론의 시작이 아이들의 의문점에서 비롯된다는 점이다. 아이들이 처음에 가장 어려워하는 지점이 바로 이 부분이다. 그럴 때 교사는 반드시 스스로 의문을 가질 때 진정한 탐구가 이루어진다는 점을 아이들에게 주지시킬 필요가 있다. 아이들의 질문이 가치가 없다고 여겨질 때에도 교사는 이를 소중히 여기고 그 의문에 접근해야 한다. 그러면 수업은 자연스럽게 토론으로 이어진다. 질문 만드는 과정은 개인질문을 만들고 이를 모둠활동을 통해 모둠질문으로 이어간다. 그리고 모둠질문은 칠판에 적게 하여 다수결을 통해 전체질문을 선정한다.

다) 토론하기 : 전체질문이 정해지면 이를 가지고 전체 학생들과 자연스럽게 토론으로 들어간다. 아이들은 서로의 의견을 들으면서 동의, 반박, 보충, 질문 등의 발언들을 이어간다. 이때 교사는 아이들의 발언을 자연스럽게 연결시켜 주는 역할을 한다. 발언이 나오지 않을 경우에 교사는 연속질문을 통해 아이들의 대화가 계속 이어지고 더 깊이 있게 탐구가 진행될 수 있도록 안내한다. 이 과정이 교사의 전문성이 가장 필요한 지점이다.

라) 철학노트 쓰기 : 토론은 결코 결말로 이어지지 않는다. 탐구는 언제나 열린 결말의 문제로 끝난다. 토론을 언제나 교사가 정리해 주어야 한다고 생각하는 것은 위험하다. 토론을 통해 확장된 아

이들의 사고를 오히려 축소시켜 버릴 수 있다. 토론이 끝나면 자신의 철학노트에 토론에 대한 자신의 생각을 정리하는 것으로 충분하다. 대부분 논술의 형태로 정리할 수 있지만 때때로 시, 소설, 에세이 등의 형태로도 정리하도록 지도한다. 토론은 논리의 교환이기도 하지만 감정의 교환이기도 하다. 논리와 감정을 잘 표현해 볼 수 있게 하기 위해서는 문학적인 글쓰기도 매우 중요하다.

마) 심화표현활동 : 토론 주제를 좀 더 심화된 형태로 표현해 보는 활동도 필요하다. 철학적 탐구 공동체 토론을 마무리한 후에 그 주제를 가지고 UCC 제작, 그림 그리기, 광고 제작하기, 캠페인 활동, 연극 토론, 디베이트 토론 등으로 연결해서 진행한다. 매 수업시간 마다 할 수는 없지만 아이들이 특별히 흥미를 보인 주제에 대해서는 1학기에 2~3회 정도 이렇게 진행하는 것도 수업의 전체적인 리듬을 위해 필요하다. 그리고 이렇게 완성된 작품이 또 다른 토론을 위한 출발점이 되기도 한다.

토론을 준비하는 교사에게 가장 중요한 것은 아이들의 말을 들을 수 있는 귀이다. 아이들의 말 속에 들어 있는 의미와 철학, 감정을 읽어낼 때 비로소 대화가 가능하다. 토론수업의 모형을 연구하기 전에 현재 하고 있는 수업 속에서 이러한 대화를 이끌어내는 시도를 해 보기를 권한다. 그 후에 다양한 수업 모형 속에 토론을 접목해 가면서 자신만의 토론수업모형을 찾아야 한다. 개인적으로는 모든 교과에서 철학적 탐구 공동체 토론을 접목해 볼 필요가 있다고 생각한다. 각 교과에서 전달하고자 하는 지식의 근본에 대한 질문과 토론이 이루어져야만 한다. 그럴 때 그 교과가 학생들의 삶속으로 들어온다. 한번쯤 학생들이 수업시간에 쓸데없이 한 질문을 가지고 진지하게 토론으로 이끌어가 보면, 아이들의 다양하고 깊은 생각에 감탄을 금치 못할 수도 있다.

- 문 : 혹시 덧붙인다면?
- 답 : 필자와 함께 수업하는 아이들은 한 학기에 한번 이상은 의무적으로 수업을 듣고 난 뒤의 자신의 느낌이나 생각, 평가를 수업일기라는 형태로 수업카페에 올려야 한다. 물론 필자 역시 시간이 날 때마다 수업일기를 카페에 올리고 있다. 그 밖에 수업에 대한 연구자료 및 과제들도 카페에 올리고 있으니 혹시 관심이 있는 학생들이나 선생님들에게 도움이 되면 좋겠다.
- 박상욱, 윤리적 탐구 공동체와 도덕 수업

## 가벼운 질문 던지기

선생님은 토론 수업을 위한 과정으로 소개를 하셨지만 여기서 반드시 들어가는 중요한 과정이 질문 만들기이다. 놀랍게도 선생님은 아이들과 질문만들기 한 과정들을 동영상으로 찍어서 어린이 철학교육 카페에다 지속적으로 올려주기도 하셨다. 관심 있는 분들은 찾아보시기를 권한다.

이번에는 김혜숙 선생님께서 운영하시는 계발활동인 어린이 철학반 연간 계획을 보자.

〈어린이 철학반〉

1. 우리가 함께 하려는 것

   1) 사고기술을 활용하여 깊고 넓고 바르게 생각하는 협동적 사고능력을 익힌다.

   2) 친구, 평화와 같은 중요한 개념의 의미나 관련된 문제를 친구들과 함께 탐구한다.

   3) 함께 생각하고 토론하기의 중요성을 느낀다.

2. 시간 : 60분 (1, 2학기 총 20차시)

3. 차시 구성

마음열기 - 명상하기 - (교재읽기) - 질문만들기 - 토론하기 - 글쓰기(철학저널쓰기)

여기 역시 다른 공부 모임과 달리 질문 만들기가 중요한 과정으로 자리 잡고 있다. 그 가운데 질문과 친해지기에는 '까삼총사' 놀이하기, 그림보고 '호기심 풍차' 만들어 이야기 나누기가 있고, 질문 만들기에는 '질문 60가지' 중 질문 고르기, 교재 읽고 대표 질문 만들어 이야기 나누기가 있다. 자세히 살펴보자.

다양한 질문게임에 앞서 그림에 질문 던지기부터 시작한다. 그림은 눈앞에 공개적으로 펼쳐 드러난 이미지이기 때문에 같은 그림을 보고 누가 어떤 고민과 생각을 하는지 질문을 통해서 공유할 수 있다.

그림은 시적인 이미지의 성격을 띠고 있어 이미지의 관찰과 이해를 통한 시공부에도 자주 쓰이고 글쓰기 등 여러 공부와 접목이 가능하다. 일반적으로 은유가 풍부한 여러 그림을 활용하지만 여기서는 색다른 그림 하나를 소개하고자 한다. 다음의 그림을 보신 적이 있으신지? 그림을 보고 같이 질문을 만들어보자.

질문을 던져보자

- 이름이 있나요?
- 누가 처음 만들었나요?
- 왜 이런 그림을 그렸을까요?
- 왜 물음표가 느낌표보다 큰가요?
- 관련되는 인물이 있나요?
- 융합을 뜻하는 건가요? 등등

이 그림의 이름은 '인터러뱅'이다. 물음표(?)와 느낌표(!)가 하나로 합쳐진 모양의 인터러뱅은 1962년 미국 광고대행사 사장인 마틴 스펙터(Martin K. Specter)가 만든 새로운 개념의 문장부호다. 물론 그전까지 이러한 의미가 있는 부호들이 없었던 것은 아니다.

비록 비공식적인 글에서이긴 하지만, 사람들은 '그건 어때?!'와 같이 의문도 아니고 감탄도 아닌, 두 가지 의미를 동시에 표현하기 위한 문장부호들을 종종 사용했다. 여기서 새로운 아이디어에 착안한 스펙터는 '수사학적 질문'과 '교차시험'이라는 뜻을 가진 라틴어 'interrogatio'와, 감탄사를 표현하는 은어 'bang'을 조합해 '인터러뱅(Interrobang)'이라는 단어와 부호를 만들어 냈다.

관련된 인물들은 이순신, 세종대왕에서 스티브 잡스와 페이스북(Face Book) 창시자 주커버그까지 창의성을 가진 사람들이라면 모두 해당된다. 융합은 기본이고 물음에서 느낌표, 마침표를 아우르니 가히 이 우주의 비밀을 모두 품고 있는 그림이라 할만 하다. 꼭 이런 추상적인 기호나 이미지 그림이 아니더라도 무언가 같이 생각해보고 고민해볼 가치가 있는 그림이라면 무엇이든지 좋다.

### 다양한 질문 놀이들

가. 스무 고개

우리가 어린 시절 자주 하던 스무 고개 놀이는 질문을 던지고 알아맞히는 게임이다. 한 사람이 어떤 물건을 마음속으로 생각하면, 다른 사람이 스무 번까지 질문을 해서 그것을 알아맞혀야 한다. 질문은 원칙적으로는 '예·아니오'로 대답할 수 있어야 하지만, 규칙에 따라 첫 번째 질문은 동물성·식물성·광물성 여부를 물어보아도 된다.

1950년대 영국 BBC의 라디오 프로그램 〈트웬티 퀘스천스(Twenty Questions)〉로 유행했고, 대한민국에는 군정기 때 이를 똑같이 모방한 프로그램이 만들어지면서 퍼졌다.

스무 고개를 모르는 사람은 없다. 하지만 지금은 질문이 사라지듯 집안에서나 교실에서도 거의 사라져버린 게임이다. 스무 고개의 가치는 끊임 없이 호기심을 자극하면서 서로 교감하고 이해하고 소통하는 힘을 키워주는 것이 아니었을까 싶다. 수업 시간에도 주제나 핵심 제재와 관련된 단어를 가지고 스무 고개를 하면서 자연스럽게 질문하는 분위기를 만들어도 좋다.

나. 까 삼총사 - 까바, 까만, 까주

까 삼총사는 모든 문장 뒤에 '까?'를 붙여 '바'꾸기, '까?' 스스로 '만'들기, 둘이 '까?'를 '주'고받기이다. 먼저 어느 정도 효과가 있는지 카페의 대화를 살펴보자.

특히 '매일 아침인사하고 각자 '~까' 질문을 한 다음 친구들의 통과가 되어야 집에 보내요. 며칠 간은 매일 같은 '~까' 질문을 하기에 다른 '~까' 질문이면서 목소리가 커야 보내는, 그러니까 두 가지가 통과되어야 집으로 보내니 좀 질문이 달라지면서 나름 다듬어 지네요.

아이들도 질문을 만들기 위해 고민하는 것 같고 하루 수업을 한 다음 수업과 행동에 관한 것들을 만들기도 해요. 간단하게 아이들의 생각을 발표하게 하니까 그것만큼 발전하고 있어요. 아이들도 재미를 느끼고요. 같은 것도 반복해서 하다가 보니 다른 생각들이 연결됩니다. 저도 조금씩 재미를 느끼고 있습니다.

저도 오늘부터 '~까' 질문 만들기 하려던 참이었어요. 그런데 제가 예시를 좀 해줘야 하지 않나요? 전 3학년이라서 애들이 이해를 잘 못할까봐요. 그리고 열린 질문을 하도록 유도해야겠죠? 시작도 전에 고민만 많은 사람입니다. 지금 바로 시작해봐야겠어요

먼저 '까 삼총사' 중에 '까 바꾸기' 먼저 해 보세요. 샘이 문장을 말하면 아이들이 그걸 까 문장으로 바꾸는 거예요. 샘이 생각하는 일종의 예시를 주는 건데 그걸 또 하나의 놀이를 통해 주는 거예요. 예를 들어 샘이 비가 옵니다 하면 아이들이 비가 옵니까 하는 거예요. 까라는 문장과 조금 친해지게 하는 거죠 그 다음에 까 만들기를 하면 더욱 더 아이들이 자신있게 더 빨리 흡수한답니다. 그리고 나서는 까 주고받기로 이어가고요. 다음은 두 사람이 까 만들기를 하면서 먼저 끝나는 사람이 지는 거지요. 처음에는 열린 질문으로 유도하지 말고 일단은 질문에 익숙해지도록 하는 게 좋아요.

정말 이 방법대로 하니 애들이 재미있어 합니다. 주말엔 생각공책에 일기 대신 하루동안 있었던 일들을 중심으로 까 만들기를 해오라고 했더니 정말 기발한 질문들이 많더군요.

김혜숙 선생님은 본격적인 철학 주제 탐구에 앞서 주로 마음 열기 활동으로 질문 놀이를 하신다. 앞서 언급한 '까 삼총사 놀이'다. 까 삼총사란 '까바(까?로 바꾸기), 까만(까?로 만들기), 까주(까?를 주고받기)'이다.

먼저 '까바 놀이'를 해보자.

신문이나 책, 광고 등 우리가 일상적으로 당연하게 받아들이는 모든 문장에 물음표를 붙인다. 자명한 진리라고 여겨지던 것들이 갑작스레 토론의 주제로 바뀌는 걸 알 수 있다.

대한민국은 민주공화국이다 - 대한민국은 민주공화국일까?

사람이 책이다 - 사람이 책일까?

나는 생각한다. 고로 존재한다 - 나는 생각한다 고로 존재할까?

뭉치면 살고 흩어지면 죽는다 - 뭉치면 살고 흩어지면 죽을까?

까바 놀이의 목적은 사물이나 사건에 대해 의심과 회의의 자세를 키워주는 것이다. 당연한 것을 당연하게 받아들이지 않고 남들이 다 그렇다고 생각하는 일에 의문을 제기하는 것이다. 굳이 정답을 찾지 않는다. 정답은 모른다. 우리가 날마다 접하는 신문의 큰 제목에 이렇게 물음표를 붙여보면 세상이 달리 보인다. 이렇게 우리가 일상에서 접하는 모든 문장들에 질문을 붙여보면 새로운 관점의 사고가 형성된다. 무조건 맹목적으로 수용하는 태도를 버리고 합리적인 의심의 자세를 배울 수 있다. 그런 점에서 까바의 일상적 실천이야말로 토론의 기본이고 질문의 기초가 되는 공부다.

그럼 다음 속담들을 가지고 '까바' 놀이를 해보자.

싼 게 비지떡이다 -
아무리 바빠도 바늘 허리 꿰어 못쓴다 -
가는 말이 고와야 오는 말이 곱다 -
개천에서 용 난다 -

이런 까바 놀이를 할 수 있는 가장 좋은 소재는 신문이다. 신문의 제목부터 부제나 핵심 문장 등에 물음표를 붙여보면 신사고의 세계를 접할 수 있다. 눈에 보이는 문장만 까바의 대상이 되는 것은 아니다. 우리가 오감으로 느끼는 모든 감각에 대해서도 물음표를 붙여볼 수 있다. 드라마나 뉴스를 보면서도 지속적으로 질문 바꾸기 놀이를 할 수준이면 이미 대단한 질문가의 경지에 오른 것이다. 단지 눈에 보이는 문장 뿐만 아니라 모든 감각과 사고를 질문으로 바꾸어보자. 물론 지금 질문의 중요성을 강조하는 이 글에 대해서도 말이다. 질문은 정말 중요하고 힘이 셀까?
'까바'가 잘 되면 그 다음에는 '까만 놀이'에 들어간다. '까만'은 주어진 문장으로부터가 아니라 여러가지 소재를 바탕으로 자신 스스로 문장을 만들어 질문을 한다. 예를 들어 학교를 소재로 '까만 놀이'를 해보자.

학교는 누가 처음 만들었을까?

학교는 아이들을 행복하게 해주는 곳일까?

학교는 왜 이름이 학교일까?

학교에 가지 않으면 안 되는 것일까?

학교에 아이들을 안 보내면 무슨 일이 생길까? 등등

여기에 연결 질문을 하면 이런 질문들이 만들어진다.

학교에 안 간 아이들 중에 훌륭하게 성장한 아이는 없을까?

초등학교 교육은 왜 의무 교육이고 고등학교 교육은 의무교육이

아닐까? 등등

이런 놀이를 하면서 소개해주신 『중요한 사실』이라는 동화책이
무척 인상적이었다. 이 책의 원작은 미국의 그림책 작가 마가릿 와
이즈 브라운인데 원제는 'The Important Book'이다. 한국화가 최재
은의 손으로 새롭게 태어난 책인데 마그리트를 연상케하는 초현실
적인 그림들이 아이들의 상상력을 무한대로 자극한다.

이 책은 반복적인 운율감과 다양한 응용이 가능한 주제의 깊이
로 인해 실제 미국에서 수업 교재로 활용되는 책이다. 우리 주변에
서 흔히 볼 수 있는 숟가락, 사과, 신발 등 익숙한 사물의 가장 근
본적인 특성을 간결하지만 시적인 언어로 표현했다. 가령, 숟가락
에 관한 중요한 사실은 숟가락으로 밥을 먹는다는 것, 비에 관한
중요한 사실은 비가 모든 걸 적셔 촉촉하게 한다는 것, 그리고 너

에 관한 중요한 사실은 네가 바로 너라는 것으로 마무리 되는 문장을 통해 매일 만나는 일상의 본질을 새로운 시선으로 바라보게 만든다.

곰 세 마리, 이상한 나라 앨리스의 토끼, 아기 돼지 삼 형제와 늑대, 눈의 여왕, 메리포핀, 장화 신은 고양이 등 동화 속 주인공들을 곳곳에 그려놓아 읽는 이로 하여금 또 다른 즐거움을 선사한다. 이제까지 만나보지 못한 독특한 그림책이다.

우리가 숟가락을 사용하고 데이지를 바라보는 이유. 비는 왜 오고, 풀은 왜 눈부시고, 눈, 사과, 바람은 왜 존재하는가? 그리고 하늘과 신발은 왜 또 존재하는가? 마지막으로 이런 물음을 던지는 나는?

아마도 나에 관한 가장 중요한 사실은 '나는 바로 나'라는 것이다. 우리가 질문을 던지는 이유도 결국 나 자신을 찾아가고 알아가기 위해서다. 나의 탄생과 생활, 관계와 죽음, 알 수 없는 시간 속을 흘러가는 자신을 찾기 위한 끝없는 인생의 의미와 보람 그것은 질문에서 찾아지기 때문이다.

한마디로 이 책은 우리 삶에서 정작 중요한 사실은 무엇인가 하는 본질적인 질문에 접근하게 하는 책이다.

이처럼 질문은 가벼운 세상에 무언가 가볍지 않은 의미를 툭 던져주면서 삶을 깊은 내면으로 이끌어간다. 우리가 먹고 자고 살아가는 이유는 무엇인가? 본능과 감각 이상의 삶에 대한 무언가가 우리를 끌어당기기 때문이다. 우리가 삶에서 질문하지 않는다면 배부른 돼지랑 무엇이 다르랴. 꼭 배고픈 소크라테스가 될 필요는 없지만 적어도 소크라테스적인 삶을 살아야 할 이유는 너무나 많다. (소크라테스가 왜 배고픈지 궁금하다면 질문하라!)

이렇게 까만 놀이는 삶을 한 단계 고양시킨다. 점프 업된 생각이 만들어진다면 그 다음은 나눌 차례다. 누군가와 짝을 이뤄 질문을 주고받기, 그게 바로 까주이다.

까주 놀이는 한 사람이 질문하고 다른 사람은 대답하고, 역할을 바꿔서 질문 대답 놀이를 하는 것이다. 두 사람 이상이 서로 짝을 지어 질문을 주고받으며 열심히 토론하고 질문하는 모습. 좀 익숙하지 않은가? 그렇다 바로 유태인 교육의 뿌리인 하브루타가 바로 그것이다.

까주는 만들어진 질문을 가지고 짝을 정한 뒤에 서로 질문대답을 주고받는 놀이다. 형식은 다양한데 그 가운데 가장 활용도 높은 것으로 구인광고의 응용판이 있다. 구인광고란 처음 만난 사람들끼리 상대방에 대한 호기심을 가지고 서로 질문을 세 가지 이상 주고받는 것인데, 제목과 내용 주제만 바꾼다면 얼마든지 까주 놀이로 발전시킬 수 있는 활용도 만점의 방법이다. (『토론의 전사』 2권 참고)

다. 꼬리에 꼬리를 무는 질문, '꼬질꼬질'
까 삼총사 놀이가 끝나면 꼬질꼬질 놀이 단계로 넘어간다. 꼬질꼬질? 꼬치꼬치 캐묻는 걸 말하는가? 그렇다. 그러나 꼬질꼬질은

'꼬리에 꼬리를 무는 질문' 놀이를 말한다. 앞서 간단히 언급한 연결 질문 놀이이다. 앞 사람이 질문을 던지면 거기서 한 단계 더 나아간 질문. 그 질문은 앞 질문의 반대, 심화, 비교, 전환 등 어느 방향으로든지 가능한 질문이다. 다른 이름으로 '왜냐-질문놀이' (because game)라고도 한다.

한 사람이 첫 문장을 질문으로 제시하면 누군가가 답을 한다. 그러면 다음부터는 다음 사람이 그 문장을 질문으로 바꾸어 던지고 다시 다음 사람이 새로운 질문에 답을 이어가는 게임이다.

오이디푸스는 왜 스스로 자기 눈을 멀게 했을까?
진실을 발견했기 때문이다.
(다시 그 부분에 대해서 질문) 그는 왜 진실을 발견했을까?
끝없이 진실을 찾아 헤맸기 때문이다
(다시 문장을 받아서 질문) 왜 진실을 찾아 헤맸는가?
자기 자신의 명석함을 백성들에게 보여주고 싶었기 때문이다.
그는 왜 자기 자신의 명석함을 백성들에게 보여주려 하였는가?
자신이 아버지를 죽이고 어머니와 결혼한 무지를 깨닫지 못했기 때문이다.

이런 식으로 꼬리에 꼬리를 물면서 질문을 이어가는 연습을 해본다.
다음 주제를 가지고 꼬질꼬질 질문게임을 해보도록 하자.

사람들이 사회적 약자를 차별하는 이유는 무엇일까?

〈미생〉이 인기 있는 드라마가 된 이유는 무엇일까?

왜 예수는 '원수를 사랑하라'고 했을까?


이밖에도 기존에 우리가 즐겨온 놀이들에 질문을 결합하면 다양한 형태의 질문놀이를 만들 수 있다. 다양한 질문 게임들을 가지고 학생들이 평소 질문하는 습관을 들일 수 있도록 같이 놀면서 질문에 대한 관심을 갖게 하고 질문 능력을 향상시켜보자.

# 4장 질문의 달인으로 거듭나기

1. 질문을 잘하는 방법

2. 질문에 질문으로 답하기

3. 손석희의 질문법

4. 질문은 고차원적 앎이다

**❝** 간절히 묻고 가까운 곳에서
답을 찾아 생각하라 **❞**

- 공자, 논어

# 1
## 질문을 잘 하는 방법

### 왜 발문인가?

질문 수업을 한다고 하면 선생님들이 먼저 하는 고민이 발문법이다. 토론 공부를 하면서 질문법을 같이 강의해달라고 하는데, 그 가운데서도 가장 자주 듣는 말이 '어떻게 하면 질문을 잘 할 수 있는지 구체적으로 그 방법을 알고 싶다'였다.

사람마다 자기 고민이 다르고 삶의 현장이 다르기 때문에 획일적인 방법으로 질문 능력을 향상시키기는 쉽지 않다. 질문은 결국 묻는 사람이 본인에게 가장 절실하고 필요한 상황과 마음속에서 나오기에 질문 기술이나 방법을 배운다고 질문력이 쑥쑥 향상되지 않는다. 앞서 이 책의 1장에서 2015년 고3 수업을 〈미생〉으로 시작했다고 말한 바 있다. 그때 만든 학습지를 주변 선생님들께 보여드

렀더니, 많은 분들이 〈미생〉을 한 번 보면서 좋은 드라마구나 생각했는데, 어떻게 그런 질문을 뽑아낼 수 있었는지 질문력이 놀랍다'는 반응을 보였다. 그게 어떻게 가능했을까?

일단 〈미생〉이 학생들에게 좋은 텍스트라는 생각으로 드라마와 만화를 각각 3회 정도 보면서 그 가운데 가장 핵심적인 내용이 무엇인가를 생각하면서 살펴보았다.

예를 들면 1화에서는 바둑 세계에서 종합상사로 삶의 터전을 옮기면서 장그래가 낯선 환경에 적응하는 과정에서 생기는 문제들에 초점을 맞추고, 2화에서는 홀로 시작한 장그래가 소외감을 느끼다가 우리라는 공동체 의식을 느껴가는 과정, 3화에서는 한석률과 피티 작업 과정에서 낯선 타자와 공존과 투쟁을 동시에 배우고 자기 삶의 길을 개척해가기 등등. 이렇게 매 회 가장 핵심적인 사건과 고민들을 발견하게 되면 그것과 연결된 질문을 찾아내서 학습지를 만들어가는 식이다. 결국 좋은 질문은 애정과 관심, 절실함과 노력으로 만들어지지 질문 방법을 기술적으로 익히는 데서만 길러지지는 않는다.

나의 질문지를 본 뒤 어느 선생님이 보내온 반응이다.

선생님!!
제가 선생님을 존경하지 않을 수 없어요~^^. 어떻게 같은 것을 보고 이런 학습지를 만들어 낼 수 있는지 새삼 '질문력'에 대해 생각하게 되네요. 읽는 내내 이 학습지로 선생님께서 수업을 어떻게 풀

어내실까 상상해 봤어요.(상상해봐도 떠오르지는 않지만요 ㅋㅋ)
오히려 선생님의 수업 후기와 학생들 반응이 궁금합니다.

선생님의 진보적 의식이 저와 비슷하여 저로서는 고개 끄덕여지는 부분이 많은데, 혹시 선생님의 독창적 사고에 대해 아이들의 생각은 또 어떤지요. 고3학생들에게 〈미생〉을 매개체로 사용하시는 선생님의 용기와 그것을 충분히 학습적인 요소로 연계 승화시킨 선생님의 질문력에 고개가 숙여졌습니다.


학습지 공개도 안하고 이런 편지만 소개해서 민망하지만, 내가 고민하고 절실하게 생각하는 바를 여러 가지 질문으로 풀어냈기에 이런 편지를 보내왔으리라 생각한다. (〈미생, 장그래의 공부법〉이란 책은 나중에 출간할 예정이다)

일단, 이런 마음을 전제로 하고 그럼에도 수업에 있어서 질문이란 어떻게 단계적으로 밟아나가는 것이 좋은 방법인지에 대한 팁들을 몇 가지 소개한다.


## 단계적 질문 - 프리덤 라이터스


질문은 목적은 궁극적으로 문제 상황을 해결하고자 하는 데 있다. 문제의 본질에 가장 깊게 다가가는 질문을 던져서 같이 생각해보고 대화와 문답, 토론 속에서 그 문제에 대한 생각을 깊게 하고 해결 방법을 찾는다. 하지만 처음부터 본질적인 문제를 직접 던지면 사람들은 마치 절간의 스님들이 수준 높은 질문으로 처음부터 신자들의 마음의 핵심을 뚫고 들어가려는 것처럼 어렵게 받아들인다. 자기 팔을 잘라서라도 부처의 제자가 되겠다는 혜가나 전 재산을 버리고 성인을 따르려는 제자들이 아니라면 질문은 가볍고 단순한 데서 점점 본질적인 단계로 나아간다.

영화 〈프리덤 라이터스〉의 그루웰 선생님은 단계적 질문을 통해 아이들과의 소통에 성공한 사례를 감동적으로 보여준다.

초임으로 부임한 학교는 도저히 학생들을 가르칠 수 없을 정도로 열악한 곳이다. 교사의 말을 듣지도 않을 정도로 학생들은 교사를 무시하고 학생들 서로도 불신과 폭력에 휩싸여 있다. 우리나라 일반고는 천국이다 싶을 만큼 학교 수업 분위기는 속된 말로 개판의 연속인데 아이들에 대한 사랑을 접을 수 없는 그루웰은 고민 끝에 새로운 시도를 한다. 학교 안팎에서 총격전과 패싸움이 자주 벌어지고 아이들은 불량배들과 어울리며 마약에도 노출되어 있다. 수업은커녕 생활지도나 대화조차 거의 불가능하다. 그루웰 선생님이 시도한 방법은 '라인 게임'인데 교사의 질문에 학생들은 몸을 움직여 대답을 한다. 교사의 질문에 동의하면 라인 앞으로 그렇지 않으면 제자리에.

우선 그루웰이 학생들의 입을 열게 하기 위해 몸을 먼저 사용했다는 점을 눈여겨봐야 한다. 학생들이 질문을 하거나 대답을 한다는 것은 단순히 머리의 기능, 이성의 힘이나 지식으로만 되는 일이 아니다. 온몸으로 자기의식이나 감각을 동원해서 의사 표현을 하는 행위이다. 대화와 소통을 통한 변화와 성장. 그런 점에서 영화 〈프리덤 라이터스〉는 교사라면 놓치지 말아야 할 고전 같은 작품이다.

질문 수업이 시작되는 날, 이날따라 출근하는 교사 눈빛이 예사롭지 않다. 무언가 굳은 결심을 한 듯한 표정이 마치 생사를 건 싸움에 나서는 장수를 연상케한다. 교실에는 늘 그렇듯 학생들이 자유롭게 늘어져 있다.

"자~, 재미있는 게임을 해보자. 재미있을 거야. 의자에 앉지도 말고 책을 읽을 필요도 없어. 게임만 할 수 있다면 말이야. 어쨌거나 종이 칠 때까지 여기 있기만 하면 되는 거지. 좋아, 이건 라인 게임이라는 거야. 자 질문을 하나 할게. 만약 질문에 관심이 있거나 동의하면 선 가까이 와서 서면 돼. 그리고 다음 질문을 위해 다시 한발 물러나. 쉽지?"

(아이들 흥미를 느낀다는 듯이) "일단 한번 해보죠."

"첫 번째 질문. 'Snoop dogg'를 얼마나 알고 있지?"(거의 모든 아이들 우르르 몰려나온다)

"좋아, 물러서. 다음 질문. 너네는 'boy n hood'를 몇 번이나 봤지?" (역시 대부분 아이들이 그 정도는 껌이지 하는 표정으로 나왔다 들어간다.)

"좋아 다음 질문. 계획성 있게 산다고 생각되는 사람은 몇이나 되니? 너희들은 서로를 얼마나 알고 있니? 고아원이나 감옥에 있었던 사람들 말야. 고아원 나온 사람은 얼마나 되니? 얼마를 있었건, 감옥도 포함해서."

그때 고민되는 한 학생이 질문한다.

"난민캠프도 포함이에요?"

"니가 결정해."

몇몇의 아이들이 나왔다가 들어간다.

"지금 당장 마약을 얻을 수 있는 곳을 아는 사람?"

"갱단에 있는 사람과 친분이 있는 사람? 이중에 갱단에 가입한 사람은?" (갑작스런 정적)

"오, 시도는 좋았어."

"음, 멍청한 질문이었어. 그렇지?"

"그럼요."

"학생들은 갱단에 가입하는 게 불가능하니까 말이야. 미안해, 사과할게. 자, 그럼 이제 조금 더 심각한 질문으로 들어가보자. 폭력으로 인해서 친구를 잃어본 사람, 가까이 서봐."

(여기서도 꽤 많은 아이들이 앞으로 나선다)

"한 명보다 많이 잃은 사람만 남아봐."(몇 명 들어가고)

"세 명."(역시 조금 더 들어가고)

"네 명보다 많이." (이제 소수의 아이들만 남는다.)

"좋아, 그럼 지금 그 친구들에게 안부를 전해보자. 그냥 이름만 말하면 돼…."

(무겁고 슬프지만 무언가 이름을 불러봄으로써 마음속의 응어리들을 풀어내는 느낌으로 먼저 죽은 친구들의 이름을 부른다. 숙연하다.)

"……대단히 고맙다. 자, 너희에게 준비한 게 있어. 누구나 각자의 사연이 있겠지. 네 자신에게라도 각자의 얘기를 하는 건 참 중요한 일이야. 그래서 우리가 지금 하려는 건 이 일지에다 매일매일 쓰는 거야. 원하는 건 뭐든지 써. 과거, 현재, 미래의 일 아무 거나 쓸 줄만 안다면. 그냥 일기처럼 쓰는 거야. 노래, 시, 나쁜 거 뭐든지 말이야. 대신 꼭 매일 써야 돼. 펜을 가까이 두고 영감이 떠오를 때마다 써. 이건 성적에 들어가는 것도 아니야. 진실한 글에 어떻게 A나 B를 줄 수 있겠어? 그리고 너네가 허락하지 않는 한 읽어보지 않을 거야. 제목 써놓은 것 정도는 읽을 필요가 있겠지. 매일 쓰는지 확인하기 위해서 말이야. 그리고 내가 읽기를 원한다면. 여기 캐비닛이 있어. 보통 잠겨있지만 나에게 보여주고 싶으면 여기다 일기를 두면 돼. 매 수업이 끝날 때마다 이 캐비닛은 잠글 거야. 오케이?"

이렇게 수업은 일차 마무리된다.


그루웰의 발문을 보자


1. "첫 번째 질문. 'Snoop dogg'를 얼마나 알고 있지?"

2. "좋아, 물러서. 다음 질문. 너네는 'boy n hood'를 몇 번이나 봤지?"

3. "좋아 다음 질문. 계획성 있게 산다고 생각되는 사람은 몇 이나 되니?, 너희들은 서로를 얼마나 알고 있니? 고아원이나 감옥에 있었던 사람들 말야. 고아원 나온 사람은 얼마나 되니? 얼마를 있었건, 감옥도 포함해서"

4. "지금 당장 마약을 얻을 수 있는 곳을 아는 사람?"

"갱단에 있는 사람과 친분이 있는 사람? 이 중에 갱단에 가입한 사람은?" (갑작스런 정적)

5. "자 그럼 이제 조금 더 심각한 질문으로 들어가보자. 폭력으로 인해서 친구를 잃어본 사람, 가까이 서봐."

6. "한 명보다 많이 잃은 사람은 누구지?."

7. "세 명 이상은 누구야?"

8. "좋아. 그럼 지금 그 친구들에게 안부를 전해볼까? 그냥 이름만 말하면 돼…."

질문의 형태로 바꾸어보면 대략 이렇다. 질문1은 너무나 단순하고 가볍다. 참여하고 있는 학생 대부분에게 해당하는 질문이다. 누구라도 쉽게 몸을 움직이고 대답할 수 있는 쉬운 질문이다. 이어지는 2번도 마찬가지. 1번과 마찬가지로 부드럽고 편안한 질문으로 이런 정도라면 누구라도 대답할 수 있겠다 하는 여유와 자신감을 불러일으킨다.

3번부터는 질문에 좀 더 무게가 실린다. 4번 역시 그렇다. 마약을 구하는 곳, 갱과 친분이 있는 사람, 심지어는 갱단에 가입한 사람까지 물어보면서 약간 오버를 하지만 이런 질문은 오히려 학생들의 마음을 풀어주는 역할을 한다. 교사가 완벽하게 질문을 준비한다기보다 자연스럽게 자기가 느끼는 문제의식을 학생들에게 던진다.

이쯤 되면 학생들 사이에서도 아, 이게 장난이 아니구나. 무언가 질문의 바탕에는 선생님이 우리들과 교감하고 우리 상처를 돌아보게 하려는 의도가 있구나 하고 느낄 수도 있다. (물론 영화에서는 그런 의도를 읽어냈는지 나오지 않지만)

여기서 중요한 발문의 기술은 참여를 이끌어내되 그동안 학생들이 한 번도 던져보지 못한, 혹은 알면서도 감추고 싶었던 질문을 던졌다는 점이다. 일종의 비약, 도약 단계다. 마치 배움의 공동체에서 학생들이 공부를 하다가 생각하지 못했던 질문과 활동을 통해서 무언가 한 차원 더 높은 배움을 경험하게 하는 것과 비슷하다.

5~7번이 그루웰 선생이 오늘 아이들과 나누고 싶었던 핵심 질문이다. 가장 궁극적인 차원의 질문, 그날의 수업에서 결국 교사가 하고 싶었던 본질적인 질문으로 다가간다. 갱들에 의해서 희생된 친구들이 몇 명이나 되는가? 그루웰은 평소 학생들이 서로 반목하고 싸우는 이유는 자기 상처도 있지만 친한 친구나 패거리를 형성하는 모임 관계 속에서 왔음을 감지했다. 죽고 희생당하고 상처받은 친구들이 있어 이렇게 살아남은 친구들끼리도 서로 사이가 좋지 않고 상대를 멸시한다는 걸 알았기에 학생들이 그 문제를 어떻게 해결할까를 고심하다가 마음이 아프고 괴롭지만 죽은 친구를 떠올리게 했다. 그것도 한두 명이 아니라 세 명, 네 명까지.

애초에 그루웰이 설정한 학습 목표는 주변 친구들과의 폭력적인 경험으로 인한 상처의 극복이었다. 그리고 학생들에게 글쓰기와 책 읽기의 힘을 길러주고자 함인데 처음부터 '글이란 무엇이며, 독서를 왜 해야하는가'라고 강의를 하면서 설교를 늘어놓았다면 학생들의 내면에 어떤 변화도 일어나지 않았을 것이다.

그루웰이 학생들의 마음을 움직인 것은 무엇보다도 게임을 통한 질문과 몸으로의 대답이었다. 그리고 그 몸이 결국 자기 안에 있는 깊은 상처를 돌아보게 하고, 힘들지만 아픔을 느끼게 하고, 앞으로 이 상처를 극복하기 위해 어떻게 걸어가야 하겠구나 하는 의지를 갖게 만들었다.

친구들의 이름을 불러 내면의 상처를 치유하게 하는 과정까지. 비록 이 수업이 토론 수업은 아니고 마음의 상처를 치유하는 수업으로 흘러갔지만 목표는 교사가 설정하기 나름이다. 문제는 거기에 도달해가는 과정인데 그루웰은 적절하고 의미 있는 단계적 발문을 통해서 뜻한 바를 이루고 차가운 얼음장 같았던 학생들과 소통하는 데 성공한다. 학생들이 적극적으로 참여하는 수업의 기본으로 무엇보다도 중요한 마음의 길을 트는 데 성공한다.

학습의 목표가 있다면 바로 전 단계, 그 이전 단계에 어떤 질문들을 던져서 목표를 이룰지 고민해야 한다.

## 신호등 카드를 활용한 발문

발문 단계 훈련과 연결해서 학생들의 활발한 참여가 이루어지는 토론 가운데 신호등 토론이 있다. 빨강 · 노랑 · 파랑색의 종이를 학생들에게 나누어주고 교사의 발문에 학생들이 바로 입을 열어 답하지 않고 신호등 카드를 들어 의사표시를 하는 토론이다.

교사가 질문을 던졌을 때 동의하면 파란색 카드를 들고, 자기 생각과 다르면 빨간색 카드를 든다. 중립적인 입장을 하거나 대답하기 애매하면 노란색 카드를 들어서 의사표시를 한다.

카드를 활용하는 이유는 학생들 가운데 누가 어떤 의견을 가졌는지를 교사가 한 눈에 알아보기 위함이고, 또 학생들 입장에서는 의사 표시를 할 때 자기 입장에 대해서 미리 생각을 해보는 효과가 있다. 던져진 질문에 대해서 입장을 정하면 논리가 생기는 효과다. 어떤 문제에 대해서 자기 의견을 표하면서 아무런 생각과 개념 없이 의사표시를 하는 경우는 거의 없기 때문이다. 이때 주로 활용하는 발문법이 그루웰과 유사한 방법이다. 우선 가볍고 편안한 질문에서 단계적으로 핵심을 찌르는 질문으로.

그 질문의 예를 살펴보자.

경기도에서 9시 등교를 실시하는 방안을 내놓자 찬반 여론이 들끓었다. 강압적인 지침이라는 인상을 주지 않기 위해 서울 등지에서도 학교 구성원들의 토론을 통해서 주제 토론을 하고 자율적으로 결정하라고 권고를 했다. 만약 이 주제를 가지고 토론을 한다고 했을 때 학생들의 의견 확인과 토론 참여를 어떻게 이끌어낼까?

1단계는 누구나 쉽고 가볍게 참여할 수 있는 일상생활의 질문. 더 나아가서는 지금 이 자리에 참여하는 기분이나 감정, 상태들에 대한 더 가벼운 질문도 좋다.

가. 현재 상태에 대한 파악
 1) 이번 학기 행복한 사람?
 2) 지금 컨디션이 좋은 사람?
 3) 오늘 좋은 일이 있었던 사람?
 4) 이번 시간 수업이 기대되는 사람?

나. 참가자들 자신에 대한 파악

 1) 오늘 아침을 먹고 온 사람?

 2) 자기 삶이 만족스러운 사람?

 3) 반 친구들이 좋은 사람?

 4) 자기를 진심으로 사랑하는 사람?

 5) 꿈이 있는 사람?


다. 오늘 배울 내용, 주제와 관련된 질문(예를 들어 춘향전을 배우다. 사랑의 관점에서)

 1) 춘향은 왜 이도령과 사랑에 빠졌을까? 혹은 이도령은 왜 춘향을 보고 첫눈에 반했을까?

 2) 춘향과 몽룡은 만난지 얼마 만에 첫날 밤을 보냈을까?

 3) 당시에는 십대들의 성과 사랑을 어떤 눈으로 바라보았을까?

 4) 춘향은 사랑에 대한 탄압을 어떻게 이겨냈을까?

 5) 둘의 사랑은 영원할까?


라. 배운 내용과 자신의 삶을 연결 짓는 질문

 1) 나는 누군가를 진정으로 사랑해본 적이 있는가?

 2) 참 사랑과 거짓 사랑의 구별은 어떻게 하는가?

 3) 인간이 진정으로 누군가를 사랑하는 것은 가능한가?

이렇게 단계를 정해서 질문을 던지고 신호등 카드를 들게 한 다음에 적절하게 발표와 토의로 이끌어간다. 특정 질문에 대해서 찬반의견이 뚜렷이 나타나는 경우에는 반론의 개념을 알려준 다음에,

상대방의 근거를 정확히 듣고 자기 의견 발표가 아닌 반박을 하게 한다. 그리고 상대측 의견자들 가운데 재반박. 이렇게 진행하면 질문에서 토론으로까지 이끌어가는 것이 가능하다.

서두에 언급했지만 질문의 힘과 단계, 기술들은 마음이 빚어내는 그림자에 불과하다. 스스로 절실히 묻고 또 묻는다면 좋은 질문은 자기도 모르게 나타난다. 그리고 훈련이 완벽을 만든다.

(Practice makes perfect!)

묻고 또 묻자.

# 2

## 질문에 질문으로 답하기

**토론의 현장과 질문하기**

어느 고등학생 토론 대회에서 상대를 몰아붙이는 교차 조사가 한창 진행중이다. 논제는 〈동성애 교육을 학생들 성교육에 포함시켜야 한다〉이다. 교육부가 학생들 성교육 과정에 동성애 교육을 배제하라는 지침에 따른 적합성 여부를 놓고 토론을 하는 중이다.

찬 : 동성애자들은 신체적으로 타고날 때부터 문제가 있다고 하셨는데 맞습니까?

반 : 저희는 의학적인 결과 자료를 가지고 말씀드린 겁니다.

찬 : 구체적인 증거나 사례를 제시해 주시겠습니까?

반 : 그럼 아니라는 증거가 있나요?

날카로운 질문을 핵심 과정으로 하는 교차조사식 토론에서 종종 질문을 받는 사람이 대답은 않고 역으로 질문자에게 반문을 하는 경우가 있다. 질문의 의도나 의미를 제대로 파악하지 못 했을 경우 다시 한 번 정확하게 질문을 해달라는 요구사항인 경우도 있지만 어찌어찌해서 대답을 하다보니 자기도 모르게 상대방의 질문이나 의도가 문제가 있다고 여기는 순간 반론성 질문을 하기도 한다.

원칙적으로 대답자가 역으로 질문하기는 금지되어 있지만 질문자가 올바른 질문을 하지 못하고 질문 스스로가 근거가 부족하거나 올바르지 못한 질문을 하면 상대에게 반문의 기회를 주게 된다. 이는 대답자가 원천금지된 질문을 활용하여 상대방에게 반대로 공격하는 경우다. 위의 사례는 대답의 의무를 지는 측에서 성실하게 답변을 하지 못하고 엉뚱하게 반문을 하는 경우다

찬 : 구체적인 증거나 사례를 제시해 주시겠습니까?
반 : 외국의 어느 대학에서 발표한 사례에 따르면 등등

이러한 식으로 구체적으로 원하는 바를 답해주고, 만약 질문자가

찬 : 과학적인 근거도 없이 편견을 가지고 계신 것은 아닌가요? 그럼 다음 질문으로 실제로 동성애자들이 사회에 해를 끼쳤다는 증거가 있으면 제시해 주십시오.

반 : 저희는 동성애자들이 사회에 해를 끼쳤다는 주장을 한 적이 없습니다. 박원순 서울 시장이 왜 서울 인권 조례에서 동성애 조항을 삭제했겠습니까? 다 이유가 있지 않을까요?

이런 식으로 반문하는 것은 금지되어 있지만, 질문자가 토론의 규칙을 어기는 질문을 하게 되면 오히려 상대로부터 질문 공격을 받기도 한다. 답을 하는 측에서는 답보다는 역으로 질문을 해서 상대의 공격을 막고 자기의 주장과 근거를 드러낼 수 있는 좋은 기회다. 질문에 질문으로 대답하는 것은 어느 정도의 힘을 가지고 있을까?

## 질문을 주제로 한 책들

우리나라에 소개된 질문에 관한 책들을 보면 크게 두 종류가 있는데, 하나는 서양 사람들이 쓴 책으로 대개 경영학과 리더십 함양의 측면에서 질문을 다루어놓았다. 다른 하나는 일본 사람이 쓴 책인데 여기서는 질문의 기술들을 소소하게 많이 소개한 것이 눈에 띈다. 이런 책들은 질문의 힘이나 발문법, 질문이 있는 교육에 대한 내용을 다룬다는 의미가 없지 않지만 질문의 본질이나 가치를 깊게 성찰하고 교육 분야에 이르기까지 폭넓게 다룬 책은 찾아보기 어렵다. 그래도 이런 책들은 질문에 대한 관심을 불러일으키고 기술적인 방법과 활용법을 익히고 이해하는 데 도움이 된다. 그 가운데 일본 사람 키도 카즈토시가 쓴『질문의 기술』에는 일상생활에서 사용할 수 있는 질문의 기술들을 다양한 사례를 들어 짧게 소개하고 있다. 그 가운데 업무를 떠맡기는 선배 대처법이 흥미롭다. 비결은 간단한데 요지는 상대의 질문에 질문으로 답하라는 것이다. 인상적인 대목을 간단히 소개한다.

> 선배 : 어때, 일 끝났어?
> 후배 : 네.
> 선배 : 그럼 부탁하나 해도 돼?
> 후배 : 뭔데요?
> 선배 : 실은 내일 아침 일찍 회의가 있어서 자료 작성 중인데 도와 줄 수 있어?

선배가 일 끝났냐고 물어오면 아무 생각없이 '네' 하고 대답하면서 '왜요' 하고 묻게 된다. 그럼 선배는 기다렸다는 듯이 자기가 원하는 부탁을 말한다. 별로 도와주고 싶지 않아도 자기 일을 먼저 다 끝냈다고 한 후배 입장에서 거절하기 힘들다. 만약 이런 상황에서 선배가 일이 다 끝났냐고 물어온다면, 오히려 바로 되물으면 어떻게 될까?

> 선배 : 일 다 끝났어?
> 후배 : 선배님은요?
> 선배 : 아직...
> 후배 : 그러세요? 선배님 파이팅!

이렇게 답하면 선배의 부탁을 듣기 전에 빠져나올 수 있는데 핵심은 바로 '선배님은요?'라는 역질문에 있다. 키도 카즈토시에 따르면 상대방 질문의 의도를 깊이 생각하지 않고 즉각적으로 섣불리 답하다보면 상대방의 요구에 말려들어가는 경우가 많다. 그걸 방지하고 상대의 의도를 파악하기 위해서는 질문에 즉답을 하지 않고 오히려 역으로 상대방의 의도를 알 수 있는 질문을 부드럽게 던지라고 충고한다.

## 토론의 고수는 질문으로 토론한다

우리는 대화나 소통 혹은 질문의 고수들이 바로 답을 하지 않고 질문에 질문으로 답하는 경우를 종종 본다. 성인들은 제자들의 질문에 좋은 말씀으로 답을 주기도 했지만 오히려 반문하여 제자로 하여금 더 깊은 고민과 생각을 이끌어내기도 한다. 즉문즉설로 유명한 법륜 스님의 말씀도 자세히 살펴보면 고민에 대한 답을 들려주기보다는 당신이 그렇게 고민하고 방황하게 된 이유가 무엇이냐는 질문을 세밀하게 되돌려줌으로써 아, 내가 어딘가에 마음을 빼앗겨 집착하고 있었음을 스스로 깨닫게 해준다.

대화 중에 상대방의 질문에 못 알아 듣는 척 하면서 질문으로 답을 하는 경우도 종종 본다. 고수의 화법이다. 이처럼 상대의 질문 공격에 어설프게 섣불리 답하지 않고 질문으로 답하는 것이 효과적일 때가 있다. 아니, 그럴 때가 있는 것이 아니라 언제나 그럴 수 있다면 최고의 질문 전문가라 할 수 있다. 왜냐하면 질문이야말로 고민을 풀어나가는 열쇠이며 멈춘 세상에서 앞으로 한 걸음 더 나아가는 진보적인 삶의 상징이기 때문이다. 상대의 질문에 답을 하면 거기서 사고가 멈추지만 질문을 받아 다시 질문을 던지는 것은 거기서 한 걸음 더 나아감을 뜻한다. 창조적인 삶은 끝없는 질문에서 나온다는 걸 상기한다면 답을 질문으로 되돌리는 능력이야말로 문제가 발생한 곳에서 답을 찾아 멈추는 것이 아니라 새로운 질문으로의 탈주이다.

드라마 〈미생〉에서 장그래의 첫 고비는 바로 피티 면접시험의 통과였다. 그 가운데서도 피티 발표를 위해 힘을 합쳤던 동료 한석률을 적으로 돌려 세운 후, 그에게 물건을 팔아야 했던 두 번째 과제는 그야말로 산 넘어 산같은 난제였다. 발표 연습 문제를 놓고 피가 터지는 싸움까지 했던 장그래와 한석률. 두 사람의 판매 전쟁은 총성 없는 질문 전쟁으로 이어진다. 누가 더 고수일까?

먼저 한석률의 공격이 시작된다. '문화 속에 갇힌 무역'이라는 제목의 피티 준비를 하면서 한석률의 수준과 실력이 장그래보다는 한 수, 아니 서너 수는 더 높은 고수임이 이미 증명된 상태다. 그 와중에 한석률과 한 판 붙어야 하는 장그래로서는 부담이 적지 않다. 하지만 장그래도 바둑을 십 년 이상 두면서 상대와 맞붙어 싸우는 데 나름대로의 기술과 방법을 익힌 강자다.

먼저 한석률의 질문성 공격. 자 이래도 내 물건을 사지 않겠느냐는 무언의 압박이다. 그는 타고난 현장통이다. 일찍이 영업의 세계를 찾아, 현장으로 향한 사람이다. 현재를 중시하는 사람들은 한 곳에 머무르지 않는다. 그는 절대적, 고정적 시간에 얽매인 사람이 아니라 시간과 함께 흐르는 사람이기 때문이다. 주인공 장그래가 그러하듯 한석률 또한 시간 속에서 현장을 떠돈다. 첫 번째 피티에 이은 두 번째 과제, 바로 자기의 피티 파트너에게 물건을 팔아야하는 과제 앞에서 두 사람이 보여준 피튀기는 현장 논쟁은 이 드라마의 주인공 장그래와 한석률이 지닌 현재성을 생생하게 보여준다. 여기서 잠시 현장성을 놓고 리얼하게 펼쳐지는 둘의 대화를 음미해보자. 먼저 한석률의 물건 팔기.

그는 공장에서 만든 계열사의 대표 섬유를 판매 물건으로 제시한다. 각종 첨단 섬유들은 회사 주력 상품으로 21세기 고부가가치를 대표한다. 그가 제시한 더 놀라운 상품은 수첩이었다. 각 생산 라인에 투입된 업무 환경과 잘못 내려진 오더로 인한 손실액 그리고 커뮤니케이션 문제에 대해서 분석한 자료가 담긴 수첩이다. 현장의 발언이 담긴 그 자료 앞에서 장그래는 두말 없이 수첩을 사겠다고 수용한다. 하지만 첨단 섬유까지 손쉽게 산다고 했다가는 자기는 초라해지고 상대방만 돋보이게 만들기 때문에 섣불리 산다고 할 수도 없는 상황이다.

한참을 고민하던 장그래는 '섬유들은 진짜겠지요?'라며 되묻는다. 그 물음의 의미를 과연 한석률이 알았을까? 한석률 웃으면서 당연하다는 듯이 '내가 변태 소리 들어가면서까지 다 만져보고 연구한 결과입니다.'라고 말한다. 이미 그 과정을 두 눈으로 똑똑히 지켜본 장그래는 한석률이 여자의 엉덩이를 만져 불법을 저질렀다면서 웃음으로 분위기를 장악한 뒤에 '그렇다면 저는 사지 않겠습니다. 왜냐하면 이 물건들은 회사에도 있는 것인데 굳이 한석률씨한테 살 필요는 없으니까요'라고 거절한다. 물러서지 않는 한석률. 그러자 한석률은 더 강하게 그 제품들의 가치를 설명한다. 자기가 현장에서 직접 보고 만지면서 파악한 정보들이 담겨 있는 천이라는 걸 강조한다. 장그래로서는 상대의 말을 부정하고 이 제품의 가치를 가볍게 무시할 수도 없다. 이 때 다시 문제를 타개하는 장그래의 기지는 한석률의 질문에 대한 역질문으로 나타난다.

"그렇다면 한석률씨와 같이 팔겠습니다. 회사에 다시 입사한다면 말이지요. 그럼 그 때 한석률씨는 그 물건을 저와 같이 팔아보지 않겠습니까?"

바둑에서 자기 돌이 생사가 불분명하면 상대의 돌에 기대어 활로를 모색하는 수가 많다. 장그래가 그 감각을 발동시킨 건지 모르지만 이럴 수도 저럴 수도 없는 상황에서 장그래가 고안해낸 최고의 대답이었다. 바로 상대의 질문에 질문으로 답하는 거다. 뒤에 장그래의 대사에도 나오지만 바둑은 원래 싸움이고 전쟁이며 한 수 한 수가 의미 없이 두어지는 경우는 없다. 다 존재하는 이유가 있으며 실은 모든 한 수들이 다음 수들을 향한 질문이다. 나는 이렇게 생각하는데 당신은 어떻게 생각하십니까? 비록 프로로 입단은 하지 못했지만 끝없는 질문과 질문의 연속인 전쟁터에서 살아온 장그래이기 때문에 한석률의 요구에 질문으로 답하는 기지가 발동했다. 이 대목에서 장그래가 던진 질문은 세 가지 효과를 동시에 노린 말이다.

첫째, 일단 물건을 사라는 상대의 제안을 자연스럽게 거절한다. 피티 파트너의 전략에 일방적으로 굴복하지 않았음을 드러낸다.

둘째, 우리는 적이 아니라 파트너가 될 수 있다는 새로운 차원의 인식이다. 서로 물건팔기를 해야하는 적이지만 협동적이고 창의적인 질문을 통해서 나와 너의 경계를 허물어버렸다.

셋째, 두 사람 다 회사가 필요로 하는 인물이고 회사에 입사만 시켜준다면 좀 더 발전적인 제안을 하면서 성심껏 일하겠다는 자세를 보여준다. 결국 싸움은 한석률과 벌이지만 실질적으로는 회사의 임원들과 수싸움을 하는 과정이며 그들의 전략과 요구에 노련하고 유연하게 대처한 것이다. 그러면서 오히려 장그래는 되묻는다. 자기와 함께 물건을 팔지 않겠느냐고! 매우 고급스런 전략이다. 상대를 버리지 않으면서 상대와 함께 고비를 넘어가는 길, 바로 질문에 질문으로 답하기다. 첨단 섬유는 사지 않겠다고 하다가 결국은 같이 팔자는 걸로 이어지는 결론, 살 수도 안 살 수도 없는 상황에서 장그래가 보여준 기지의 결과, 바로 역질문의 힘이다.

현장을 강조한 한석률에게 장그래가 던진 질문은 '현장이란 무엇인가'였다. 한석률에게 현장이 공장이라면 장그래에게 현장은 사무실이다. 현장의 고민이 빼곡히 담긴 한석률의 현장 수첩에 대해서 장그래가 내놓은 물건은 놀랍게도 실내화였다. 그가 누구보다, 무엇보다 현장을 중시하는 인물임을 아는 까닭에 현장의 감각이 생생하게 살아있는 물건을 팔아야 하는데 고심 끝에 그는 사무직의 발냄새와 땀냄새가 배인 사무 현장의 전투화 슬리퍼를 선택했다. 과연 장그래는 한석률을 설득해서 실내화를 사게 할까? 장그래는 상대방의 대답에 대해 2차, 3차 연속 질문할 것을 어느 정도 염두에 두고 제안을 던진다. 상대가 어떤 대답을 하더라도 다시 그 대답에 자기가 한 수 더 나아갈 질문과 제안을 준비하고 있다.

장그래 : 사무직은 상대적으로 외근이 적고 격식을 차려야할 자리도 있으니 정갈해야 할 겁니다. 하지만 대부분의 업무는 사무실에서 하죠. 다시 모 과장님의 실내화를 봐 주십시오, 많이 닳아 있죠. 지압용 돌출이 발의 모양을 따라 닳아질 정돕니다. (코를 실내화에 갖다 대고 냄새를 맡는다) 땀냄새도 배어 있습니다. 땀냄새, 사무실도 현장이라는 뜻입니다. 그 현장의 전투화, 당신에게 사무 현장의 전투화를 팔겠습니다.

한석률 : 안 사겠습니다. 사무실이 현장이라니 말장난이 지나치군요. 현장을 아십니까? 사무실 끄적임 몇 번으로 쉽게쉽게 잘려나가는 구조조정 생산라인에서 일하는 사람들을 현장노동자라 부릅니다. 그들의 전투화를 소개해드릴까요? 워커 신고 일합니다. 무거운 공구가 떨어지면 발등이 아작나니까. 전투화란 그런 겁니다. 전 당신의 물건을 사지 않겠습니다.

현장을 중시하는 한석률의 생생한 육성이 느껴진다. 하지만 물러설 장그래가 아니다. 이 드라마의 백미라 할 만큼 명대사가 펼쳐지는 발언이 뒤를 잇는다. 고요한 분위기 속에서 한참 깊은 생각에 빠져 있던 장그래가 무겁게 입을 연다.

장그래 : 한석률씨는 처음 만났을 때부터 현장을 강조했습니다. 아니, '현장'만을 강조했죠. 한석률씨가 생각하는 현장의 치열함은 기계가 바쁘게 돌아가고, 제품을 만들고 옮기는 것일 겁니다. 기계 공학을 전공하고 수많은 공모전에서 입상한 경력을 바탕으로 자신의 기계에 대한 이해와 관심이 보여지는 곳을 현장이라고 생각했겠죠. (그러면서 은근히 상대를 높여주는 기술이 돋보인다) 하지만, 하지만 매일 지옥철을 겪으면서 출근하고, 제품 수익률을 위해 환율과 국제통상가격을 매일 체크하고, 숫자 하나 때문에 수많은 절차를 두고 실수를 방지하고, 문장 하나 때문에 법적 해석을 검토하고 결과를 집행합니다. 서류만 넘기면 되는 것이 아닙니다. 밀고당기는 많은 대화가 있고, 그 과정에서 자기 자신이 초라해보이기까지 합니다. 오케이 전화 한 통을 받기 위해 해당국 업무시간까지 밤을 새워 대기하기도 합니다. (장그래 목소리에 힘이 점점 들어간다) 한석률씨가 말하는, 현장에서 생산되는 모든 제품은 왜 만들어져야 하는지에 대한 과정을 거친 이후에 존재하는 겁니다. 그 물건들은 사무실을 거치지 않고서는 존재할 수 없는 것입니다.

바둑 선생님이 들려주신 교훈을 바탕으로 현장의 가치를 일깨우는 장그래의 말이 계속된다.

(바둑판 위에 놓인 돌 중에 이유없이 놓이는 돌은 없어) 회사에서 생산하는 제품 중에 이유없이 존재하는 제품은 없죠.

(돌이 외로워지거나 곤마에 빠졌다는 건 근거가 부족하거나 수읽기에 실패해서야) 제품이 실패하거나 부진을 겪는다는 건 그만큼의 예측 결정이 실패했거나 기획 판단이 실패했다는 걸 겁니다.

(곤마가 된 돌은 그대로 죽게 놔두는 거야. 아니, 그들을 활용하면서 내 이익을 도모하는 거지) 실패한 제품은 실패로 끝나게 둡니다. 단, 그 실패를 바탕으로 더 좋은 제품을 기획해야겠지요. 공장과 사무는 크게 보아 서로 이어져있습니다. 그 사이 공장과 사무에서 실수와 실패가 있을 수 있죠. 하지만 큰 그림으로 본다면 우린 모두 이로움을 추구한다는 점에서 같습니다. 제가 생각하는 현장은 한석률씨가 생각하는 현장과 결코 다르지 않다고 확신합니다.

이 말에 차가운 마음을 품었던 한석률도 빙그레 웃음을 지으며 장그래에게 다가가 따뜻한 손을 내민다. 이 광경을 목격하는 임원들의 가슴 속에서는 뜨거운 박수를 치고 싶은 생각이 일어난다. 이 정도면 누구인들 설득을 당하지 않겠는가! 지피지기면 백전불태라고 했다. 상대가 현장을 강조하면 현장으로 맞선다. 상대가 내게 질문을 던져온다면 질문으로 맞선다. 그게 최고의 대응이다. 이책의 서두에 질문에 질문으로 답하는 멋진 사례로 올리비아 핫세 이야기를 소개한 바 있다. 질문을 공부하는 모두에게 권한다. 어려운 질문을 만났을 때 더 깊은 질문을 던지기를 잊지 말라고!

# 3
## 손석희의 질문법

### 수포자(수학 포기자)에서 종편 사장으로

대한민국 사회에서 소통하면 떠오르는 최고의 인물은 누구일까? 강의장에서 질문을 던지면 나오는 이름들이 있다. 유재석, 이외수, 법륜, 박원순, 손석희 등 많은 소통의 달인들이 있지만 중요도로 볼 때 그 가운데서 나는 한국 사회 최고의 소통가로 손석희를 꼽는다.

자타 공인 대한민국 최고의 앵커. 한국 사회에서 가장 영향력 있는 언론인으로 십수 년. 그는 위에서 언급한 다른 사람들이 지니지 못한 막강한 소통력을 지녔다. 바로 '질문하는 힘'이다. 그리스에 소크라테스가 있고 미국에 오프라 윈프리가 있다면 한국에는 손석희가 있다. 과장된 말일까?

손석희는 MBC 노조 출신으로 옥살이까지 하고 백분토론과 시선집중을 통해 한국 방송의 새로운 장을 열었다. 시선집중을 그만두고 종편인 JTBC 보도담당 사장 자리까지 올랐으니 화려한 변신이 눈부시다. 그가 일관되게 걸어온 언론인의 길을 생각하면 위의 수사가 결코 지나친 허언은 아니다. 적어도 토론과 질문 분야에서 그가 일구어온 토양을 생각하면 더욱 그렇다. 메르스가 한창 기세를 떨치던 2015년 6월. 손석희가 검찰에 출두하는 사건이 있었다. 2012년 대통령 선거 당시 다른 방송의 출구조사 결과를 무단으로 사용했다는 이유에서이다. 손석희 본인은 그런 적이 없다고 해명 결과를 내놓았는데, 사회 일각에서는 세월호와 메르스 국면에서 손석희가 JTBC 보도사장으로 박근혜 정권에 밉보여서라는 소문이 돌았다. 진실이 무엇인지 알기 어려운 세상, 최소한의 진실보도를 향한 노력 때문에 정권으로부터 공격을 당했다는 이야기다. 그의 최근 몇 년 걸어온 길을 간단히 살펴보면 다음과 같다.

2013년 9월 16일부터 'JTBC 뉴스 9'의 단독 진행 앵커를 맡는다. 그후 국정원 선거개입 사건에 대한 보도평가 중 지상파 3사보다 JTBC뉴스가 압도적인 보도 횟수를 자랑해서 '정론의 언론인 손석희' 라는 찬사를 듣고 있다. 친 여당 성향의 중앙일보내에서도 자신의 뉴스를 만들어가는 진정한 언론인이라고 할 수 있는 대목이다.

2014년 4월 24일부터 29일까지 세월호 침몰사고 보도를 위해 진도 팽목항에서 JTBC 뉴스9을 현지에서 진행했다. 따로 마련한 세트나 특별한 의상, 메이크업도 없이 현장으로 나와서 직접 보도를 하며 실종자 가족들과 아픔을 함께 하는 뉴스로 호평을 받았다. 이를 통해 국민적인 관심과 신뢰를 이끌어내 어지간한 지상파 방송에 근접하는 시청률을 기록하기도 했다.

2015년 3월16일 뉴스룸 2부에서 수학 교육에 계산기 사용을 넣냐 마냐를 다룬 팩트 체크 시간에 자신은 사실 수포자였다는 말을 꺼냈다. '미국 생활 때 가게에서 뭘 사는데 계산기를 안 가져온 점원이 두 자릿수 계산을 못해 버벅대는 것을 자신이 암산해서 답을 알려주자 점원이 존경하는 눈으로 봤다.'며, "근데 전 수포자였습니다."라고 마무리한다. (엔하위키 미러 백과사전)

스스로 수포자임을 자연스럽게 드러내는 손석희. 손석희는 어떻게 해서 대한민국 최고의 언론인으로 발돋움했는가? 질문의 힘이다. 그는 어떻게 질문하고 대답을 이끌어내는가? 이제부터 정운영, 유시민에 이은 백분토론 최장수 사회자였던 손석희가 가진 질문의 힘과 미덕을 살펴보자.

## 부드럽게 리딩한다, 기운을 북돋아

나는 개인적으로 손석희를 세 번 만났다. 물론 일대일 만남은 아니고 공식 프로그램이나 행사, 강연에서 보았다. 한 번은 백분토론에서 이라크 파병 문제를 다루었을 때인데, 당시 나는 시민논객 자리에 앉아 있었다. 또 한 번은 다음 카페의 손석희 팬카페 미팅에서, 마지막은 민언련(민주언론운동연합회) 주최 공식 강의 자리였다.

팬 미팅 자리에서 여러 가지 다양하고 가벼운 질문들이 오갔다.

백분토론과 시선집중 준비를 어떻게 동시에 하느냐는 말에 그날은 집에 들어가지 않고 백분토론 방송을 마친 뒤에 회사에서 자고 시선집중 준비를 한다고 했다. 널리 알려진 이야기다. 그러면서 그 프로그램 준비에 대한 이야기를 하는데 그게 더 인상적이었다. 한 번의 프로그램 진행을 위해서 자료들을 어마어마하게 쌓아놓고 보면서 준비를 한다는 말이었다. 굳이 손석희가 아니어도 너무 당연한 말일지도 모른다. 그 당연한 말이 손석희라서 더 강하게 다가왔다.

사자가 쥐 한 마리를 잡아도 최선을 다한다는 말이 있듯이, 매번, 매사에 수많은 자료들을 섭렵하여 자기화하기 위해 최선을 다하는 모습이 인상적이었다.

이러한 준비의 힘이겠지만 일단 그의 인터뷰는 글쓰기로 하자면 리딩이 부드럽다. 상대로 하여금 편안한 마음을 갖게 하면서 대화를 이끌어가는 길을 부드럽게 열어준다. MBC 백분토론에서 시선집중까지, 그리고 JTBC 뉴스에서 뉴스룸까지 그가 공적으로 만나고 대화를 나눈 사람만 해도 수천에 이른다. 기억에 남을만한 많은 인터뷰가 있었지만 여기서는 영화감독 김기덕과 외국인 알랭 드 보통, 그리고 한나라당 대표 시절의 박근혜와의 인터뷰를 주 텍스트로 한다. 세 사람을 소개하는 리드 오프닝의 말을 들어보자.

김기덕 감독 인터뷰는 김감독이 〈피에타〉로 베니스영화제 황금사자상을 수상한 소식이 알려진 뒤 이루어진 것으로 시기는 2012년이고, 알랭 드 보통과의 대화는 JTBC 시절로 8시에 진행하는 뉴스룸의 일부이다. 시기는 2015년 1월 22일이다. 박근혜 전 한

나라당 대표는 노무현 대통령에 대한 탄핵이 한창이던 2006년의 상황이다.

손석희 : 찰리 채플린에게 한 기자가 물었다고 하죠. 당신이 생각하는 최고의 작품은 어떤 겁니까? 그 질문에 채플린이 이렇게 대답을 했다고 합니다. "Next One, 다음 작품입니다." 거장이 한 말이라서 그런지 많이 와 닿습니다. 그런데 이 채플린의 말이 오늘 저희가 모신 이분하고 굉장히 어울릴 것 같은 그런 생각을 해봤습니다. 늘 다음에는 뭘 내놓으실까, 이렇게 궁금하게 만드는 분인데요. 무척 오랜만에 작품을 내놓으셔서 관심을 갖고 있습니다. 영화감독 김기덕 감독님인데 오늘 〈토요일에 만난 사람〉의 주인공이십니다. 반갑습니다.

손석희 : 오늘(22일) 뉴스룸 2부. 또 한 분의 반가운 손님을 만나보겠습니다. 문학과 철학을 넘나들며 수많은 베스트셀러를 탄생시킨 세계적인 작가죠. 바로 '알랭 드 보통'입니다. 한국에서 특히 큰 사랑을 받고 있는데요. 최근엔『뉴스의 시대』라는 책을 발표해 현대사회 속, 뉴스의 힘과 역할에 대해 주목한 바 있습니다. 지난주 〈그랜드 마스터 클래스〉라는 지식 컨퍼런스에 참석차 내한해, 수천 명의 관중들과 대한민국 사회에 대해 좌담을 갖기도 했습니다. 알랭 드 보통이 한국에 체류한 동안 인터뷰를 진행했습니다. 반갑습니다.

손석희 : 손석희의 시선집중 이번 주에 선거를 앞둔 각 당 대표들

과의 연쇄 인터뷰를 갖고 있습니다. 오늘은 한나라당의 박근혜 대표입니다. 탄핵 직후의 열세를 딛고 지지율을 탄핵사태 이전으로 끌어올렸다는 평가를 받고 있는 것이 일반적인 분석이죠. 박근혜 대표님 나와 계십니까?

만나는 모든 사람에게 이런 찬사를 날리지는 않는다. 하지만 누구를 만나도 일단 상대방을 배려하고 존중하는 마음으로 출발한다. 앞서 인용한 말들처럼 상대방을 칭찬하면서 이야기를 풀어나가면 누구든지 마음이 열리고 분위기가 편안해지기 마련이다. 김기덕의 날선 문제의식과 파격적인 작품 세계 그리고 지금 세계 3대 영화제 가운데 하나인 베니스 영화제 최고 작품상 수상으로 앞으로의 비전에 대한 희망과 기대, 이런 모든 것을 아우를 수 있는 비교 상대로 찰리 채플린을 선정했다. 자연스럽게 김기덕을 내가의 반열에 올려놓고 이야기를 시작한다. 날카로운 질문, 깊고 풍부한 질문을 던지기 위해 먼저 상대방이 마음을 바다처럼 넓게 열어놓을 수 있도록 무장해제 시키는 발언이다.

알랭 드 보통에 대해서도 그는 우리나라에 네 번째 방문을 했는데, 그가 지닌 장점 즉 철학과 문학을 넘나드는 식견, 최근에 발행한 책과 베스트셀러. 그리고 이번 방한의 목적 등을 간략히 요약하면서 상대를 추켜세워 준다.

박근혜에 대해서도 마찬가지다. 노무현 탄핵 직후 바닥으로 떨어진 한나라당의 지지율을 끌어올린 그의 역량을 칭찬하면서 자기가 던지고 싶은 질문을 충분히 던질 수 있는 토대를 마련한다.

대개 우리나라 문단에서는 주례사 비평이라는 것이 존재한다. 작가와 비평가가 서로 글을 잘 쓰니, 비평의 안목과 감식안이 뛰어나니 하는 말로 상대방을 추어주면서 좋은 게 좋다는 식의 비평 풍토 말이다. 아마 방송가에서도 누군가를 초청해서 인터뷰를 한다면 당연히 상대가 듣기 좋은 말부터 하는 것이 인사치례지만 손석희의 오프닝에는 대가다운 품격이 느껴진다. 단순히 듣기 좋으라고 하는 말이 아니라 상대가 지닌 최고의 강점을 짚어내서 이야기를 풀어간다.

## 군더더기 없이, 핵심을 놓치지 않고

그의 질문에는 핵심과 체계가 있다. 소주제들을 분류해놓고 단계적으로 정리해서 본인이 궁금해하거나 시청자들과 공유할 만한 주제들을 심층적으로 다루어나간다.

알랭 드 보통과의 인터뷰를 더 자세히 살펴보자. 핵심과 무관한 친교적 발언들은 제외하고 뼈대만 추려서 소개한다.

〈『뉴스의 시대』 집필 동기〉 : 도입부분으로 최신작을 매개로 이야기를 풀어나간다. 알랭 드 보통은 일반적으로 문학이나 철학 분야의 유명인사로 알려져 있는데 색다르게 언론 분야를 다룬 책이라서 관심이 많기 때문에 근황과 더불어 시청자의 호기심을 충족시키고자 한다.

손석희 : 당신이 쓴 일종의 뉴스 지침서인『뉴스의 시대』를 읽었습니다. 언론인으로서 제가 매일 무엇을 하고 있는지 깨닫는 데 많은 도움이 되더군요. 아무튼, 이 책이 나왔을 때 많은 사람들의 반응은 '알랭 드 보통이 뉴스에 대해 책을 썼다고? 그가 저널리즘에 관심이 있었나?' 였습니다. 그래서 첫 질문을 이렇게 드리고 싶네요. 왜 뉴스에 대해 책을 쓰게 되었나요?

알랭 드 보통 : 우리가 지금 있는 이곳 또한 가장 영향력 있는 곳 중에 하나죠. 영향력은 정치에도 있고, 물론 군대나 산업에도 존재합니다. 하지만 넓은 범위에서 보면, 오늘날 영향력은 언론에게 있습니다. 저는 작가를 하면서 책이 모든 걸 바꿀 수 있다고 생각했어요. 책에는 어떤 비밀이나 특별한 게 담겨있다고 생각했죠. 사람들이 책을 존중한다는 것도 물론 깨달았습니다. 하지만 하루하루 사람들이 진짜로 영향을 받는 것은 뉴스예요. 뉴스야말로 사람들이 매일 아침 휴대전화로 제일 먼저 확인하고 잠들기 전까지 보는 것이죠. 뉴스는 국민 의식을 만들어내는 데 상당한 역할을 하기도 합니다. 그래서 저는 뉴스가 어떻게 작동하는지, 우리 머릿속에는 어떤 영향을 미치는지 좀 더 알고 싶었어요.


〈편향이란 무엇인가〉: 책 속의 내용 가운데 핵심어를 취합하여 논점을 구체화해나간다. 편향이란 단어에 대한 오해와 이해를 다룬다. 한국 사회가 아니더라도, 또 언론 분야가 아니더라도 편향은 인간 사회 보편의 문제다. 결국 가치의 문제에 대한 질문이다.

손석희 : 저도 공감합니다. 책에 보면 '편향은 사건이 무엇을 의미하는지를 설명하려 노력하고, 개념이나 사건을 판단하는 가치의 척도를 제시한다.'라고 쓰여 있던데요. 무슨 뜻인지 조금 더 설명해 줄 수 있나요?

알랭 드 보통 : 오늘날 많은 언론사들은 시청자나 독자에게 '거래할 게 있다.'고 말합니다. '우리는 당신에게 어떻게 생각해야 할지는 알려주지 않을 거야, 다만 사실만 전달할게.'라고 하죠. '우리는 정보를 제공할 뿐이니, 똑똑한 당신이 알아서 그게 어떤 뜻인지 생각하라.'는 겁니다. 그러면서 '우리는 편향되지 않았다.'고 말해요. 왜냐하면 사람들이 '편향'이라는 단어를 들으면 '선전(프로파간다)'이나 우파, 좌파, 정부, 반정부 같은 걸 떠올리면서 '아니, 그냥 뉴스만 줘. 다른 건 아무것도 말하지 마.'라는 반응을 보이기 때문입니다. 저는 우리가 굉장히 강력하고 다양한 편향에 둘러싸여 살고 있다고 생각해요. (중략) 그래서 저는 제 책에서 사람들이 '편향'이라는 단어를 좀 더 대담하게 생각하도록 만들려 했어요. 당연히 '나쁜 편향'도 존재하고, 우리는 그것을 멀리해야 하죠. '나쁜 편향'보다는 차라리 '편향이 없는 게' 낫습니다. 그러나 '편향이 없는 것'보다 훨씬 더 나은 것은 '좋은 편향'이에요. 편향은 한국인이나 영국인들이 우리 사회가 어떠해야 하는지, 우리가 어떻게 살아야 하는지, 무엇이 옳고 그른지 등을 생각하게 합니다. (중략)

〈언론의 역할과 뉴스를 대하는 마음〉 : 결국 질문의 의도는 언론의 사명과 언론을 접하는 시청자가 가져야 할 뉴스에 대한 태도를 다루는 부분으로 나아간다. 인터뷰 자체가 늘 질문자의 의도, 혹은 유도대로 흘러가는 것은 아니다. 그럼에도 어느 정도의 방향과 좌표 설정에 따른 체계적인 질문들이 인터뷰 전반에 걸쳐 일관성 있게 흘러간다는 느낌을 준다.

손석희 : 편향에 대한 얘기는 그만하죠. 매우 어려운 주제니까요. 당신은 책에서 또 "언론이 칭찬받아야 하는 부분은, 사실을 모으는 단순한 능력이 아니라 지적 편향을 통해 사실의 타당성을 가려내는 기술이다."라고 했어요. 다시 편향을 얘기하고 있긴 하네요. 근데 이 문장은 조금 위험하게 들릴 수 있지 않나요? 왜냐면 언론이 좌·우 모두로부터 두들겨 맞는 동네북이 될 수도 있는 건데요.

알랭 드 보통 : 물론 언론이 어떤 의미나 가치의 옳고 그름에 대해 말하는 것은 시청자들에게 사실을 던져주고 결정하라고 하는 것보다 언제나 더 위험합니다. 그렇다고 해도 사실만 던져주는 건 마땅한 책임을 저버리는 일이라고 생각해요. 저는 언론사들이 속보 경쟁에만 매달린다고 봅니다. (중략)

〈뉴스에 대한 검열과 심리〉 : 꼭 필요하다고 생각하는 쟁점을 다룬 뒤에 연관이 되지만 확연히 다르게 느껴지는 새로운 쟁점으로 이어간다. 뉴스를 대하는 태도를 바람직하지 못하게 만드는 언론의 본질이나 그 밑바탕에 깔려있는 사람들의 심리 이해로 나아간다. 결국 수용자의 태도를 만드는 언론의 의도 등을 더욱 구체적으로 알 수 있다.

손석희 : 그리고 당신은 책에서 또 하나 중요한 관점을 제시했습니다. "민주정치의 진정한 적은 다름 아닌 뉴스에 대한 적극적인 검열이라고 여기기 쉽다. 하지만 진정한 적은 무작위의, 쓸모없는, 짧은 뉴스들의 홍수다. 그것은 점차 사람들이 이슈에 대한 본질을 파고들고 싶지 않게 한다."라고 했는데요. 하지만 아시다시피 미디어는 사람들이 익숙하게 여기는 것을 추구합니다. 이러한 방법이 미디어가 시청률을 올리는 방법이기도 한데… 이 부분에 대해선 어떻게 생각하나요?

알랭 드 보통 : 만약 당신이 한국의 교육체계를 바꾸고 싶어 한다고 해봅시다. 언론이 사람들에게 교육에 어떤 문제가 있다고 알려주지 않는다면 바꾸기 어려울 겁니다. 그래서 당신에겐 언론이 필요한 거죠. 언론이 문제점들을 꺼내놓거든요. 그런데 문제는 언론이 계속해서 주제를 바꾼다는 거예요. 하루는 교육이었다가 다음날은 바다였다가… (할리우드 여배우) 킴 카다시안의 행적이었다가, 그 다음날은 제니퍼 애니스톤의 임신 소식이었다가… 그럼 결국 사람들은 어제 뉴스를 기억하지 못하게 되거든요. 추진력이 없는 셈이죠. (중략)

〈언론에서의 관점과 문학과의 차이 : 조현아 땅콩 회항에 대한 이해〉: 편향과 관점의 문제를 놓치지 않으면서 질문을 다양하게 바꾸어가면서 심층적인 차원으로 들어가는 질문을 한다. 훌륭한 질문에 훌륭한 대답이 나온다. 알랭 드 보통의 능력은 최근 우리나라에서 벌어진 - 물론 국제적인 사건이 된 땅콩 회항 사건으로 연결된다.

뉴스에서 문학, 다시 뉴스로 자연스럽게 이어지는 과정이 놀랍다. 알랭 드 보통은 아무리 봐도 보통 이상이다.

손석희 : 당신은 햄릿과 보바리 부인을 예로 들면서 뉴스가 자칫 인간의 한쪽 측면만 부각할 수 있다고 했습니다. 사실 현실에서는 햄릿은 '살인자'고 보바리 부인은 '아동학대자'로 볼 수가 있죠. 반면 문학에서는 사람들이 그들을 '비극적' 인물로 생각하기도 하는데 뉴스는 문학이 아니지 않습니까?

알랭 드 보통 : 제가 뉴스에서 종종 서글픈 부분이 뭐냐면, 즉시 좋은 사람과 나쁜 사람을 나눈다는 거예요. '이 사람은 정말 착하고, 저 사람은 정말 나빠'라고요. 다른 사람은 없죠. 최근 '땅콩 회항' 사건, 마카다미아 사건을 예로 들어 보죠. 제가 읽은 서양 언론의 모든 기사들은 그녀를 우스꽝스러운 바보로 만들었어요. 전부 다요. 저는 기사들을 읽고 그 여자를 '비극적' 인물이라 생각했죠.

〈표현의 자유에 대해서〉 : 그의 마지막 질문은 문제 전체의 핵심을 아우르면서도 상대에 대한 배려가 깔려 있다. 새로운 쟁점을 다루면서도 세계적인 이슈가 된 문제를 꺼내고 그러면서도 상대방의 국가에서 벌어진 일을 질문으로 다룸으로써 세 마리 토끼를 동시에 잡는 효과를 얻고 있다. 본인의 궁금증, 시청자들 누구나 관심 가질 세계적인 이슈, 나아가 상대방이 충분히 그리고 깊게 고민하고 생각했을 주제를 가지고 대화를 이끌어나간다.

손석희 : 알겠습니다. 다른 질문을 좀 드리죠. 프랑스 언론 '샤를리 에브도'가 추구하는 표현의 자유에 대해선 어떻게 생각하십니까? 지금 전 세계적인 이슈인데요.

알랭 드 보통 : 당연하죠. 저는 표현의 자유에 대해 전적으로 찬성합니다. (중략)

손석희 : 알겠습니다. 아시다시피 많은 사람들이 '나는 샤를리다.'라고 외치고 있고, 또 다른 사람들은 '나는 샤를리가 아니다.'라고 외치고 있습니다. 당신은 누구 편입니까. 후자의 편인가요?

알랭 드 보통 : 저는 동의하지 않는 사람에게 총을 쏘지 않는 사회의 편입니다. 동의하지 않는다고 해서 총격을 가하는 것은 야만적인 일이에요. 계몽이나 현대 사상이 모두 그런 걸 막는 것이었죠. 제가 샤를리 에브도를 훌륭한 일을 하는 신문이라고 생각하느냐고요? 아뇨. 하지만 그건 중요하지 않아요. 중요한 건 총을 쏜 사람들을 보호할 건가 하는 점인데, 전 당연히 그래선 안 된다고 생각합니다. (중략)

손석희 : 알겠습니다. 자, 이제 마지막 질문인데요. 차기작은 뭘 다룰 예정입니까? 또 뉴스를 다룰 건가요?

알랭 드 보통 : 아뇨. 사랑을 들여다보고 싶어요. 제가 초창기에 관심을 가졌던 주제이기도 한데요. 그때 전 젊은이의 관점에서 주로 사랑을 바라봤는데, 이제는 시간이 지남에 따라 사랑이 어떻게 변해 가는지 보고 싶어요. (중략)


물론 모든 질문들이 이런 치밀한 과정과 단계를 구성하지는 않는다. 보통은 하나의 예에 불과할지도 모른다. 하지만 이 정도 질문 구성과 대화는 아무나 할 수 있는 것은 아니다.

인터뷰할 상대인 알랭 드 보통의 작품에 대한 전반적인 이해, 그날 주로 다루고자 하는 핵심 소재인 〈뉴스의 시대〉에 대한 철저한 분석, 그 가운데 꼭 나누어야 할 주요 쟁점과 일련의 흐름 그리고 마지막 정리를 위한 질문과 마무리의 과정이 물 흐르듯이 자연스럽게 이어지지 않는가.

확실히 손석희의 질문은 각종 토론회에서나 인터뷰, 교육의 현장 등에서 만나는 질문들과는 격이 다르다. 길지 않은 시간, 세밀하고 분석적인 접근을 못해 에둘러 뜬 구름 잡는 이야기만 하다가 시간을 보내는 경우도 많고, 숲은 못 본 채 나무만 보는 우를 범해 지엽적인 문제에 얽매여 시간 낭비를 하는 질문들이 얼마나 많은가. 수없이 질문을 던져온 오랜 관록과 그만큼 사전에 치밀한 준비와 노력이 손석희의 남다른 클래스를 증명한다. 그는 상대를 살리는 소크라테스다.

## 두 얼굴과 두 마음을 지녔다

뉴스 메이커가 아닌 뉴스 소비자인 일반인과 이야기를 나눌 때 손석희 앵커는 달라진다. 말투는 부드럽고, 질문은 쉬우며, 얼굴 가득 미소를 띄우기도 한다.

지난 9월 19일 서울역에서 만난 귀경객 인터뷰에선 '박진규 기자가 꽤 오랫동안 붙들고 있었다고 들었습니다. 이것도 방송사의 횡포입니다.'라고 솔직하게 고백해 웃음을 자아냈다. 이어 '피곤하실 텐데 빨리 집에 가셔야 할 것 같습니다.'고 말을 건네자 귀경객은 '손석희 앵커 볼 수 있어 좋았습니다.'라고 화답해 훈훈한 장면을 연출했다. 손석희 앵커는 다정하게 '남은 연휴 푹 쉬시길 바랍니다. 오랫동안 붙잡혀 있는 것 같아 빨리 보내드리겠습니다.'라고 말하며 인터뷰를 마쳤다.

10월 9일 한글날에는 순우리말 이름을 가진 가족들을 만나 이야기를 나눴다. 김텃골돌샘터, 강뜰에새봄결, 김온누리빛모아사름한가하, 금빛솔여울에든가오름. 한 입에 발음하기 힘든 4인 가족의 이름을 천천히 또박또박 발음했다. 현장연결로 진행된 인터뷰에서는 가족과 얼굴을 마주보고 "이름의 뜻은 무엇인가?", "이름 때문에 불편한 건 없었나?" 등 궁금한 점을 물으며 종종 미소를 보였다.

언론에 자주 노출되는 뉴스메이커에겐 강하고, 언론을 소비하는 일반인에겐 약한 인터뷰어. '뉴스9' 진행을 맡은 손석희 앵커의 두 얼굴은 앞으로도 계속될 것이다.
　- 방송뉴스팀 조은미 기자

손석희의 이중성에 대한 어느 신문기사의 글이다.
우리는 흔히 멋있고 좋은 사람의 표본 가운데 강자에게 강하고 약자에게 약하다고 말한다. 특히 장관이나 국회의원 등 한국사회의

실세라고 불리는 자리에 있는 사람들은 손석희와 인터뷰를 원하지만 인터뷰가 끝나고 나면 하나같이 고개를 절레절레 흔든다고 한다. 손석희는 주례사 비평같은 귀에 달콤한 말보다는 하나라도 더 고민하고 돌아보게 만드는 질문을 하기 때문이다. 그래서인지 때로 손석희의 질문은 국민의 알 권리보다도 인터뷰 상대자의 자기 성찰을 위해 던지는 질문이 아닌가 싶을 때가 있다. 마치 '너 자신을 알라'고 아테네 골목길을 다니며 진리를 깨우쳐준 소크라테스처럼 말이다.

유명 인사나 권력자들에게 그가 날린 날카로운 질문들 가운데 '손석희 어록'이라 불릴 만큼 알려진 말들이 어지간히 많다. 맥락은 생략하고 몇 가지를 전한다.

너무 잘 알려진 이야기지만, '100분 토론'에서 한나라당 장광근 전 의원이 "탄핵안 가결은 지지세력을 결집시키기 위한 노무현 대통령의 정략이다. 탄핵을 기다리며 버티기 하고 있었던 것이다."라고 말하자 손 아나운서는 "알면서 왜 하셨습니까?"라는 말로 맞받아치며 장 전 의원을 당황시켰다.

여러 군데서 회자된 이야기로, 개고기를 먹는다는 이유만으로 한국을 야만국으로 무시한 프랑스 여배우 브리지트 바르도를 날카로운 질문으로 무참하게 무장해제시킨 사건은 이미 널리 알려져 있다. 이날 브리지트 바르도는 불쾌한 감정을 직접적으로 드러내며 국제적인 망신을 당했다.

손석희는 "한국인이면 몰라도 프랑스인, 미국인이라면 결코 개고기를 먹지 않는다는 브리지트 바르도의 강변을 통해서 그녀가 동물애호가라기보다, 차라리 인종차별주의자라는 결론을 얻게 된다.”라며 질문이 그려내는 예비된 결론으로 시원한 마무리 능력까지 유감없이 보여주었다.

또 청와대 이병완 전 수석은 노무현 대통령이 일부 언론의 보도 태도를 ‘완장문화’라고 비판한 데 대해 “나도 그 자리에 있었지만 노대통령의 말은 일부 언론뿐 아니라 우리 사회 전반의 특권의식 및 권위주의에 대한 지적이었다”면서 맥락이 와전됐다고 해명했다. 그러자 손 아나운서는 “정책담당자들이 언론을 피하고 있는데 말의 맥락에 대한 오해를 없애려면 이들이 언론접촉을 늘릴 것을 제안한다. 참여정부 초기 ‘토론 공화국’을 표방했는데 노 대통령이 TV나 라디오에 출연해 토론하지 못할 이유가 뭐가 있느냐?”고 따졌다. 당황한 이 전 수석은 “다각도로 검토하겠다.”며 피해갈 수밖에 없었다. 노무현 대통령 자신이 토론공화국을 강력하게 주장했기 때문에 그 말에 대한 책임을 엄중하게 물은 것이다.

그는 상대하는 사람이 장관이든 국회의원이든 청와대 대변인이든 아니면 국제적인 명성을 지닌 유명한 사람이든 가리지 않는다. 하이에나 근성으로 물어뜯는 것이 아니라 사건의 핵심과 본질을 파고든다. 여와 야를 가리지 않는다. 권력은 국민을 위해 봉사하라고 있는 것인데 마치 위임받은 권력을 자신들의 능력 행사나 밥그릇 챙기기, 편가르기 수단 정도로 여기는 풍토에 대해서 참을 수 없는 열정이 샘솟기 때문이다.

그의 얼굴은 겉으로 웃고 있어도 강자에게는 엄한 저승사자의 얼굴을 하고 있다. 반면 소박한 삶을 살아가는 서민들에게는 한없이 따뜻하고 부드러운 어조로 삶의 애환을 더 많은 시청자들과 나누고자 한다. 그게 손석희의 두 얼굴이다.

## 소통? 그는 까칠하게 통한다

유재석에 못 미치는지 모르지만 손석희도 나름 소통의 대가다. 소수의 사람들만이 아는 사실을 누구나 알 필요가 있다고 생각하면 거기에 대해 심층적인 연구를 하고 칼보다 날카로운 질문을 던져 세상 사람들의 알 권리를 채워준다. 그게 손석희의 소통력이다.

그렇다고 그의 소통 능력이 늘 웃고 부드러운 것만은 아니다. 소통에는 원래 '까칠하게 통한다'는 말의 의미가 있는데 바로 손석희가 그렇다. 웃음 헤픈 유재석에게는 없고 손석희에게만 있는 소통의 힘이다.

소통에 관해 일찍이 배병삼은 이런 칼럼을 쓴 적이 있다.

사이란 또 바깥을 뜻한다. 나의 바깥이요 너의 외부가 사이다. 기자는 외부자인 것이다. 외부자에게 쉽게 속내를 드러내는 내부자는 없다. 그런 점에서 기자의 업무환경은 몹시 거칠다. 우리가 자주 소통이라는 말을 되뇌지만, 서로 다른 너와 나를 뚫고 흐르게 한다는 소통이 쉬울 턱이 없으리라. 하긴 소(疏)라는 한자 속에 '거칠다, 친하지 않다'는 뜻이 담긴 데도 이런 생각이 들어 있는 듯하다. 곧 기자는 거칠다는 뜻인 '소'의 자리에 서서 서로를 '통'하게 만드는 소용돌이의 한가운데에 위치한다.

어쩌면 기자는 역설적 존재다. 낯선 두 존재를 이어서 '함께, 더불어' 하도록 중개하면서도 또 스스로는 그 '함께'의 안으로 들어가서는 안 되는, 영원한 외부자라는 점에서 그러하다. 기자는 한통속이 되어서는 안 되는 것이다. 만일 기자가 '사이의 긴장'을 잃거나 외부자로서의 위치를 잃어버리면 이미 기자가 아니다. (하략)

오늘날 기자의 본성은 무엇인가. 독립된 외부자다. 내부자가 되거나, 안으로 들어와 비바람을 피하거나, 힘 가진 자에게 붙어먹으면 이미 기자가 아니다. 오늘 언론환경, 특히 신문사들이 어렵다고 한다. 하면, 되돌아볼 일이다. 과연 이 시대 기자들은 금력(기업)과 소비자 사이, 권력(국가)과 인민 사이에 서서 스스로를 소외시키면서 도리어 둘을 소통시키는 역설적 삶을 살아왔는지를. 내친김에 맹자가 오늘 기자들에게 할 법한 조언을 청해보자.

'선비가 말하지 않아야 할 것을 말하면 이건 말로써 낚시질하는 꼴이요, 말해야만 하는데도 말하지 않는 것은 침묵으로 무엇을 낚으려는 짓이다. 이들은 다 좀도둑질과 진배없는 것이다.'(士未可以言而言, 是以言 之也. 可以言而不言, 是以不言 之也. 是皆穿踰之類也.)

맨 마지막 문장은 말을 할 때와 말아야 할 자리를 가리라는 준엄

한 경고로 들린다. 마치 언어철학자 비트겐슈타인의 말을 연상케하기도 한다. 그의 유명한 명제는 이렇다.

"〈말할 수 있는 것〉은 분명하게 말을 할 수 있어야 하며, 반면에 〈말할 수 없는 것〉에 대해서는 침묵을 지켜야 한다."

비트겐슈타인은 이런 말로 사람들의 표현에 분명한 한계를 긋고자 했다. 이 말은 보통 사람들이 논리적으로 말할 수 없는 것들에 대해 쉽게 말하는 것을 주의하라는 경구로 읽힌다. 반면 실용을 강조한 동양에서는 그 말을 이렇게 풀어낸다. 말 할 것을 말하지 않는 것은 침묵으로 자기 비겁을 정당화하는 것이고 침묵해야 할 때 철없이 떠드는 것은 말로써 무언가를 감추거나 속이려는 것이라는 날카로운 분석이다.

알고 보면 손석희의 질문 태도가 그렇다. 말할 수·없는 것, 말해져서는 안되거나 불필요한 것에 대해서는 엄밀히 침묵하고, 해야 할 말, 말로써 세상을 드러내야 할 때는 주저함 없이, 집요하게 의미를 추구한다. 그게 손석희의 소통법이다. 그런 면에서 그의 질문 태도는 마치 엄밀성을 추구하는 철학자들의 묵묵한 수행같아 보이기도 한다.

여기저기 붙어먹는 사람들이 많은 풍토에서 진정으로 까칠한 소통은 공적인 업무를 수행하는 사람들이 지녀야할 삶의 미덕이다. 손석희의 질문이 까칠한 소통으로 나타나는 사례는 셀 수 없이 많다. 몇 가지 사례를 들어보자. 먼저 박근혜다.

손석희 : 질문을 바꿔서 드리도록 하겠습니다. 한나라당이 다수 의석을 얻어야 경제를 살릴 수 있다 이른바 경제 회생론이 또 나오고 있습니다.

박근혜 : 그동안에 너무 경제가 하천으로 치닫고 있지 않습니까? 일자리도 50만 개 1년에 늘리겠다고 한 약속이 50만 개는커녕 3만 개가 줄고 이런 식으로 해 가지고 실업문제며 신용불량자 문제며 어떻게 경제를 살릴 수 있겠느냐 여당 쪽에서 그 역할을 못한다면 야당이라도 나서서 경제를 살리기에 앞장서겠다 그런 말씀입니다.

손석희 : 경제가 이 상황이 된 것은 지난 노무현 정부의 탓이다 이렇게 일단 분석하시나 보죠?

박근혜 : 그렇죠. 지금 경제, 일자리 만들기도 많은 투자가 이루어져야 되고 그런데 지금 외국에서 들어오는 것도 급격하게 줄고 국내에서도 전부 여기서 일하기 어렵다고 외국으로 나가는 판입니다. 경제를 어렵게 하는 가장 큰 원인은 불확실성이거든요. 작년에 그럼 이 정부의 특징을 한 마디로 말해보라 하니까 많은 학자들이 우왕좌왕이라고 꼽았습니다. 도대체 어디로 이게 흘러가는지 알 수가 없기 때문에 그걸로 인해서 투자라든가 모든 것이 위축이 되고 안 하는 겁니다. (중략)

손석희 : '한나라당이 그러면 경제를 살릴 수 있다'라는 대안으로 내놓은 것은 어떤 것인지요?

박근혜 : 일관성이죠. 어떻게해서든지 정책에 있어서 일관성을 유지하도록 야당이 그 역할을 하겠다는 거고 또 일자리 만드는 데 있어서 중요한 역할을 하는 중소기업이라든가 서비스산업이라든가

이런 거 육성하는 거 또 규제타파도 아주 정말 여태까지 규제완화 한다고 그랬지만 별로 피부에 와닿게 느끼지 못하고 있거든요. 한 쪽에서 준다고 하면 한쪽에서 또 늘고 실제로 필요한 것은 줄지 않 고 그러니까 확실하게 규제타파에 나서겠다, 그리고 또 어떤 공약 이나 정책을 내놓았으면 당력의 반을 정책 내놓는데 쓴다면 나머 지 반은 그것이 현장에서 실천되는가 그것을 평가하고 분석하고 확실하게 실천을 챙기겠다는 거죠.

손석희 : 지금 말씀하신 규제타파라든가 일자리 창출문제라든 가 중소기업 육성이라든가 이런 문제들은 어느 정권이든 다 해온 얘기들 아닌가요?

박근혜 : 예, 여태까지 좋은 얘기는 다 나왔는데 실천을 하느냐 안 하느냐의 문제입니다.(중략)

박근혜 : 또 한쪽만의 책임도 아니죠. 그때 여러 가지 법안 통과 문제라든가 이런 걸 볼 때 그리고 또 한나라당은 새롭게 거듭나는 정당으로 모든 당력을 국민의 생활의 고통을 최소화하고 또 국민 의 먹고사는 문제를 꼼꼼히 챙기는 그런 정당으로 거듭나고 있습 니다. 또 앞으로 그렇게 할 거구요.

손석희 : 과거보다는 미래에 대한 약속을 하시겠다, 그런 말씀이 시군요?

박근혜 : 예.

손석희 : 그런데 유권자들의 판단은 과거를 보고 하는 판단일텐 데요?

박근혜 : 저하고 싸움하시자는 거예요?

손석희 : 그렇진 않습니다. 질문을 바꿔보겠습니다. (이하 생략)

노무현 탄핵 직후 지지율이 바닥을 향해 곤두박질치자 구원투수로 나선 박근혜 한나라당 대표. 그녀는 선거의 여왕이라는 이름에 걸맞게 각종 선거를 선두 지휘하며 지지자들의 세력을 결집해나갔다. 당시 분위기로 보아서는 한나라당의 대참패가 예상되었지만 그나마 그걸 막은 사람이 박근혜다. 국민들은 그녀의 어떤 점을 보고 지지와 성원을 보냈는지 모르지만 손석희는 그 바닥을 정확히 짚고자 한다. 그러니 인터뷰 상대가 에둘러 애매하게 하는 대답에 대해서 더 예리한 창끝을 들이댈 수밖에. 손석희는 그저 좋고 좋은 질문으로 얼렁뚱땅 넘어가는 법이 없다. 적어도 정치적 책임을 지는 자리에 있는 사람에게는 더할 나위 없이 예리하다.

그의 질문이 얼마나 곤혹스러웠는지는 박근혜의 반응으로 쉽게 알 수 있다. 손석희의 소통은 그저 상대방 듣기 좋은 말로만 이어지지 않는다. 아니 오히려 머리칼이 쭈뼛거리고 온몸이 괴로울 정도로 힘들지도 모른다. 오죽하면 거대 야당의 당대표를 맡고 있는 박근혜가 '저랑 싸우자는 건가요'라고 시비감을 느낄 정도로 집요하고 까칠하게 질문을 날린다.

손석희의 까칠함이 잘 드러난 사례로 또 하나의 사례로는 서울시장 후보 인터뷰를 들 수 있다. 이번에는 인터뷰 후 기사를 통해서 인터뷰의 분위기가 어떠했는지 살펴보자.

그는 4년전 노무현 당시 대통령 사저를 원색비난한 것과 관련해선, "대변인으로서 이제 제가 뭐 그 당시 발표한 논평이고요. 당연히 저도 그 당시 봉하마을에 대해서 비판을 했습니다. 그래서 제가 그 시각과 똑같은 시각으로 대통령의 내곡동 사저에 대해서도 국민들의 정서와 맞지 않고 국민들의 눈높이에 맞춰서 생각해야 된다 라는 그런 취지의 발언을 했다는 말씀을 드리고요. 그리고 그 생각에 변함이 없습니다"라고 말했다.

그는 이어 "잘못 표현한 것보다도 이제 표현이 좀 과하다, 저도 이제 대변인으로서 논평을 내다보면 표현이 과한 부분이 있고요."라면서도 "그래서 그런 표현이 과한 부분에 대해선 저도 인정을 하지만 어쨌든 같은 시각에서 문제점을 지적을 합니다. 두 가지 다. 대통령의 사저 문제나 노무현 전 대통령의 봉하마을이나 저희가 다 비판할만한 소지가 있다는 말씀을 드립니다."라며 양비론을 폈다.

나경원 후보는 자신에 대한 검증성 질문이 계속되자 진행자에게 "정책이나 좀 공약이나 이런 건 안 물어보시나요?"라고 짜증섞인 반응을 보이며 "저는 사실 손석희 선생님의 인터뷰를 거의 해본 적이 없거든요. 야권후보는 많이 하셨더라고요. 저희가 예전에 보니까 그래서⋯."라며 형평성을 문제삼았다.

그러자 손석희 진행자는 즉각 "야권후보는 제가 인터뷰 한 적이 없는데요."라고 반박했고, 나 후보는 이에 "단일화 과정에서도 좀 인터뷰하지 않았어요?"라고 거듭 형평성을 문제삼았다.

손 진행자는 그러자 "예, 그땐 있었고 그때도 나경원 의원하고는 인터뷰 했던 걸로 기억합니다."라고 반박하자, 나 후보는 "제가 한 번 정도 나와서⋯."라고 목소리를 낮췄다.

나 후보는 그러면서도 "좀 검증의 무슨 형평을 맞춘다는 이유로 수준과 차원이 다른 이야기를 자꾸 질문하신 것 같아서 말씀드렸습니다."라며 거듭 검증성 질문을 계속하는 진행자에게 불만을 나타냈고, 진행자는 이에 "그렇지 않은데요. 왜냐하면 박원순 후보하고는 아직 인터뷰를 안 했거든요."라고 맞받았다.

아직 박원순 후보와의 인터뷰가 이루어지지 않은 상황에서 나경원 후보에게 던진 질문들이 얼마나 상대를 곤혹스럽게 만들었는지 짐작이 되고도 남는다. 손석희 앵커의 질문이 얼마나 도전적이었으면 인터뷰이였던 나경원 의원이 손석희의 질문에 대해서 지나치게 공격적이고 의도적이지 않느냐는 반박을 감정적으로 드러낸 사실을 기사화 했겠는가? 아마 손석희는 의도적이었을지도 모른다. 왜? 국민들이 그녀의 본심을 알기 원하니까. 그가 거친 공격력을 보여주는 것은 상대를 자극해서 자기 자신을 돋보이게 하기 위함이 아니다. 그는 상대방이 괴로울 정도로 상대방의 속 마음을 캐물어서 불투명하고 애매한 상대의 입장과 정책들을 해부하는 것이 자신의 역할이라고 생각한다. 왜? 그는 국민들의 알 권리를 충족시켜주기 위해서 공중파 자리를 지키는 공인으로서의 사명감을 한시도 잊지 않기 때문이다.

## 잘못을 인정하라, 부드럽게

칠판에 필기를 잘 하지 않지만 가끔 한자를 쓰다가 생각나지 않아서 애먹는 경우가 있다. 평소 자주 쓰기 연습을 해야 하는데 머리로만 알고 있던 한자들을 갑자기 쓰려니 기억이 나지 않는 것이다. 공자님이라고 예외가 있을까? 아무리 성인이라 하더라도 인간인 이상 실수는 있고, 그래야 또 인간적이라고 말할 수 있다. 소크라테스에 비견되는 천하의 손석희도 가끔 실수를 한다.

아무리 준비성이 뛰어나고 지적이며 냉철한 손석희도 실수가 없을 수 없다. 재미난 현상은 그가 워낙 완벽남으로 알려져 있어 실수 자체가 즐거운 뉴스거리가 되기도 한다는 점이다.

2008년 2월 11일. 방송가에 뉴스거리가 생겼다.

"(이 단어의 애그는) 계란의 '에그(egg)'를 이야기하는 것이겠죠."

당시 성신여대 교수였던 손석희는 '물가 불안 서민 경제 위협한다'라는 주제로 라디오 생방송을 하던 중에 '애그플레이션'의 의미를 설명하면서 이상한 말을 했다. 그가 사용한 애그플레이션(agflation)은 농업을 뜻하는 애그리컬처(agriculture)와 물가 상승을 뜻하는 인플레이션(inflation)을 합성해서 만든 개념이다.

경제 신조어로 2006년 하반기부터 나타나기 시작한, 곡물과 같은 농산물 가격의 급등 때문에 일반 물가가 상승하는 현상을 지칭하기 위해서 만들어진 것이다.

우리는 흔히 에그 하면 계란을 떠올린다. 하지만 여기서 '애그'는 계란의 '에그(egg)'가 아니라 농업을 나타내는 애그리컬처의 어근인 '애그(ag)'였다. 안 그래도 유명한 손석희는 더욱 유명해졌다.

사람들의 반응은 어땠을까? 일반적으로 공인의 언론 방송 사고는 비웃음을 사는 경우가 많은데 손석희의 실수를 접한 시청자들은 오히려 성원과 지지 그리고 호의를 보였다. 왜 그런 일이 벌어졌을까? 시사인의 분석에 따르면 사람들은 평소 완벽하며 한 번도 실수를 안하는 사람보다 평소에는 무난하고 흠이 없지만 아주 드물게 실수를 하는 사람을 인간적이라 여기며 더 좋아하는 경향을 보인다. 이를 '애런슨 효과'라고 하는데, 그에 따르면 사람들은 완벽남의 실수를 가장 좋아한다. 하지만 사람들이 손석희를 좋아하는 것은 실수 때문이라기보다 실수 후 반응 때문이다.

　사실 그가 기억하는 가장 큰 방송 실수는 오대양 집단 자살 사건을 오대양 집단 타살 사건으로 보도한 것이다. 당시 두 장의 페이퍼 밖에 없는 상황에서 집단적 죽음을 타살로 파악한 손석희는 집단 타살일 거라고 보도했고 나중에 자살로 알려지면서 자신의 방송 생활에서 최대의 실수였다고 회고했다. 그러면서 그가 남긴 멘트는 '만약 이 사건이 타살로 밝혀질 경우 자신의 보도가 희대의 특종이 될 거'라며 웃어넘기기도 했다.

　그의 진솔한 사과는 세월호 사건을 계기로 후배 사원이 인터뷰를 하다 사고를 냈을 때 가장 인상적으로 표출되었다. 후배의 인터뷰 실수에 대해서 사장으로서 직접, 진솔한 사과를 하는 모습이 인상적이었다. JTBC가 세월호 침몰 사고에서 구조된 학생과의 인터뷰 도중 무리한 질문으로 인한 논란이 확산되자 "깊이 사과드린다."는 공식 입장을 밝혔다. 이 사과는 그 자체가 뉴스가 되었다. 후배의 잘못을 본인의 잘못으로 인정하며 진심으로 사과한 점이 수많은 시청자들의 마음에 다가갔기 때문이다. 손석희가 바로 그런 사람이고, 실수에 대한 진솔한 사과 자체가 그를 더욱 돋보이고 완벽하게 만들었다.

사실 인간관계에서 질문이야말로 그 사람의 가장 깊은 수준과 품격과 능력을 보여주는 경우가 많다. 그래서 깊이 고민하고 질문하지 않으면 실수할 위험이 많다. 인간은 불완전하고 상식과 지식은 나날이 변하기 때문에 누구든지 실수할 수 있다. 그 실수 앞에서 어떤 태도를 보이느냐가 진짜 실수인지 아닌지를 판가름한다. 〈미생〉의 오과장도 말하지 않았던가! '잘못을 한 번 하면 실수고 같은 실수 두 번 반복하면 실력'이라고. 같은 실수를 다시는 반복하지 않는 손석희. 그는 질문에 관한 한 대한민국 최고의 실력자이다.

# 4

## 질문은 고차원적 앎이다

### 대학 시절에 겪은 사고의 한계

나는 국어국문학과를 나왔다. 그러나, 부끄럽게도 대학 4년 동안 나는 국어학도 국문학도 공부하지 못했다. 일차적으로 공부가 무엇인지 몰랐고, 전공인 국어나 문학에 대해서 아무런 흥미와 관심을 갖지 못해서다. 고등학교 시절 학교 - 집 - 교회를 오가는 시계추 같은 생활을 한 탓에 학교 밖의 삶에 대해서 아무 것도 모르고 대학에 갔다. 신입생 시절 대학은 최루탄 연기로 가득 찼다. 2학년 때 학원자율화 조치로 교내에서 전경들과 짭새(사복형사)들이 물러나기는 했지만 1987년 민주화항쟁이 일어나기 전까지 학내 시위는 수시로 반복되었다. 물론 내가 시위와 집회에 참여하느라 공부를 못한 것은 전혀 아니었다. 그저 공부가 무엇인지 어떤 것이 공부인지 모르던 시절이라 시간을 견뎠을 뿐이다.

그때 내 가슴 속에 담긴 질문은 종교 문제였다. '신은 존재하는가? 인간은 무엇인가? 나는 죄인인가?' 같은 거창한 질문도 아니다. 그냥 교회에서 주위들은 이런 저런 고민들이 삶을 지배하고 있었고 그런 고민을 안고 어떻게 살아가야 할까를 생각하면서 학창시절을 보냈다. 한마디로 '교회를 계속 나가야 하나 말아야 하나' 같은 아주 실질적이고 현실적인 고민이었는데, 그러다보니 내 발걸음은 국문과보다도 신학과 쪽으로 향하는 경우가 많았다. 당시 내가 다니던 학교에는 3대 명강의라는 인기 강의가 있었다. 강의 내용보다는 아마 강사를 보고 학생들이 몰린 현상에 붙인 이름이 아닐까 싶기도 한데, 당시 3대 명강의 강사의 이름은 김동길, 마광수, 한태동이다.

보수 우익의 대표 인사 김동길은 언급할 가치가 별로 없고 마광수 교수님은 너무 유명한 사람이라 설명이 따로 필요 없다. 마광수 교수님이 내게 준 가장 큰 영향은 금기에 도전하는 의식이었다. 그는 자유인의 정신을 추구한 김수영과는 차원이 다르지만 성에 관한 한 둘째가라면 서러워할 정도로 진보적이고 솔직한 사람이다. 2학년 때 처음 부임해 왔는데 금방 유명해져서이기도 하지만 전공 필수 과목 담당교수여서 몇 과목을 인상적으로 들었던 것으로 기억한다. 4학년 때 논문 지도교수이기도 했는데 김수영을 주제로 짜깁기 수준의 글을 그에게 냈다. 피드백? 그런 건 전혀 없었고 학점

만 잘 받았다. 아마도 정치와 성에 대한 자유로운 의식이 이 무렵에 싹텄는지도 모르겠다. 지금도 나는 그분 덕분에 금기에 도전하는 자유인의 의식을 갖게 되었다고 생각한다.

3대 명강의 다른 한 사람인 한태동 교수님은 사회적으로 널리 알려진 분은 아니다. 교회사를 전공하는 분이었는데 왜 그렇게 많은 학생들이 수강했는지 지금도 그 이유를 잘 모르겠다. 군중심리였을까? 나는 왜 그 분의 강의를 4학기나 들었을까? 고대교회사, 중세교회사, 근대교회사, 현대교회사를 2년에 걸쳐서 말이다.

내 평생에 '생각의 충돌'로 머리가 깨져서 고통을 받은 적이 딱 한 번 있는데 바로 이 무렵이었다. 이유는 잘 모르지만 그 동안 내가 알고 있던 세계가 무너지고 뭔가 새로운 세계가 다가왔기 때문이 아닌가 지금에서야 어림짐작해 볼 뿐이다. 당시에는 그런 상황이 한 동안 지속되었는데 아마도 한태동 교수님의 강의를 들은 영향이 아니었을까 싶다. 그 분 주변에는 늘 몇 명의 수행 제자들이 따라다녔는데 나는 강사가 그렇게 제자를 몰고 다니는 것을 훗날 김용옥 교수 외에는 본 적이 없다. 학파라고 하기에는 좀 거창하지만 아마도 그 분의 학문을 존경하는 제자들이 모시고 다니면서 공부를 했던 것 같다.

나는 왜 머리가 깨지는 고통을 받았는가? 잘은 모르지만 그분의 특이한 강의 내용과 관련이 있지 않았을까 싶고 그게 심리학에서 말하는 메타인지와 깊은 관계가 있을 거라고 생각한다. 그분의 특이한 강의 내용을 간단히 살펴본다.

일단 내 기억 속에 그 분은 신학과 교수가 아니라 수학과 교수로 남아 있다. 과목도 교회사인데다 중세의 교부 어거스틴이나 토마스 아퀴나스, 근대의 종교 개혁가 루터 등 교회사에 남을 주요 인물들을 다루지 않은 것은 아니지만 고대부터 현대까지의 주요 사상가들을 학문의 영역과 상관없이 다루었다. 그보다 더 인상적인 것은 어떤 인물이나 사상이든 간에 그분은 한 시간 수업에 한 사상가를 다루고, 그 사상을 한 페이지에 도표 하나 그리는 것으로 마무리 지었다. 수업 내용을 마치 수학 공식처럼 단순화시켜서 한 눈에 파악할 수 있도록 도와 주었다. 가볍게 접어서 주머니에 넣을 수 있는 딱지처럼 수업내용을 분석하고 구조화해서 설명하니 대사상가의 사상이 장난감처럼 가벼운 놀잇감이 되는 기분이랄까. 당연히 위대한 사상가들의 사상에 대한 존경과 경외심보다는, '흥 별 거 아니네, 짜식 소크라테스는 이렇고 어거스틴은 저렇고 칸트의 12범주도 간단히 도표로 정리되고', 뭐 그런 느낌이었다. 당연히 사상에 종속되기보다는 내가 주체가 돼서 가볍게 요리하고 가지고 노는 기분, 그런 느낌 말이다. 물론 동서고금 거대한 사상가들의 사상을 깊이 있게 다 이해하고 알아들은 것은 아니지만, 일단 저분은 뭔가 다르구나 하는 마음만은 지금도 오래 각인되어 있고, 그게 당시 3대 명강 중의 하나로 인정받아 많은 사람들이 몰려든 이유가 아닐까 짐작해본다.

　　그분의 강의 내용 중에서 가장 자주 들은 말은 '위상수학'(그분은 토폴로지topology라고도 하셨다)과 '대위법'이었다. 지금도 무슨 말인지 잘 이해하지 못하는 그런 용어들, 수학이나 음악에서 주로 사용하는 개념을 종교철학 사상의 해석에 사용하는 것이 당시에는 놀랍기만 했다. 그리고 지금 돌이켜 보면 그분이 우리들에게 깨우쳐주고자 한 것은 특정 사상이나 지식이 아니라 지식을 대하는 태도와 메타인지가 아니었을까 싶다. 대상화된 지식에 대한 소유가 아니라, 그 지식을 자기 머리 속에 재구성하여 자신의 인식과 사고의 과정을 재조직하고 재구성하고 체계화하는 능력을 가져보라는 뜻 말이다. 그런데 당시 나는 왜 머리가 깨지듯이 아팠을까?

## 상상력의 고수들과 메타인지

어느 날, 아인슈타인 아들이 아버지에게 물었다.

"왜 사람들이 다들 그렇게 아버지의 '상대성 이론'에 대해서 열광하는 건가요?"
"응, 그건 파리가 축구공 위를 날아다니는 사실을 우리는 아는데, 파리 자신은 자기가 축구공 위를 날고 있다는 사실을 모르고 있기 때문이란다."

파리는 자기가 날고 있는 축구공 위를 2차원으로 인지하지만, 그 공과 공 위를 나는 파리를 동시적으로 보는 인간은 한 차원 높은 단계에서 입체적으로 바라보기 때문에 차원이 다르다는 말이다. 심리학에서는 이처럼 한차원 높은 단계에서 자기 자신의 사고를 내려다보는 사고를 메타인지라 한다. 다른 말로하면 앎에 대한 앎이다.

나는 메타인지의 개념을 알고 난 뒤부터 당시 내 머리가 아팠던 이유가 메타인지가 형성되기 위한 진통이 아닐까 하고 생각해본 적이 많다. 그전까지 단순한 차원의 사고만 하다가 한 차원 높은 사고의 도전을 받고 머리가 깨질듯이 아팠다고 말이다.

그럼 도대체 메타인지란 무엇인가? 보통 인지와 어떤 차이가 있는가? 그리고 그것은 질문의 능력과 어떤 관계가 있는가?

우선 상호성의 관점에서 생각해보는 메타인지는 이렇다.

나는 지금 이 글에서 메타인지에 대해서 '설명'하고 있다. 메타인지는 무엇이다, 즉 A=B이다는 식으로 그걸 설명했을 때 이 글을 읽는 당신이 '아, 메타인지란 이런 것이구나' 하고 알아듣고 이해한다면 그건 메타인지가 아니라 일차원적인 인지 활동이다.

메타인지를 가진 사람이라면 메타인지가 무엇인가 하는 내용뿐만 아니라 이 글을 쓰는 내가 어느 맥락에서 의미와 목적을 가지고 이 글을 쓰며 또 읽는 당사자인 본인은 나의 말을 어떻게 가려서 읽는지 스스로 판단하면서 자신이 메타인지를 어떻게 이해하고 수용하는지에 대해서, 그 수용 과정 자체를 생각하는 게 메타인지다.

다시 말해 내 안에서 인지의 과정이 어떻게 일어나고 전개되며 사라지는지를 한 차원 높은 인지나 사고의 단계에서 내려다보듯 사고하는 게 메타인지란 뜻이다. 흔히 '메타'(META)라는 말은 그 이면과 배후를 말한다.

'인지'는 무언가 대상을 알아가는 과정을 말하는데 메타인지는 그 인지 자체에 대한 인지니까, 인지 자체를 그 배후에서, 한 차원 더 높은 단계에서 인지하는 것을 말한다. 예를 들어 보자.

子曰(자왈) 由(유)야, 誨女知之乎(회여지지호)인저 知之爲知之(지지위지지) 不知爲不知(부지위부지) 是知也(시지야)니라.
『논어』〈위정편〉

앎이란 무엇인가를 묻는 유라는 제자에게 공자가 말하기를, "앎이 무엇인지 가르쳐주마. 아는 것을 안다하고 모르는 것을 모른다 하는 것이 바로 앎이다."

공자는 앎에 대한 질문에 대해서 'A=B이다' 수준의 인지 구조가 아니라 한 차원 높은 답을 제시했다. 앎이 이것이다 저것이다 말하기보다, 앎과 모름의 관계와 한계를 메타적으로 아는 것, 바로 그게 앎이라고, 한 차원 높은 단계의 사고를 제시한다.

이처럼 메타인지를 일차원적인 언어로 설명하기는 어렵다. 지금 메타인지에 대해서 쓰는 이 글도 메타적이지는 않기 때문이다. 인간의 관계에 대한 메타인지적 사고를 한 번 예로 들어보자.

우리는 '나는 나고, 너는 너다'라고 보통 생각한다. 나와 타자를 일차원적으로 분리해서 생각한다. 그보다 조금 높은 단계가 나와 너는 다르지 않다는 인식이다. 황지우 시집 제목처럼 '나는 너다'라든지, 요즘 유행하는 철학처럼 나는 타자로, 타자와의 관계로 구성된다든지, 내 안에 무수한 타자들 혹은 타자성이 작동하여 나를 구성한다든지 하는 그런 생각들이 가능하다. 그런데 이 말은 그렇게 말로 들으면 그런가보다 할 수 있지만 그게 실질적으로 어떻게 형성되고 작동하는지를 느끼기는 어렵다. 나는 나고 당신은 그저 당신이거나 당신이 나의 일부일지라도 그게 어떻게 구성되는지 한 차원 더 높은 단계에서 잘 알기가 어렵기 때문이다.

다음 문장을 보자. 이인성의 소설『당신에 대해서』는 이런 낯설고 이상한 문장으로 시작한다.

우선, 이 소설을 읽으려는 당신에게, 잠깐 동안 눈을 감도록 권하겠다.

눈을 감지 않고 위의 비어 있는 한 줄을 뛰어넘었다면, 제발, 아래의 비어 있는 한 줄을 건너기 전에, 꼭, 눈을 감아보기 바란다. 이때 눈을 감고 무엇을 어떻게 할지는, 전적으로, 또한 기필코, 당신 자신이 깨달아내야 할 일이다. 그러니 앞에서 눈을 감았었더라도 그저 눈꺼풀을 덮어본 놀음에 불과했다면, 이 경우 역시, 다시 한번 당신 눈 속의 그 어둠과 마주하는 게 스스로 뜻 깊겠다.

작가가 독자에게 소설을 읽기 전에 눈부터 감아보라고 권하다니. 제발, 꼭 그렇게 하라니. 소설을 읽으라는 건지 말라는 건지. 무슨 소설이 이렇게 알 수 없는 이상한 말들을 늘어놓으며 독자들에게 이래라 저래라 하는 거야 싫겠지만 이것도 생각해보면 일종의 메타인지를 자극하는 글이다. 상대의 참여를 이끌어내면서 상대로 하여금 소설 속에 빨려들어가게 하지 않고, 이건 뭐지? 소설은 뭐지? 이 소설은 왜 이러지? 내가 지금 소설을 읽는 행위는 어떤 의미를 가지지? 나는 지금 무슨 생각을 하는 거야? 등등의 질문을 이끌어내면서 자기의 독서 행위와 사고에 대해서 메타적으로 사고하게 만들기 때문이다. 일찍이 시인 황지우는 이인성의 소설에 대해서 다음과 같은 평을 남긴 적이 있다.

그의 소설은 비유하자면 해체된 시계 같다. 과거와 현재가 여기저기 흩어져 있는, 1인칭과 3인칭이 혼숙하고 있는 그의 소설은, 확실히, 읽혀지는 소설이라기 보다는 읽어야 하는 것, 그러니까 그의 소설의 파헤쳐진 내부 - '풀어진 태엽과 떨어져 나간 나사와 구부러진 톱니바퀴들을 다시 주워 모아 읽는 이가 재구성해야 하는 일인데, 그러나 솔직히 말해서 독자에게 이런 자발성을 요구한다는 것 자체가 독자를 얼마나 괴롭히는 일인가?

『문예중앙』〈1983년 가을호〉

독자를 괴롭힌다는 말은 독자로 하여금 소설읽기의 행위에 대해서 메타적으로, 스스로 한번 더 생각하고 자신의 인지와 대면하도록 만든다는 말이다. 그러니까 이인성이라는 작가는 독자들이 자신의 소설 속에 빠져들기를 원한다기보다도 독자들을 괴롭혀서 읽는 독자와 쓰는 나 사이의 대화와 관계를 새롭게 만들어가고, 그게 진정한 소설임을 이런 글을 통해서 메타적으로 제시한다.

메타인지는 단순히 하나의 틀로만 존재하지는 않는다. 성인들의 차원 높은 사고가 메타인지의 다양한 예로 존재하듯이 메타인지는 발상, 논리, 추론, 학습, 질문 등에서 다양하게 나타난다. 그 중에서 특히 메타인지를 질문법에 주로 사용한 사람이 소크라테스다. 메타인지에 대해서 깊이 공부해보고 싶은 사람들에게 최근에 나온 임영익의 『메타 생각』이란 책을 권한다. 이 책은 수학을 공부하는 과정과 방법으로 메타인지가 어떻게 활용되는지를 보여주는 좋은 입문서이다. 또 '자기 생각의 기원이 어디인가, 나는 주체적으로 사고하는가'에 대한 성찰적 자세를 보여주는 책으로는 홍세화 선생님의 『생각의 좌표』가 있다.

## 메타인지의 대가 소크라테스

그렇다면 질문은 메타인지와 어떤 관계가 있을까? 그건 질문의 대가인 소크라테스를 생각해보면 알 수 있다.

질문의 대가인 소크라테스의 유명한 말, '너 자신을 알라'는 자기 인지의 과정도 모른 채 세계와 사물, 사건이 어떤지 알려고 하지 말고 너의 앎이 어느 차원에서 어떻게 흘러가는지 그 자체를 인지하라는 뜻으로 해석이 가능하다. 그야말로 메타인지의 대가로서 끝없이 사람들을 만나면서 그는 메타인지의 자각을 강조했다. 그러고 보면 앎에 대해서 공자가 한 말이나 소크라테스가 한 말은 사실

같은 차원의 말을 달리 표현한 것이다. 앎이란 객관적 대상에 대한 단편적인 지식이 아니라, 앎의 주체인 자신이나 앎 그 자체가 무엇인지에 대한 메타인지가 중요함을 깨우쳐주려 했다는 점에서 말이다.

우리가 질문을 한다는 것은 단지 모르니까 가르쳐달라는 투정이 아니다. 질문이란 본질에 대한 물음이며 그것은 나와 이 세계가 어떤 관계를 이루는가에 대한 지난한 사고의 과정이고 그 사고의 흐름을 한 차원 높게 바라보는 과정이다.

메타인지의 자각은 어떻게 가능한가? 인지 심리학자들은 설명 능력에서 메타인지의 유무와 정도를 파악한다. 남들로부터 무슨 말을 들었을 때, 내가 그것을 제대로 아는지 모르는지 다른 사람에게 설명을 해보면 안다는 것이다. 내가 제대로 안다면 들었을 때만 머리로 이해하는 것이 아니라 자기만의 언어로 재구성해서 설명을 할 수 있다는 것이다. 그 말도 한 편 맞지만, 한 차원 더 높은 단계는 상대방이나 다른 사람이 그 사실을 제대로 알고 있는지 질문을 구성할 줄 아는 능력이 있는가를 파악하는 것이다. 그 대표적인 사람이 소크라테스다. 그는 무수히 많은 질문법으로 상대방을 괴롭혔다.

질문을 통해 상대방이 자기 생각에 대해서 메타적으로 생각하는지, 메타적으로 생각 못하고 어떤 환상에 사로잡힌 것은 아닌지, 잘 알지도 못하면서 알고 있다고 착각하는 것은 아닌지를 깨닫게 하는데 질문의 초점이 맞추어져 있었다. 그는 자기 사고의 메타인지 뿐만 아니라 상대가 메타 인지 사고를 할 수 있도록 자극하고 추동하고 혼돈에 빠뜨렸으며 그 과정의 재인식을 통해서 깨달음에 이르도록 한다.

그의 산파술은 그런 점에서 사고의 산파술이고 인지의 산파술이며 메타인지를 출신해내는 산파술이었다. 물론 권력자들은 그렇게 깨어있는 사람을 경계한다. 주체적인 자각과 자유의식은 권력의 본질을 파악하고 비판하기 때문이다. 그런 면에서 메타인지가 강한 사람들은 위험하다. 평범하고 부조리한 삶에 대해서 날카로운 질문을 던지기 때문이다. 당연히 권력자나 기득권을 가진 사람들은 그렇게 깨어 있는 사람들을 가만히 두지 않으려 한다. 예수나 소크라테스가 수난을 당하고 결국 죽음에 이른 까닭도 크게 다르지 않다.

하지만 그렇다고 두려워할 필요는 없다. 나약한 우리 인간들이 메타인지가 생겼다고 누구나 다 성인이 될 수는 없다. 다만 자기 생각의 한계를 성찰하는 메타인지 없이 남들이 만들어놓은 생각으로 아는 척 하면서 살 것인가, 아니면 메타인지를 가지고 내 사고의 주체가 되어서 스스로 자기 생각의 좌표와 중력을 조율하면서 살 것인가는 독자들의 몫이다. 나는 어떠냐고? 이상한 대답이 되겠지만, 지금, 나는 질문에 대한 글을 쓰고 있다. 메타인지적으로!

# 5장 질문 고사성어

불치하문

경당문노, 직당문비

도산덕해

박학독지와 절문근사

우문현답

**"**아랫 사람에게 묻기를
부끄러워 하지 말라**"**

- 공자, 논어

# 질문 고사성어

## 불치하문

불치하문(不恥下問), 새끼 오리의 길찾기

길을 잃은 사람이 묻지 않고 길을 찾을 수 있을까?

〈미생〉의 첫 회에서 바둑 인생을 접고 무역회사에 들어간 장그래가 처음 겪는 곤혹한 상황은 전화받기다. 앞서 복사를 해오라는 심부름도 당황해서 버벅대기는 마찬가지였지만 어쨌든 복사기는 기계와의 싸움이니까 사용방법에 대한 설명을 들으면 금방 해결할 수 있었다. 하지만 전화받기는 달랐다. 별거 아니라고? 그까짓 전화받기가 무에 그리 어려울까 하고 생각할지 모르지만, 낯선 환경, 처음 접하는 상황 속에서 전화받기란 그리 만만한 일이 아니다. 전화를 걸어오는 상대가 한 사람이 아니라 수시로 바뀌기 때문이다. 사람만 바뀌는 것이 아니다. 언어도 한국말, 러시아어, 영어 등 다양하게 걸려온다. 내가 누구인지, 어디에 있는지, 처한 상황 파악도 잘 안되는데 낯선 곳에서 전화가 걸려왔을 때의 당혹과 공포, 가히 짐작이 되지 않는가.

그 심경 이해가 간다. 낯선 목소리의 전화. 누군가를 찾는데 그 사람은 어디로 갔는지 알 수가 없다. 게다가 생판 얼굴도 못 본 사람을 찾는다. 출장 가서 언제 돌아올지도 모르는 사람을 말이다. 앞에 앉은 사람에게 겨우 물어보지만 귀찮다는 듯 무시한다. 러시아에서 온 외계어 같은 전화는 도저히 입을 뗄 수조차 없다. 귀신이 따로 있나, 저는 알고 나는 알아먹지도 못할 말을 혼자서 씨부리면 그게 귀신이다. 결국 문제 해결은 질문이다. 주변에 도움을 청한다. 모르는데 별 수 있나, 묻는 게 약이지. 장그래는 같은 사무실에 가장 만만해보이는 안영이라는 여자에게 도움을 청한다. 체면이고 위신이고 따질 겨를이 어디 있는가. 생각해 보자. 문제를 해결하기 위한 배움의 자세로 이보다 더 훌륭한 자세가 어디 있는가!

안영이는 러시아어, 영어 등을 유창하게, 무리없이 소화하면서 장그래 문제를 해결해주지만 장그래에게 그건 근본적 문제해결이 아니다. 스스로 해결할 방법을 찾아야 한다. 그러지 않으면 한 고비 넘기고 이제 끝이라고 생각하는 순간 '이제 시작이구나' 하고 탄식할 상황이 온다. 그러므로 묻는 사람 입장에서는 근본적인 해결책을 찾을 때까지 묻고 또 물어야 한다. 위신이고 체면이고 다 버린 새끼 오리처럼 말이다. 그렇게 집요하게 찾아가서 부탁하니 마침내 안영이도 항복하고 해결책을 가르쳐주지 않는가 말이다.

그렇다. 모르면 물어야 한다. 우선은 상대를 가리지 않고 물어야 한다. 부끄러움을 떨치고 물어야 한다. 공부의 가장 기본은 물음에서 출발한다. 그동안 바둑의 세계에 갇혀 살아온 장그래는 자기 자신을 어린 오리 새끼로 표현하면서 알에서 깨어나오는 순간을 이렇게 묘사한다.

"체면도 위신도 자존심도 멋도 생각할 때가 아니다. 그런 건 다 남에게 던져주라지. 나는 오리다. 새끼 오리다."

이 말은 자기 자신에 대한 자존심을 버리고 묻는 공부의 길에 나서는 사람의 비장한 각오를 보여준다.

우리는 질문하면 흔히 어린 멘티가 경험 많은 멘토에게 묻는 것만을 생각한다. 어른이 있어 문제를 해결해주면 좋겠지만 그보다 더 좋은 것은 자기보다 더 어린 사람에게 묻는 자세다. 현대 경영학에서는 이를 '역멘토링'이라고 한다. 최근 우리나라 여러 기업에서도 역멘토링을 시행하고 있다.

토론하는 경영 기법으로 유명한 잭 웰치 전 GE 회장은 자신을 포함해서 최상위 간부 500명의 고위 임원들로 하여금 부하 직원들에게서 인터넷, 페이스북 등 신기술을 1대 1로 배우게 했다. 상사라고 자만하지 말고 아래 부하 직원에게 배움의 자세, 묻는 자세를 가지라고 충고했다. 그가 공자의 불치하문을 알고 있었는지는 모르지만 그 의미만큼은 몸으로 실천한 사람이다. 사고의 역발상,

180도 뒤집어 생각하기를 좋아하는 그의 사고훈련법에서 나왔다. 멘토는 가르치고 멘티는 묻는다는 고정관념의 혁신이다. 역멘토링은 세대 차이에 대한 고정관념을 줄이고 직급간 벽이 허물어지며 직원들의 의욕을 높인다. 아이디어도 샘솟는다. 나이든 사람이 타성에 젖지 않고 지속적으로 공부하는 자세를 키운다. 이런 역멘토링의 기본은 불치하문의 자세를 바탕으로 한다. 자기보다 어리고 낮은 사람에게 묻는 것을 부끄러워하지 않는 자세다.

내가 아는 초등학교 선생님 한 분은 아이들의 질문에 그냥 바로 답을 해주지 않는다. 일단 아이들이 질문을 하러 찾아오면 먼저 '친구에게'라고 말한다. 귀찮아서가 아니다. 일단 손쉽게 선생님께 의존하기보다도 친구들과 소통하면서 도움을 받는 법을 배우라는 의미다. 학생들이 질문을 하는 것은 좋지만 스스로 생각하고 주변에서 해결책을 찾을 수 있는데도(절문근사!) 무조건 간편하게 답을 찾으려는 태도를 고치기 위해서다.

그러면 친구를 찾아갈 때는 누구에게 찾아가는가? 대개는 편하고 친한 친구를 찾아가기 마련이다. 이 때 또 다른 조언을 하나 하는데, 친하고 편한 한 사람만 찾아가 계속 묻지 말고 여러 사람에게 고루 나누어서 물으라고 강조한다. 한 사람에게만 의존하지 말라는 뜻이다. 한 사람에게만 계속 물으면 그 사람이 없을 때 문제를 해결하기가 어렵다. 그러니까 어려운 문제가 생기면 수시로 묻되 일차적으로 가까운 사람에게 묻고, 이번에 갑돌이에게 물었으면 다음에는 을순이에게 묻고 다음에 병삼이를 찾아가는 것이 더 좋다는 말이다. 그렇게 주변의 친구 두세 명에게 물었는데도 모른다면 그때 친구들과 함께 선생님을 찾아오라고 권유한다. 이렇게 친구에게 묻게 하는 이유는 여러 가지가 있겠으나 가장 중요한 이유는 친구에게 묻는 습관을 자연스럽게 여기게 하기 위해서다. 윗 사람에게 물으면 편한데 왜 군이 친구에게 묻는 습관을 갖게 하는가? 불치하문의 자세를 배우게 하기 위해서라고 말한다.

물음에 관한 공부의 첫걸음은 불치하문(不恥下問)이라고 생각해서이다. 불치하문, 아랫 사람에게 묻기를 부끄러워 말라는 뜻이다. 우리 나라 사람들이 여러 사람 앞에서 질문을 꺼려하고 어려워하는 이유, 바로 체면 때문이다. 오바마가 한국 기자들에게 질문권을 주었을 때 아무도 질문하지 못한 이유와도 통한다. 인간이 염치를 알아야한다는 말에 동의하지만 지나치게 체면을 중시하다 보면 실질을 잃는다. 우리는 언제부터, 왜, 이다지도 염치를 중시하는 사람들이 되었을까? 그건 바람직한 문화일까?

不 恥 下 問

'불치하문'(不恥下問)의 어원은 다음과 같다. 중국 춘추시대 위나라에 공어(孔圉)라는 사람이 있었다. 그는 '문'(文)이라는 시호를 얻어서 사람들이 그를 공문자(孔文子)라고 불렀다. 문이라는 시호는 훌륭한 인물에게만 주어진다. 공자의 제자인 자공(子貢)이 어느 날 공자에게 왜 그에게 문이라는 시호를 주었는지 물었다.

공자는 '민이호학 불치하문'이라고 답했다. 민이호학(敏而好

學)과 불치하문(不恥下問). "배우는 것을 좋아하는데 매우 민첩하고 즉 좋은 공부의 자리가 있으면 마다하지 않고 부지런히 찾아가며, 아랫사람에게 묻는 것을 부끄러워하지 않았다. 이 때문에 문(文)이라고 한 것이다."

무릇 배우고자 하는 사람은 나이나 신분, 지위의 높고 낮음을 가리지 않고 자신보다 못한 사람에게 묻는 것을 부끄러워하지 말아야 하며 이것이야말로 학문을 하는 사람의 가장 기본적인 자세라는 말이다.

공자 스스로 이를 실천한 사례로 '공자천주'(孔子穿珠)라는 말이 있다.

공자가 진귀한 구슬을 얻었는데 구멍에 아홉 번이나 돌아가는 굽이가 있어 실을 꿰기가 힘들었다. 고민하던 공자는 바느질을 잘하는 아낙에게 방법을 물었다. 그녀는 구멍 한쪽에 꿀을 묻혀 놓고 허리에 실을 묶은 개미를 다른 구멍으로 넣어보라고 했다. 개미가 꿀을 찾아 구멍을 타고 나가 실이 꿰어졌다.

이 일화에서 두 가지 의미를 찾을 수 있다. 공부길에 있어서 배움의 자세를 익히는데 나이 신분이 상관이 없다는 말이다. 모르면 물어라, 상대가 누구인지 가릴 필요가 없다. 그 물음에 대해서 답을 할 가장 적절한 사람이라면 묻기를 부끄러워 하지 말라는 말이다.

## 경당문노, 직당문비

耕當問奴　織當問婢

다른 하나는 불치하문과 유사한 말로 경당문노, 직당문비라는 말이 있다. 공자가 아낙에게 물은 것은 불치하문의 자세로도 말할 수 있지만 가장 그 문제를 잘 답할 사람에게 질문한 것으로도 볼 수 있다. 이 말은 무슨 뜻일까? 경당문노(耕當問奴), 밭 가는 일은 사내종에게 물어야 하고, 직당문비(織當問婢), 베 짜는 일은 계집종에게 물어야 제대로 답을 얻는다는 말이다. 중국 역사서인 〈송서〉 심경지전에 보면 당시 송나라 황제가 군대 일을 문신들과 의논하자, 총사령관이었던 심경지가 화를 내며 한 말로 전해진다. 농사일은 농사꾼에게 물어야 하고 베 짜는 일은 베 짜는 여인에게 물어야지 군대 일을 군대상황도 모르는 문신들과 의논해서는 안 된다는 주장이다.

송 황제는 심경지의 의견을 무시하고 문신들의 의견대로 출병을 결정했고 결국, 크게 패하고 말았다. 이 일화는 황제처럼 아무리 지위가 높더라도 경우에 따라서는 그 분야의 전문가인 노비에게도 물어서 결정해야 할 때가 있다는 교훈을 준다.

그런 점에서 세종은 불치하문 경당문노를 몸소 실천한 질문의 왕이었다. 드라마 〈뿌리 깊은 나무〉에서도 세종은 늘 묻는 사람으로 묘사된다. 조선왕조실록에 나타난 평소 그의 모습을 잘 그려낸 까닭이다. 세종의 간절한 질문들은 그가 민중에 대한 지극한 사랑이 있었기에 가능한 것이다. 세종학의 대가인 김슬옹 교수의 글을 보자. 그는 별칭 조차 묻고 또 묻는다는 '또물또'를 쓰고 있다. 세종으로부터 얻는 지혜를 삶 속에서 실천하고자 함이다.

2000년부터 '또물또' 교육 운동을 펼치고 있다. '또물또'라는 말은 '또 물음 또'를 줄인 말로 내가 지은 말이다. 물음이 사라진 교육은 죽은 교육이다. 묻지 않고 어찌 탐구할 것이며 묻지 않고 얻은 답이 어찌 제대로 된 답이겠는가?

나는 이 지혜를 세종에게서 배웠다. 세종은 끊임없이 물었다. 왜 우리는 죽어서까지 중국의 음악을 들어야 하는가? 왜 우리는 우리 실정에 맞지 않는 중국 농서를 보고 농사를 지어야 하는가? 왜 우리는 중국 황제가 중국 하늘을 보고 만든 표준 시간을 따라야 하는가? 왜 우리는 우리말과 말소리를 제대로 적을 수 없는 한문만을 써야 하는가?

세종과 다른 사대부의 차이는 임금과 신하라는 차이보다 더 무서운 게 바로 이런 묻는 태도였다. 사대부들은 이런 물음을 던지지 않았고 던질 생각을 하지 않았다.

1440년, 그러니까 세종 22년 1월 30일에는 이런 일도 있었다.

병진년에 최해산이 도안무사가 되어 급히 아뢰기를, '정의현(旌義縣)에서 다섯 마리의 용이 한꺼번에 승천하였는데, 한 마리의 용이 도로 수풀 사이에 떨어져 오랫동안 빙빙 돌다가 뒤에 하늘로 올라갔습니다.' 라고 하였다. 다급하게 보고를 받았지만 세종은 오히려 차분하게 묻는 임금의 교지를 내렸다. 그 내용이 마치 과학 탐구 발문 같았다. 세종은 이렇게 물었다.

용의 크고 작음과 모양과 빛깔과 다섯 마리 용의 형체를 분명히 살펴보았는가. 또 그 용의 전체를 보았는가, 그 머리나 꼬리를 보았는가, 다만 그 허리만을 보았는가. 용이 승천할 때에 구름 기운과 천둥과 번개가 있었는가. 용이 처음에 뛰쳐나온 곳이 물속인가, 수풀 사이인가, 들판인가. 하늘로 올라간 곳이 인가에서 거리가 얼마나 떨어졌는가. 구경하던 사람이 있던 곳과는 거리가 또 몇 리나 되는가. 용 한 마리가 빙빙 돈 것이 오래 되는가, 잠시간인가. 같은 시간에 바라다본 사람의 성명과, 용이 이처럼 하늘로 올라간 적이 그 전후에 또 있었는가와, 그 시간과 장소를 그 때에 본 사람에게 방문하여 아뢰도록 하라.

그 당시의 UFO 같은 용에 대한 보고인지라 이렇게 실체를 정확히 파악하는 것이 급선무라 생각하고 이렇게 물음을 던진 것이다.
뒤에 제주 안무사는 이렇게 아뢰었다.

"시골 노인에게 방문하니, 지나간 병진년 8월에 다섯 용이 바닷속에서 솟아 올라와 네 용은 하늘로 올라갔는데, 구름 안개가 자욱룩하여 그 머리는 보지 못하였고, 한 용은 해변에 떨어져 금물두(今勿頭)에서 농목악(弄木岳)까지 뭍으로 갔는데, 비바람이 거세게 일더니 역시 하늘로 올라갔다 하옵고, 이것 외에는 전후에 용의 형체를 본 것이 있지 아니하였습니다."(번역은 조선왕조실록 온라인 번역을 바탕으로 일부 표현을 쉽게 풀었음.)

세종의 합리적인 물음이 있었기에 이런 과학적인 답변이 나왔다.

세종의 이런 탐구력은 조선의 과학을 당대 최고의 과학으로 끌어올렸고 그러한 과학을 바탕으로 과학의 문자 훈민정음을 창제했다.

세종의 이런 또물또 정신을 나누고자 쓴 다음 책을 이 땅의 청소년들이 많이 읽고 또 다른 물음을 던졌으면 좋겠다.

- 김슬옹(2013). 『열린 눈으로 생각의 무지개를 펼쳐라』

왕이나 대통령 가운데 토론과 질문이라면 세종대왕 버금가는 사람이 노무현 전 대통령이다. 노무현 대통령은 취임 초기에 평검사들에게 물었다. 일방적으로 명령을 내리지 않고 그들이 말하는 바를 듣고자 했으며 그때까지의 한국 검찰은 제 역할을 제대로 했는지 묻고자 했다. 몰라서도 묻지만, 같이 나누기 위해서도 물었다. 대통령이 말단 검사와 한 자리에 앉아 묻고 토론하는 자세를 보여준 것만으로도 그 자체가 새로운 역사이고 문화 개혁이다. 비록 실패했지만 위대한 물음의 탄생이다.

검사스러운 검사들이 비록 진리에 다가가고자 하는 대통령의 의지에 역행해서 기껏 '이쯤되면 막가자는 거죠'라는 유행어나 만들어냈지만 한 나라의 권력의 정점에선 대통령이, 그것도 정권 초기에 까마득히 아래인 후배 검사들과 계급장을 떼고 토론을 벌인 사건은 불치하문의 자세를 가장 극적으로 보여주는 역사적인 사건이다.

우리는 모르는 걸 만났을 때, 누구에게 물을 것인가? 앞서 소개한 초등 선생님의 교훈을 상기하자. 물음에는 좌우가 없고 물음에는 위 아래도 없으며 물음에는 너나가 없다. 그러니 우파는 좌파에게 묻고, 좌파는 우파에게 물어야 한다. 끼리끼리 뭉쳐서 상대를 물어뜯으려고 묻는 게 아니라 자기와 다른 상대에게 배울 점은 없는지 진심으로 물어야 한다. 아랫사람은 윗사람에게 묻고 윗 사람은 아랫 사람에게 묻기를 부끄러워 말아야 한다. 왜? 묻지 않으면 길을 찾지 못하기 때문이다.

전국시대의 법가 사상가 순자(荀子)가 말했다.

"천하에는 나라마다 뛰어난 선비가 있고 시대마다 어진 사람이 있다. 길을 잃는 사람은 길을 묻지 않고, 물에 빠져 죽는 사람은 얕은 곳을 묻지 않으며, 망하는 사람은 혼자 하기를 좋아한다."
- 순자, 대략(大略)

운전을 하다가도 길을 잃으면 묻는 세상이다. 길가다 길을 잃는 사람이 길을 묻지 않으면 헤매기 마련이다. 마음의 길도 마찬가지다. 물에 빠져 죽는 사람은 어디가 살 곳인지 묻지 않은 사람이다. 망하는 사람은 남에게 묻지 않고 혼자 하기를 좋아하는 사람이다. 묻지 않고 이 세계를 헤쳐나갈 길을 혼자서 찾은 사람은 없다. 물음이 답이다. 불치하문, 경당문노, 직당문비다.

일찍이 인류학자 마가렛 미드는 진보한 사회의 기준을 이렇게 삼았다. 나이 든 사람이 자기의 지혜를 어린 사람에게 가르치는 것은 보통의 사회이고, 나이가 어린 사람이 나이 많은 사람을 가르치는 사회일수록 진보한 사회라고. 진보는 나이가 아니다. 나이나 계급을 깨고 누구에게나 부끄럼 없이 묻는 것, 그것이 진정한 진보다.

## 도산덕해

여기저기 강의를 다니는 나한테 있는 버릇 중에 하나는 낯선 장소에 가서 만나는 새로운 공간에서 사자성어나 명언 등이 적혀 있으면 그걸 기억해두고 가급적 가슴에 새겨두려고 한다는 점이다. 특히 처음 만나는 사자성어는 신경을 써서 기억을 해두려고 한다.

쉰 넘어서야 처음 알게 된 '둔필승총'(鈍筆勝聰)이란 말이 그렇다. 기록의 중요성을 강조하는 이 말은 '꾸준하고 아둔한 필기가 총명함을 이긴다'는 말로 적자생존, 즉 '적는 자가 살아남는다'의 정약용 버전이다. 평소 메모를 잘 안 하고 살아오던 내게는 매우 유의미한 말이라 최근 들어 늘 가슴에 새기고 사는 말이다.

道 山 德 海

토론 공부를 시작한 뒤에 만난 최고의 사자성어는 '도산덕해'였다. 도산덕해(道山德海), 도는 산과 같고 덕은 바다와 같다는 말이다. 2012년부터 전국을 누비면서 토론 연수를 하고 토론의 중요성과 가치를 설파하러 다녔다. 당시 경북교육청에서는 경상북도 차원에서의 토론 교육 연수가 한창이었다. 토론의 뜻과 길이 학교현장에 퍼져나가기를 기원하며 부지런히 토론 활동을 하던 내게는 매우 반가운 소식이었다. 단, 경북교육청 산하 지역교육청의 토론 교육에 문제가 한 가지 있었다면 시나 구별로 토론 교육을 하는데 교사들의 의사와 상관 없이 모두 의무적으로 토론 교육을 받으라는 지시였다.

토론이 필요하고 좋지만 의무적으로 모두 토론 교육을 받으라니 과연 그래도 되나? 일단 지역 교육청마다 강사 섭외나 프로그램을 달리하면서 업무를 추진했는데, 적당한 선에서 교사들의 참여를 독려하는 교육청이 많았다. 나와 인연이 닿았던 김천의 한 장학사는 원리원칙에 맞게, 그리고 토론교육의 가치와 보람에 대해 확신을 하던 터라 모든 교사들의 토론 교육 빌참을 현장 교사들에게 요구했다. 하루에 이삼백 명 정도, 나흘에 걸쳐 연수를 하는데 연인원 천 명이 넘는 교사들 가운데 반발하는 교사가 없을 리 없다. 전교조 지회나 일부 강압적인 연수문화에 반발하는 교사들이 교육청 홈페이지에 억지로 하는 토론 연수를 비판하는 글을 올리면서 문제가 불거졌다. 내가 강사로 초청된 것을 알고는 연락처를 알아서 내게 직접 전화를 한 교사도 있었다. 강사가 중간에서 알아서 강의 요청을 거절하여 그 문제를 처리해주길 바란다는 말이었다. 강제 동원 연수를 강사가 거부하면 연수가 취소되고 갈등이 사라지지 않겠느냐는 제안이었다. 잠시 고민 끝에 장학사와 논의를 했다. 세상일 그렇듯이 장학사도 나름 고민이 있었다. 공문은 필참으로 보냈지만 불참자에게 불이익이 있는 것도 아니다. 좋은 연수고 출결 같은 거 굳이 따져 문제 삼지 않겠다는 태도였다. 중간에서 내가 해결할 문제는 아니었다. 평양감사도 제가 싫으면 그만인 걸, 아무리 좋은 토론 연수라 자부한다 해도 강제동원이란 코드는 껄끄러웠다. 그렇다고 수백 명 교사들에게 토론을 전파할 기회를 잃고 싶지는 않았다. 나의 결심은 '토론이 있는 곳에 전사는 간다'였다.

내가 생각한 대안은 그날 연수 과정에서 주제를 '연수의 자율성'으로 잡아서 토론하고 다양한 의견을 들어보면 어떨까 하는 것이었다. 장학사에게 제안도 했지만 그렇게 귀담아 듣는 태도는 아니었다. 어차피 거부하는 사람들은 대부분 안 올텐데 굳이 온 사람까지도 마음 불편하게 그럴 필요는 없다는 것이다. 일리 있다는 판단 아래 원래 계획된 내용을 중심으로 연수를 진행했다. 대부분 선생님들의 반응은, '폭발적'까지는 아니었고, 그래도 무척 고무적이었다. 대형 강당의 수백 명 연수였지만 적절한 강의와 대표초청 토론 형식의 시범을 통해 토론의 힘과 방법을 생생하게 나눈 것이 주효했다. 연수 뒤에 별다른 잡음이나 뒷말도 없어 그 연수는 내게 최초의 대형강의로 오래 기억에 남았다.

연수 과정이 출렁거려 기억에 남기도 했지만 김천에서의 강의는 내게 두 가지 단어를 각인시켰다. 하나는 연수장이었던 강당의 액자였는데, 거기서 '도산덕해'(道山德海)를 만났다. 앞서 말하였듯이 '도는 산과 같고 덕은 바다같다'는 말이다.

공부가 짧은 탓인지 나는 이 말의 어원과 출처를 찾지 못했다. 도산 하면 흔히 도산 안창호 선생을 떠올리는데, 흥사단을 건립한

안창호의 호인 도산(島山)의 뜻은 산처럼 솟은 웅장한 섬으로 고독 속의 웅혼한 경지를 나타낸다. 도산덕해의 도산은 마치 노자의 〈도덕경〉에 대한 비유적 풀이 같은데 그 의미가 자못 흥미롭다.

일찍이 도올 김용옥은 노자의 도덕경을 풀이하면서 도와 덕을 '길과 얻음'으로 풀이했다. 즉 '도는 인간이 걸어가야 할 길이고 덕은 그 과정에서 얻어짐 즉 득(得)'이라는 뜻이다. 단순하면서도 명쾌한 해석으로 늘 가슴에 새기고 있었는데, 도산덕해는 그 말의 의미를 심층적으로 깨닫게 해주는 말 같았다.

길은 산과 같고 덕은 바다와 같다. 걸어가야 할 길은 산처럼 험하고 아득히 멀지만 그 결과 얻어지는 공부의 가치는 바다처럼 깊고 그윽하다는 뜻이겠다. 그 글귀를 처음 보는 순간 난 무언가에 홀린 듯 사로잡혔다. 토론의 전사, 바로 그 전사가 가야할 길과 사명을 이보다 더 잘 말해주는 글이 또 있을까? 아직 그 풍토가 척박하여 가야할 길이 멀기만 한 우리의 토론 문화. 언제 토론의 꽃이 피고 토론 교육의 열매가 맺어질지 모르지만, 언젠가 그 열매는 민주주의의 꽃으로 바다처럼 넓고 풍요롭게 열리지 않을까. 늘 그날만을 꿈꾸며 토론의 길, 전사의 길을 걷던 내게 그 말은 한 줄기 빛이고 소금같은 명언이었다.

연수 거부의 분위기와 반발을 각오하고 간 강의장. 거의 빈 자리 없이 들어찬 수백 명의 선생님들 앞에서 내가 제일 먼저 꺼낸 말은 당연히 '도산덕해'였다. 토론의 전사, 전사의 길, 그리고 지금 이 자리. 선생님들과 만난 바로 이 자리가 도산덕해의 의미를 지닌다. 아이들과 씨름하느라 바쁜 나날, 잡무도 많은데 수업 마치기 무섭게 달려오신 선생님들이 토론을 또 공부하는 이 자리, 산처럼 힘겨울지 모르지만 그 배움의 끝은 바다처럼 출렁이는 무언가를 남길거라고 나 자신에게 그리고 오신 선생님들께 다짐을 시켰다. 그리고 토론 강의를 하면서 전사의 길을 걸어갔다.

물음과 관련해서 새로운 말을 하나 만들어본다면 문산답해(問山答海)는 어떠한가? 물음이 산과 같다면 그 답은 바다와 같다. 이렇게 말이다. 인류가 일구어낸 소중한 지혜들이 모두 절실한 물음에서 나온 것임을 생각하면 그리 과한 말도 아닐 것이다.

도산덕해가 비단 토론만을 위한 것은 아니다. 인생 전반에 걸친 말이라고 생각하고 특히 길에서 끝없이 걷는 자들은 세상에 대해서 질문을 던지는 자들이기 때문에 이어지는 박학독지, 절문근사의 기원이 된다고도 할 수 있다.

## 박학독지와 절문근사

자고로 질문이 절실하면 반드시 그 안에 답이 있다. 질문이 허접하면 답도 허술하다. 우문현답(愚問賢答)이란 말이 있지만 실은 절문현답(切問賢答)이 있을 뿐이다. 절실한 물음의 답을 먼 데서 찾는 이는 하수(下手)다. 답은 항상 가까운 데 있다. 어설프고 섣부른 이들이나 먼 데서 요란스레 떠들며 답 찾는 시늉을 한다. 그런 이들은 진짜 문제가 뭔지도 모른다. 문제해결의 모든 실마리는 내 안에 있고 가까운 데 있으며 구체적인 것에서부터 찾아지는 법이다.
- 정진홍, 절문이근사

본격적인 '질문' 고사성어로 들어가보자. 이 책에서 자주 강조했지만, 나는 질문에 관한 가장 아름다운 사자성어로 '절문근사'를 꼽는다. 절문근사와 짝을 이루는 말은 박학독지다. 논어 자장편에 나오는 말로 원문은 이렇다.

子夏曰 博學而篤志 切問而近思 仁在其中矣
자하왈 박학이독지 절문이근사 인재기중의

논어에 나오는 수많은 인(仁)에 관한 말 가운데 학문의 자세와 연관지어 가장 깊숙이 무게감을 가지고 다가오는 말이다.

나는 박학독지를 서울 소의초등학교 교장실에서 만났다. 초등학교에 토론을 가르치러 가는 경우는 매우 드문데, 그 학교에 토론대회가 있고, 공개수업을 한다고 해서 토론의 의미와 방법을 가르치러 갔다가 교장실에 들러 인사를 나누는데 벽에 한자로 쓴 글귀가 있어 양해를 구하고 사진을 찍어왔다.

교장선생님께 무슨 글인지 아시냐고 물었더니 잘 모르신다고, 부임해 와 보니 앞의 분이 걸어놓은 것 같다고 말씀을 하시길래 저도 출전은 잘 모르고 아마도 박학독지를 써놓은 것 같다고 하면서 이야기를 나눈 기억이 난다.

博 學 篤 志

박학독지 : 널리 배우고 뜻을 돈독히 하다.

오래 전 읽은 글에 '박학이불교 내이불출'이란 말이 있었다. 소학에 나오는 말인데, 널리 배우되 가르치려 하지 말고 깨달은 바를 깊이 몸 안에 새겨 수양하라는 말로 들린다. 벼가 익을수록 고개를 숙이듯 섣불리 아는 척 말고 안으로 내공을 쌓으라는 말로 받아들였는데, 유학에서는 이 박학(博學)의 의미를 많이 강조한다. 공부란 역시 낯설고 이질적인 것과의 만남, 새로운 세계에서 겪는 어려움 속에서 생성되는 것이니, 그러므로 널리 배워라, 배움에는 경계가 없다는 말일 게다. 하지만 아무데나 가서 막 배운다고 배움이 이루어지지지 않는다.

널리 배우되, 배움에는 뜻을 돈독히 두어야 한다. 어디에다 뜻을 두는가? 학생들은 대학(大學), 즉 큰 배움에 뜻을 간절히 두어야 한다. 여기서 대학이란 학력과 시험으로 들어가는 대학, 서울대니 스카이 그런 대학 말고 진정한 배움의 큰 마당에 뜻을 두어야 한다는 말이다. 그것도 아주 돈독히.

뜻을 돈독히 하지 않으면 타락한다. 자기 허영과 욕망에 사로잡혀 배움의 공이 오히려 독이 된다. 어린 시절에는 가난하고 불쌍한 사람들 돕겠다고 변호사를 꿈꾸던 사람들이 나이를 먹으면 대부분 정치 검찰이 되거나 전관예우나 노리는 법관이 되는 이유가 뭔가. 뜻을 돈독히 하지 못한 까닭이다. 널리 배우는 자세와 실천보다 더 중요한 것이 뜻을 잃지 않는 것이다. 뜻이란 막무가내적인 목표가 아니라 인을 실천하려는 의지와 노력이다.

뜻을 세우고 배워나가는 데는 여러 갈래의 길이 있다. 그 배움 중에 최고의 배움이 무엇인가? 바로 질문, 물음이다. 배우고 또 배우는데 있어서 질문보다 중요한 것이 있을까? 물음의 자세야말로 최고의 배움의 자세다. 그래서, 응당 박학독지에 이어지는 말이 바로 절문근사다.

절문근사를 만난 곳은 의정부에 있는 북과학 고등학교였다. 교장실이나 교무실이 아닌 학교 초입 바위에 새겨져 있는 깃을 역시 그냥 지나칠 수 없어서 사진을 찍어두었는데, 그 뒤로 나는 토론 강의를 나갈 때마다 박학독지와 절문근사를 늘 표지에 내세운다. 공부를 하는 이유와 근본이 여기 담겨 있기 때문이다.

切 問 近 思

절문근사. 간절하게 묻되 가까이서 사고의 실마리를 찾으라는 말이다. 이 말에 대해서 이남곡 선생은 다음과 같이 풀어 말했다.

이번 논어 강독을 하다가 자하의 말 중에서 절문이근사(切問而近思)라는 말이 새삼스럽게 다가온다.

"간절하게 묻되, 가까운 것부터 생각한다"는 말로도 번역할 수도 있지만, 나에게는 "본질을 묻되, 구체적으로 탐구한다"는 뜻으로 읽힌다. 본질에 대한 질문이 구체적 현실과 유리되면 추상적이거나 사변적이 되어, 진정한 지혜와는 거리가 멀게 된다. 예를 들어 "화(怒)의 본질이 무엇인가?"를 추상적이고 일반론적으로 묻는 것보다, 구체적으로 자기가 화가 났던 실례를 통해서 "그 때 나는 왜 화가 나는 것인가?"하고 탐구하는 방식이 절문이근사(切問而近思)가 아닐까? 이렇게 접근하는 것이 관념상의 지식으로부터 살아 숨쉬는 지혜로 되게 하는 것은 아닐까?

주희, 여조겸이 엮은 고전 '근사록'(近思錄)이란 책의 이름도 여기서 나왔다. 주희는 자기보다 앞서 네 명의 학자, 주돈이, 정호, 정이, 장재 등 네 학자의 글에서 학문에서 긴요한 문제와 일상생활에서 절실한 내용을 뽑아 편집하면서 제목을 '근사'라고 이름했다.

일찍이 소설가 김훈은 근사록(近思錄)을 일러 '조선시대 선비들의 필독 교양서였고 유학의 많은 분야들을 일목요연하게 간결한 문장으로 설명해주고 있다. 정치, 학문, 윤리, 인간, 사회, 공동체를 서로 연관시켜서 설명하고 있는 점이다. 학문과 현실이 별개의 것이 아니라는 점을 이 책은 증명하고 있다.'고 말한 바 있다.

근사록이 우리에게 주는 교훈은 책을 읽은 뒤에 인간은 변해야 한다는 점을 강조한다고 말한다.

"책을 읽고서도 읽기 전과 마찬가지의 인간이라면 책을 읽을 필요가 없다고 가르치는 점이다. 독서는 도락이 아니라 자기 개조의 길로서만 의미가 있다. 그리고 이 개조는 관념이 아니라 일상 속에서 구체적으로 실천되어야 한다는 점을 이 책은 강조하고 있다. 유학이 현대의 생태학과 깊이 관련되어 있다는 것을 이 책을 통해서 알게 되었다."

절문과 근사는 묘한 거리를 유지하면서 서로 긴장관계를 이룬다.

간절하게 묻는데 가까이서 답을 찾으라니! 드라마 〈미생〉 3화에 질문에 관한 좋은 예화가 있다.

　홀로 버림받은 느낌으로 사무실에서 나가려던 장그래에게 한석률이 다가오고 둘은 피티 면접을 같이 준비하는 파트너가 된다. 한석률은 늘 현장의 힘을 강조하는 사람인데 장그래에게 자기가 꼭 필요한 파트너이고 한 수 위라는 것을 보여주는 것도 결국 풍부한 현장 경험에서 비롯된다. 현장이란 무엇인가? 바로 내가 발붙이고 살아가는 가장 가까운 곳이 아니던가. 그런 점에서 절문이근사는 자연스럽게 다음 고사인 우문현답(愚問賢答)으로 이어진다.

## 우문현답

# 愚 問 賢 答

　'우문현답'(愚問賢答), 질문은 개떡 같아도 대답은 찰떡처럼 찰지게 의미있다는 말이다.

　세상을 살다보면 말도 안되는 악의적인 질문들을 자주 만난다. 정치인들이 선거를 앞두고 나와서 벌이는 토론 마당에서 특히 들을 가치 없는 인신공격성 질문들이 대표적인데, 특정 사상이나 이념을 시비 삼아서 상대의 지지율을 깎아내리려 몸부림을 치는 걸 보면 안쓰러울 때가 많다.

갖가지 어리석은 질문에 현명하게 답하는 사람은 유머가 넘치고 여유가 있는 사람이다. 인기 아나운서였던 정지영이 아나운서를 뽑는 자리에서 면접관들을 웃겨보란 요구에 오히려 정치인과 정자의 공통점을 물어 분위기를 반전 시킨 뒤에 둘 다 사람될 확률이 극히 희박하다는 대답으로 좌중을 웃겨 입사 시험에 합격했다는 이야기를 들었다. 질문은 엉뚱하지만 현명한 답을 가지고 있는 경우이다.

링컨이 하원의원으로 출마했을 때, 합동 유세에서 라이벌 후보는 링컨은 신앙심이 없다고 비난했다. 그리고 청중을 향해 '여러분 중에 천당에 가고 싶은 분들은 손을 들어 보세요.'라고 하자 그 자리에 참석한 청중들 모두가 손을 들었다. 링컨은 태연히 손을 들지 않고 가만히 있자 그는 링컨을 향해 소리쳤다.

"링컨씨, 그러면 당신은 지옥으로 가고 싶다는 말이오?"라고 물었다.

링컨은 여유 있게 웃으며 군중을 향해 외쳤다.

"천만의 말씀입니다. 나는 지금 천당도 지옥도 가고 싶지 않소. 나는 지금 국회의사당으로 가고 싶소."

군중은 링컨에게 박수를 보냈고 링컨은 유머 넘치는 한 마디 대답으로 상황을 역전시켰다.

능력자들이 보여주는 우문현답(愚問賢答)이다. 이 우문현답이 최근에는 현장을 강조하는 우문현답(優問現答)으로 진화했다. 넉넉하고 좋은 질문에 현장, 바로 가까운 곳에 답이 있다는 말이다. 나의 다른 책에서도 소개했지만, 현장을 생각하면 늘 먼저 떠오르는 시가 있다.

아는 이야기

박노해

바닷가 마을 백사장을 산책하던
젊은 사업가들이 두런거렸다
이렇게 아름다운 마을인데
사람들이 너무 게을러 탈이죠

고깃배 옆에서 느긋하게 누워서 담배를 물고
차를 마시며 담소하고 있는 어부들에게
한심하다는 듯 사업가 한 명이 물었다

왜 고기를 안 잡는 거요?
오늘 잡을 만큼은 다 잡았소

날씨도 좋은데 더 열심히 잡지 않나요
열심히 더 잡아서 뭐 하게요

돈을 벌어야지요. 그래야 모터 달린 배를 사서 더 먼 바다로 나가

고기를 더 많이 잡을 수 있잖소

그러면 당신은 돈을 모아 큰 배를 두척, 세 척, 열 척, 선단을 거느리는 부자가 될 수 있을 거요

그런 다음엔 뭘 하죠

우리처럼 비행기를 타고 이렇게 멋진 곳을 찾아 인생을 즐기는 거지요

지금 우리가 뭘 하고 있다고 생각하시오?


누군가 나에게 질문을 던져온다면 역으로 질문하라. 질문이 아무리 어리석어도 답은 그 현장 안에서 찾을 수 있다. 현장이 답이다. 여기가 답이다. 그게 좋은 질문이다. 아마 박노해의 문제의식도 여기서 출발했을 것이다. 노란테이블을 만든 희망제작소의 문제의식도 다르지 않다.


해답은 현장에 있습니다.

그리고 현장에는 시민이 있습니다.

책상이 아닌 삶의 현장에서 움튼 지혜로 대안을 찾아야 합니다.

- 유동걸, '세월호와 노란테이블', 『강자들은 토론하지 않는다』 중에서


세월호 사건이 일어나자 노란 테이블 운동을 벌인 희망 제작소의 문제의식도 바로 현장에 답이 있다는 인식에서 출발했다. 앞서 말한 〈미생〉의 한석률은 현장을 강조하는 사람이라고 했다. 현장을 잃지 않는 사람은 늘 참신한 감각, 깨어 있는 의식을 지닌다. 피티

발표를 앞두고 그가 장그래에게 말한다.


　한석률 : 아, 장그래씨 생각해보니까, 피티 마무리는 좀 더 섹시하게 끝내는 게 좋은 것 같아요. 질문으로 끝내는 걸로 수정하죠.

　장그래 : (알 수 없다는 듯이) 네?

　한석률 : (답답하다는 듯) 또 못 알아듣는 표정이다. 섹시한 건 보다 평범하지 않다는 것, 말했었죠, 남들 다 하는 확정적인 확신 말고 의미심장한 질문으로 끝나는 것이 좋다는 말을 하고 있는 거에요, 지금.

　장그래 : 하지만 면접이란 결국 그 사람의 생각을….

　한석률 : (맞다, 맞다 하는 표정으로 손뼉을 치면서) 내 말이 그 말이잖아요. 그 질문 자체가 그 사람의 생각까지 유추할 수 있는 질문이어야 한다는 뜻이죠. (한숨을 쉬며) 답답하네. 어떤 질문으로 끝날지는 생각해 봅시다. 『질문의 품격』이란 책 좀 참고해 봐요.

　장그래 : (순응한다는 듯이) 그러죠.

　한석률 : 책 내용 잘 이해 안되면 묻고요.

　장그래 : (힘 없이) 그러죠.

　한석률 : 그래도 모르겠으면, (하고 말을 이어가려는데)


　이때, 일방적으로 장그래가 한석률에게 끌려가는 분위기에 안타까움을 느낀 오과장이 장그래를 부르면서 대화는 중단된다. 누군가에게 자리를 드러낼 때 설명이나 설교를 하지 않고 질문을 활용하는 발상이 참신하다. 면접의 현장을 누구보다 잘 알기 때문에 나온 생각이다. 상대가 어떤 창으로 자기를 공격할지, 상대가 나에게 관심이 없다면 어떻게 관심을 끌면서 그들에게 문제를 제기할지까지 한 차원 더 높게 생각한다.

그러므로 절문(切問)이 근사(近思) 하려면 잊지 말아야 한다. 우문현답(愚問賢答) 아니 우문현답(優問現答), 절문현답(切問賢答), 절문현답(切問現答)을.

대학 시절 수지침을 배우면서 음양오행을 처음 알았다. 봄에 태어난 나의 기운은 나무. 이름 가운데 동녘 동(東)자가 들어가고, 이름 석 자의 한자 부수가 모두 나무 목(木)이다. 일의 초반 힘차게 뻗어가는 기운은 강하지만 잘 키워서 마무리하는 힘이 부족하다. 그래서였나, 어린 시절 아버지에게 가장 자주 듣던 꾸중이 용두사미였다.

질문을 화두 삼아 매달린 봄 석 달, 책으로 매듭을 짓는데 역시 백일 이상의 시간이 걸렸다. 출판이란 참으로 산고의 진통에 비견할 만한 일이라는 걸 네 번째 책을 내면서 비로소 깨닫는다.

서양의 별자리를 따져 본 건 올해가 처음이었다. 음력 4월생. 쌍둥이 자리란다. 그리스 신화를 읽을 때마다 헤르메스에게 동일시되던 나의 성격과 기질. 별자리에서도 예외 없이 나타난다. 창조자가 아니라 전달자라는 자의식. 교사의 운명이란 그런 것일까? 결국 시 창작은 못하고, 시 비평도 못하고 그저 누군가에게 '이런 좋은 시가 있으니 읽어보세요.' 하는 전달자로서의 한계와 자괴감. 하지만 전달자에게도 장점과 매력이 있다. 연결된 주변의 많은 분들로부터 힘을 빌리고 그분들께 다시 은혜를 갚는 일이다.

질문이 있는 교실의 상상력과 아이디어를 주시고 몸소 추천사까지 써주신 조희연 서울교육감님과 장휘국 광주교육감님. 서울 교육의 선봉에서 질문 있는 교실의 전도사 역할을 하시는 임유원 장학관님과 함영기 연구관님. 초고를 보고 멋진 여는 시를 보내주신 최선순 선생님과 추천의 글을 써주신 오한비 선생님. 글을 다듬을 새 없이 일필휘지 타자를 쳐나가면 엉성한 글을 가장 먼저 읽어주시고 격려해주신 이광연 선생님. 그리고 이 책 속에 본인의 원고나 글들을 싣는데 기꺼이 동의해주신 김영혜, 김혜숙, 박상욱, 서부원 선생님. 이 많은 분들의 도움이 없었다면 이 책은 쓰여지지 못했다.

서투른 원고를 갈고 다듬는데 도움을 주신 수많은 분들의 이름을 같이 새겨두고 싶다. 구본희, 김병섭, 김배홍, 김현주, 김지영, 문숙희, 문지혜, 박경주, 박정인, 서은지, 송미화, 안수정, 안지윤, 여은화, 왕건환, 이미혜, 이정인, 조경선, 최가진, 최은옥, 황성규 선생님. 이 모든 분들이 미흡한 부분을 지적해주셔서 그나마 부족한 책이 그 꼴을 갖출 수 있었다. 아, 그리고 표지 그림을 위해 같이 고민해주신 영동일고 현동련, 박소연 선생님과 멋진 상상력으로 표지 그림을 그려주신 부산의 만화가 타조알 이성수 선생님, 또 캘리그래프로 '질문이 있는 교실'의 책 제목을 멋지게 써주신 최해실 선생님. 이 모든 분들께 고개 숙여 감사의 인사를 드린다. 더불어 무더운 여름, 동굴 속에서 마늘과 쑥으로만 백일을 먹고 견뎌 뜻을 이룬 웅녀처럼 이 책과 2015년의 뜨거운 백일을 함께 해온 한결하늘 출판사의 유덕열 님께도 깊은 감사를!

입춘에 쓰기 시작한 글이 가을 기운이 느껴시는 입추, 처서를 지나서야 책이 되었다. 자연과 시간이야말로 가장 위대한 창작의 어머니다. 이 글의 진정한 주인인 독자분들께 마지막 감사 인사로 질문이 있는 교실의 문을 새롭게 열고 싶다.

그리워라, 내 인생 가장 깊은 곳으로 다가온 운명같은 존재. 진리의 여신이 내게 던져준 마지막 전언은 이것이다.

질문을 사랑하라!

2015년 8월 해방의 하늘 아래 한결 마음으로 유동걸 합장

## ❧❧ 참고한 책, 영화, 드라마 ❧❧

### 책

○ 질문의 책(2013) / 파블로 네루다 - 정현종 옮김, 문학동네
○ 나는 불교를 이렇게 본다(1999) / 김용옥 - 통나무
○ 뒹구는 돌은 언제 잠깨는가(1980) / 이성복 - 문학과 지성사
○ 도올의 교육 입국론(2014) / 김용옥 - 통나무
○ 장자 / 장자
○ 애린(1984) - 김지하, 실천문학사
○ 침묵으로 가르치기(2010) / 도널드 L. 핀켈 - 문희경 역, 다산초당(다산북스)
○ 바다가 보이는 교실(1987) / 정일근 - 창비
○ 우리 동네 구자명 씨(1987) / 고정희 - 또 하나의 문화3
○ 송승훈 선생의 꿈꾸는 국어수업(2010) / 송승훈 - 양철북
○ 중요한 사실(2005) / 마가릿 와이즈 브라운 - 보림출판사
○ 무지한 스승(2008) / 랑시에르 -궁리
○ 스승은 있다 / 우치다 타츠루 - 박동섭 역, 민들레
○ 내 무거운 책가방(1987) / 조재도, 최성수 - 실천문학사
○ 수능특강(2015) / EBS
○ 질문의 힘(2003) / 사이토 다카시 - 남소연 역, 루비박스
○ 허생전을 배우는 시간(2008) / 최시한, 문학과 지성사
                                    - 〈모두가 아름다운 아이들〉 안에 수록
○ 여덟 단어(2013) / 박웅현 - 북하우스
○ 질문의 기술(2011) / 키도 카즈토시 - 허영희 역, 아라크네
○ 당신에 대해서(1985) / 이인성 - 외국문학
○ 열린 눈으로 생각의 무지개를 펼쳐라(2013) / 김슬옹 - 글누림
○ 토론의 전사1, 2(2012) / 유동걸 - 해냄에듀
○ 강자들은 토론하지 않는다(2015) / 유동걸 - 단비

## 영화

- 테스(1979) / 로만 폴란스키 감독 - 나스타샤 킨스키 주연
- 로미오와 줄리엣(1968) / 플랑코 제피렐리 감독 - 올리비아 핫세 주연
- 쇼생크 탈출(1995) / 프랭크 다라본트 감독 - 스티븐 킹 원작, 팀 로빈스 주연
- 12인의 성난 사람들(1957) / 시드니 루멧 - 헨리 폰다 주연
- 소수 의견(2015) / 김성제 감독 - 손아람 원작, 윤계상, 유해진 등 주연
- 킹스 스피치(2010) / 톰 후퍼 감독 - 콜린 퍼스 주연
- 세 얼간이(2011) / 라지쿠마르 히라니 감독 - 아미르 칸 주연
- 쿵푸 팬더(2008) / 마크 오스본, 존 스티븐슨 감독
- 위 플래시(2014) / 데이미언 채절 감독 - 시먼스 주연
- 400번의 구타(1959) / 프랑수아 트뤼포 감독 - 장피에르 레오, 클레어 모리에르 주연
- 파인딩 포레스터(200) / 거스 반 산트, 숀 코너리 주연
- 죽은 시인의 사회(1990) / 피터 위어, 로빈 윌리엄스 주연
- 카트(2014) / 부지영 감독 - 엄정화 주연
- 인터스텔라(2014) / 크리스토퍼 놀란 감독 - 매슈 맥코너히, 앤 헤서웨이 주연
- 매드 맥스, 분노의 도로(2015) / 조지 밀러 감독 - 톰 하디, 샤롤리즈 테론 주연
- 국제시장(2014) / 윤제균 감독 - 황정민, 김윤진 주연
- 그레이의 50가지 그림자(2015) / 샘 테일러존슨 감독 - 제이미 도넌, 다코타 존슨 주연
- 러브 픽션(2012) / 전계수 감독 - 공효진, 하정우 주연
- 프리덤 라이터스(2007) / 리차드 라그라브네스 감독 - 힐러리 스웽크 주연

## 드라마

대장금(2003) / 김영현 작가, MBC - 이영애 주연
미생(2014) / 원작 윤태호, TvN - 임시완 등 주연
학교2013(2012) / KBS2 - 장나라, 이종석 주연
바람의 화원(2008) / 원작 이정명, SBS - 문근영, 박신양 주연
성균관 스캔들(2010) / KBS - 박유천, 박민영 주연

토론의 정신은 자유이고 평등입니다.
학생들과 동등한 눈높이를 배우는 교사가 되는 수업!
학생들이 금기없이 자유롭게 자기 생각을 말하는 수업!

**교사도 자유롭고 학생들도 행복해지는**
**미래 교육의 이정표를 따라 함께 걸을 선생님들을 초대합니다.**

토론의 전사 유동걸 선생님과
# 토론으로 수업을 잡자!

### 강좌 정보

| 연수분야 | 직무 | 연수시간 | 30시간 |
|---|---|---|---|
| 연수기간 | 4주 | 학점 | 2학점 |
| 연수비 | 75,000 | 강사 | 유동걸 |

### 강좌 목차

| M1. 토론에 대한 개념 이해 | M2. 토론에 수업의 실제 | M3. 토론의 논리 세우기 |
|---|---|---|
| 1. 왜 토론인가?<br>2. 토론은 민주주의의 꽃<br>3. 몸으로서의 공부인 토론<br>4. 토론수업에서 교사의 역할 변화 | 5. 토론자로서의 정체성 찾기<br>6. 수업방법1 - 명패 활용과 창의적 질문<br>7. 수업방법2 - 질문 게임의 이해와 응용<br>8. 수업방법3 - '하브루타' 응용과 발문 기술 익히기<br>9. 수업방법4 - 가치성장카드와 피라미드 토론<br>10. 수업방법5 - 월드 카페 토론<br>11. 수업방법6 - 라인 게임과 발문 단계 익히기<br>12. 수업방법7 - 도란도란 카드와 광고 활용 토론 | 13. 탄탄한 논리의 기초가 되는 프렙과 툴민<br>14. 판정관 토론과 팀 마음 토론<br>15. 토론의 디딤돌을 활용한 시나리오 토론<br>16. 토론의 개요서와 쟁점 찾기 |

| M4. 디베이트 첫걸음 | M5. 한국형 원탁 토론 | M6. 토론의 결합 및 응용 | M7. 토론하는 교사의 삶 |
|---|---|---|---|
| 17. 대립 토론과 고전식 토론<br>18. 반론과 반론성 질문<br>19. 세다 토론과 퍼블릭포럼 디베이트 | 20. 화이부동의 원탁 토론<br>21. 원탁 토론 피드백과 주도 토론<br>22. 원탁 공개 토론 시 방청석 토론 방법과 사회자의 역할<br>23. 도구 활용 원탁토론 | 24. 전지 활용 원탁 토론<br>25. 토론 대회<br>26. 돼지가 있는 교실과 이야기식 토론<br>27. 토론의 판정<br>28. 의회식 토론과 필리버스터<br>29. 소크라테스와 소크라틱 세미나 | 30. 토론 형식을 자유자재로 넘나드는 토론불기<br>(討論不羈) |

## 강좌 수강법

**인터넷**
www.tschool.net
사이트 접속

**회원가입**
회원 가입 시
본인 명의 휴대폰 또는
아이핀 본인 인증

**직무연수**
직무연수 메뉴에서
"토론으로 수업을 잡자!"
선택

## 티스쿨 원격 교육연수원 소개

### 티스쿨은 다릅니다!

**01. 편리한 사이트 이용**
- 직관적인 인터페이스와 안정적인 서버활용
- 풀 스크린으로 접하는 고품질 강의영상
- 차별화된 연수강의로 공교육의 튼튼한 성장을 지원

**02. 탁월한 콘텐츠**
- 최고의 전문가들로 구성된 최고의 강사진
- 실제 교육현장에서 꼭 필요한 강의를 제작
- 선생님들의 소중한 시간을 지켜드리는 차별화된 교육운영

**03. 최고의 운영관리능력**
- 업계 최다 운영인력을 보유
- 즉각적이고 정확한 문의 응대가 가능
- 선생님들의 소중한 시간을 지켜드리는 차별화된 교육운영

'스마트 시대를 선도하는 전문 교원 양성'을 위해
비상교육에서 새롭게 시작하는 원격교원연수원입니다.
선생님들에게 꼭 필요한 콘텐츠 제공을 통해 분주한 학교생활에서 좀처럼 찾기 힘든
자기계발의 터전이 되고, 교실 내에서 실질적으로 활용할 수 있는 직무능력 향상의
장이 될 것을 약속합니다.

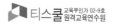

**티스쿨** 교육부인가 02-9호
원격교육연수원   ※ 문의 안내 : ☎ 1544-9044 또는 tschool@tschool.net

『좋은 수업과 교육의 희망을 지원하는 교원연수의 전당』

 **한국교원캠퍼스 원격교육연수원(www.teacher21.co.kr)**

한국교원캠퍼스는 국내 최초로 교원대상 원격연수를 시행하였으며, 수준 높은 콘텐츠, 안정적 운영 노하우, 맞춤식 학습관리 제공, 철저한 학습자 사후 관리를 바탕으로 교원 연수를 진행하고 있습니다.

○ 학교현장에서 실질적으로 도움을 줄 수 있는 연수제공
○ 현장요구를 반영한 수요자 맞춤 연수 지향으로 교원의 전문성 및 교육역량 신장
○ 가정에서의 자녀교육 역량강화를 위한 학부모 연수 실시
○ 교육발전에 기여할 수 있는 창의적인 전문가 양성
○ 글로벌 지식 기반시대의 변화에 따른 교육 혁신적 기본 소양과 능력 향상

특히 교사중심에서 학생중심으로, 지식중심에서 경험중심으로, 경쟁중심에서 협력중심으로 수업의 중심축을 바꾸는 수업혁신을 위하여 토론 전문가인 유동걸 선생님과 함께 연수 프로그램을 개발하여 학생들의 질문하는 능력을 키워주기 위한 실질적 연수 과정을 진행하고 있습니다.

## 학생들이 질문하고 토론하는 수업혁신 연수!

| 과 정 명 | 시 간 | 강 사 |
|---|---|---|
| 질문이 있는 교실 (준비중) | 30시간(2학점) | 유동걸 외 |
| 소통을 꿈꾸는 교사들의 토론여행 | 30시간(2학점) | 유동걸 |
| 소통을 실현하는 교사들의 토론여행 | 30시간(2학점) | 유동걸 외 |
| 토론의 전사 | 60시간(4학점) | 유동걸 외 |

*상세 과정 소개는 한국교원캠퍼스(www.teacher21.co.kr)에서 확인 가능합니다.

[연수문의]
전화 : 02-830-4208 / 메일 : edu@teacher21.com

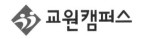 교원캠퍼스

# 질문이 있는 교실

초판 1쇄 발행  2015년 9월 1일
초판 2쇄 발행  2015년 11월 20일
초판 3쇄 발행  2016년 5월 1일
초판 4쇄 발행  2017년 6월 1일
초판 5쇄 발해  2020년 8월 1일

＊지은이 ………… 유동걸

＊펴낸이 ………… 유덕열

＊펴낸곳  **한결하늘**

　　　　우. 15212 경기도 안산시 단원구 선삼로4길 11 (101호)
　　　　전화 : (031) 8044-2869　　팩스 : (031) 8084-2860
　　　　e-mail : ydyull@hanmail.net
　　　　출판등록 2015년 5월 18일

　ISBN  979-11-955457-0-4

이 도서의 국립중앙도서관 출판예정도서목록(CIP)은 서지정보유통지원시스템 홈페이지
(http://seoji.nl.go.kr)와 국가자료공동목록시스템(http://www.nl.go.kr/kolisnet)에서
이용하실 수 있습니다.(CIP제어번호: CIP2015023066)